군중심리

현대지성 클래식 39

군중심리

PSYCHOLOGIE DES FOULES

귀스타브 르 봉 | 강주헌 옮김

현대
지성

귀스타브 르 봉(Gustave Le Bon)
(1841-1931)

『철학』지 발행인이자
콜레주드프랑스의 철학 교수인
테오뒬 아르망 리보에게
존경하는 마음을 담아
이 책을 바칩니다.

차례

일러두기

1. 각주는 저자가 단 것이며 원서의 내용을 그대로 옮겼다.
2. 본문 중 [ ] 안의 내용은 독자의 이해를 돕기 위해 역자가 덧붙인 것이다.
3. 각 장 첫머리의 내용 정리는 원서의 구성을 따랐다.

머리말

앞서 발표한 책[저자가 1894년에 펴낸 『민족 진화의 심리학적 법칙』(*Lois psychologiques de l'évolution des peuples*)을 말한다]에서 나는 민족의 정신 구조를 살펴보았다. 이 책에서는 군중의 심리를 분석해보도록 하겠다.

개개인이 물려받은 공통 기질은 그들이 속한 민족의 고유한 정신을 이룬다. 그러나 그들 중 상당수가 군중으로 결집해 행동하는 걸 지켜보면, 한데 모였다는 사실 자체에서 생겨난 새로운 심리적 특성을 확인할 수 있다. 그 특성은 민족의 기질과 중첩되지만 완전히 다른 경우도 적지 않다.

조직된 군중은 예부터 민족의 삶에서 중요한 역할을 해왔다. 그런데 그 역할이 오늘날처럼 중요한 때는 없었다. 무의식적인 군중의 행동이 의식적인 개인의 행동을 대체하는 현상은 현시대의 주된 특징 중 하나다.

나는 순전히 과학적인 방법으로 군중에 관한 어려운 문제에 접근해보고자 한다. 기존의 견해와 이론, 학설을 배제하고 하나의 방법론으로 이 문제에 다가가는 것이 진실의 조각들을 조금이나마 찾아낼 수 있는 유일한 길이라고 생각한다. 특히 격렬한 논쟁이 일어날 만한 문제를 다룰 때는 더욱더 그렇다. 어떤 현상을 입증하려고 애쓰는 학자라면 그 과정에서 자신이 손해를 볼 수 있다는 점에 개의치 말아야 한다. 저명한 사상가인 고블레 달비엘라[Goblet d'Alviela(1846-1925), 극단적 합리주의자로 알려진 벨기에의 정치인이자 종교사학 교수]는 최근에 발표한 저서에서, 나를 두고 "당대의 어느 학파에도 속하지 않은 까닭에 모든 학파의 이런저런 결론에 반론을 제기하는 경우가 적지 않다"라고 지적했다. 부디 이 책도 똑같은 평가를 받길 바란다. 어느 학파에 속한다는 것은 필연적으로 그 학파의 편견과 선입견에서 벗어날 수 없다는 뜻이기 때문이다.

그러나 내 연구에서 예상과 다른 결론이 도출되는 이유를 독자에게 설명해두어야 할 것 같다. 예컨대 군중은 엘리트 집단일지라도 예외 없이 정신적으로 무척 열등하다는 걸 입증하겠지만, 그런데도 그들의 조직에 간섭하는 건 위험하다고 말할 수밖에 없는 이유다.

역사적 사실을 면밀히 관찰해본 결과, 사회라는 유기체는 모든 생명체만큼이나 복잡해서 우리 힘으로는 급작스레 근원적인 변화를 일으킬 수 없다. 자연은 때때로 급격히 변하지만 우리가 원하는 방향으로 변하지는 않는다. 그러므로 이론적으로는 급격한 개혁이 바람직해 보일지라도 그런 개혁에 대한 강박적 열망은 사람들에게 치명적인 해를 끼칠 수 있다. 급격한 개혁이 보람찬 결과를 얻으려면 민족성까지 동시에 바꿀 수 있어야 한다. 하지만 그런 힘을 가진 것은 시간뿐이다. 인간은 사상이나 감정, 관습 등 내면에 존재하는 것들의 지배를 받는다. 제도와 법은 정신의 발현이고 욕구의 표현이다. 제도와 법은 정신에서 생겨났기 때문에 그것들로는 정신을 바꿀 수 없다.

사회현상 연구는 그 현상을 만들어낸 사람들에 관한 연구와 따로 떼어놓고 생각할 수 없다. 철학적 관점에서 보면 사회현상은 절대적인 가치를 가질 수 있지만, 현실의 관점에서는 상대적인 가치만을 가질 뿐이다.

따라서 어떤 사회현상을 연구할 때는 매우 다른 두 가지 측면에서 연속적으로 고찰해야 한다. 그러면 순수이성의 가르침과 실천이성의 가르침이 자주 충돌한다는 사실을 알게 된다. 이런 현상은 거의 모든 자료에서 찾아볼 수 있고 물리학 자료조차 예외가 아니다. 절대적 진리의 관점에서 보면 정육면체와 원은 엄밀한 공식으로 정의된 불변의 기하학 도형이다. 그러나 우리 눈에는 그 같은 기하학 도형이 무척 다양한 형태로 보일 수 있다. 각도에 따라 정육면체가 각뿔이나 정사각형으로 보이고, 원이 타원이나 직선으로 보일 수 있다. 이런 가상의 형태에 대한 고찰이 실제 형태에 대한 고찰보다 훨씬 중요하다. 우리가 두 눈으로 보고 사진이나 그림으로 재현할 수 있는 것은 이 가상의 형태뿐이기 때문이다. 어떤 경우에는 실재하지 않는 것이 실재하는 것보다 진실에 가까울 수 있다. 어떤 대상을 기하학 형태로 정확히 묘사하려다가 어쩔 수 없이 그것의 본질을 왜곡하고 알아볼 수 없게 만들 수 있기 때문이다. 가령 사물을 똑같이 그리거나 사진으로 찍을 수만 있을 뿐 만지지는 못하는 세상에 산다고 가정해보자. 그런 세상에서는 사물의 형태를 분명하게 인식하기가 무척 어렵다. 게다가 소수의 학자만 정확히 알고 있는 그런 형태에 대다수는 별다른 관심이 없을 것이다.

사회현상을 연구하는 철학자가 명심할 점이 있다. 현상에는 이론적 가치와 실질적 가치가 공존하는데, 문명의 진화라는 관점에서는 실질적 가치만이 중요하다는 사실이다. 이것을 인식하는 철학자라면 이론적인 논리로 도출되는 결론을 성급하게 받아들여서는 안 된다.

이처럼 철학자에게 신중한 태도가 필요한 이유는 또 있다. 사회적 사실은 무척 복잡하기 때문에 그것들이 서로 어떤 영향을 주고받는지 전체적으로 파악하고 예측하기란 불가능하다. 눈에 보이는 사실 뒤에는 때때로 보이지 않는 무수한 원인이 숨어 있다. 눈에 보이는 사회현상은 우리 능력만으로 정확하게 분석할 수 없는 거대한 무의식 활동의 결과일 수 있다. 우리가 지각하는 현상을 비유하자면 바다의 수면에 드러나는 파도에 불과하다. 파도는 해저의 격변이 드러난 것이지만, 우리는 해저에서 일어나는 격변 자체는 전혀 알지 못한다.

군중의 행동을 관찰해보면 대부분 무척 열등한 정신 상태를 나타낸다. 그러나 고대인들이 운명이나 자연 혹은 섭리라 칭했고, 지금의 우리는 망자의 목소리라고 칭하는 신비로운 힘에 군중이 이끌려 행동하는 경우도 간혹 발견한다. 그 힘의 본질을 모르더라도 위력까지 무시할 수는 없다. 간혹 민족의 내면에는 그들을 인도하는 잠재적인 힘이 있는 것처럼 느껴진다. 예컨대 무엇이 언어보다 더 복잡하고 논리적이며 경이로울 수 있겠는가? 이처럼 치밀하고 섬세하며 잘 조직된 언어가 군중의 무의식적 정신의 소산이 아니라면 대체 무엇이란 말인가? 박식한 교수와 존경받는 문법학자일지라도 언어를 지배하는 법칙을 열심히 기록하는 데 그칠 뿐 언어 자체를 창조하지는 못한다. 위인들의 탁월한 사상이 오로지 그들의 머리에서 나왔다고 확신할 수 있을까? 그런 사상들은 혼자 사색하는 걸 좋아하는 사람들이 빚어낸 것이 분명하다. 그러나 무수한 먼지 알갱이처럼 한데 모여 그런 사상이 잉태될 수 있는 토양을 만든 건 결국 군중의 정신이 아니겠는가?

군중은 항상 무의식 상태에 있지만, 그런 무의식 자체가 군중의 힘에 내재된 비밀 중 하나일지도 모른다. 자연계에서 본능만 따르는 것 같은 존재들의 행위도 복잡하기 그지없어 놀라울 따름이다. 이성은 인류가 비교적 최근에 얻은 데다가 그 속성이 너무나 불완전해서 무의식의 법칙을 우리에게 다 알려주지 못한다. 더구나 무의식을 대체하기에는 턱없이 부족하다. 우리의 모든 행위에서 무의식이 차지하는 비율은 엄청나지만 이성의 비율은 극히 적다. 게다가 무의식은 여전히 미지의 힘으로 작용한다.

따라서 과학으로 밝혀낼 수 있는, 좁지만 확실한 한계를 벗어나지 않고 막연한 추측과 공허한 가설 속에서 헤매지 않으려면, 우리가 접근할 수 있는 현상을 확인하는 것으로 만족해야 한다. 우리가 관찰한 내용을 토대로 끄집어낸 결론이란 성급하다고 할 만한 것이 대부분이다. 겉으로 명확히 보이는 현상 뒤에 희미하게 보이는 현상이 있고, 그 희미한 현상 뒤에 전혀 보이지 않는 현상이 숨어 있기 때문이다.

서론: 군중의 시대

현시대의 상황 — 문명의 거대한 변화는 민족의 사고가 바뀐 결과다 — 군중의 힘을 믿는 현대인 — 이 믿음이 국가의 전통적 정치를 바꾼다 — 민중계급은 어떻게 생기고 힘을 행사하는가? — 군중 세력에서 비롯된 필연적 결과 — 군중은 파괴자일 수밖에 없다 — 낡고 오래된 문명은 군중이 무너뜨린다 — 군중심리에 대한 전반적인 무지 — 입법가와 정치인에게 군중 연구가 중요한 이유

외세의 침략이나 왕조의 전복과 같이 엄청난 정치적 변화는 로마제국의 멸망과 아랍제국의 건립처럼 문명의 변화에 앞서 일어나는 대격변의 주요인으로 보인다. 그러나 좀 더 면밀히 연구해

보면, 겉으로 드러난 원인 뒤에 사람들의 생각 속에서 일어난 근본적인 변화가 실제 원인으로 작용했음을 알 수 있다. 역사의 격변에서 진정 놀라운 것은 규모와 폭력성이 아니다. 문명을 완전히 새롭게 뒤바꾸는 중대한 변화는 사상과 개념, 신념 안에서 일어난다. 그러므로 역사에서 기억되는 사건은 눈에 보이지 않게 일어난 사상의 변화가 낳은 가시적 결과라고 할 수 있다. 그런 중대한 사건이 극히 드물게 일어나는 이유는 한 민족이 조상에게 물려받은 사상의 토대가 그만큼 안정되었기 때문이다.

현시대도 그렇게 사람들의 사상이 변화를 겪고 있는 중대한 순간이다.

이런 변화의 기저에는 두 가지 근본 요인이 있다. 하나는 서양 문명을 떠받쳐온 종교적·정치적·사회적 신념의 붕괴다. 다른 하나는 현대 과학과 산업이 이루어낸 발견으로 우리가 살아가고 생각하는 환경이 완전히 달라진 것이다.

과거의 사상은 반쯤 소멸되었더라도 여전히 영향력이 막강하고, 그것을 대체할 사상은 아직 형성 중이다. 따라서 현시대는 과도기, 즉 혼란기다.

필연적으로 약간은 혼란스러울 수밖에 없는 이 시기가 훗날 어떻게 변할 것이라고 지금 말하기는 쉽지 않다. 우리의 뒤를 이을 사회가 기초로 삼을 근본 사상은 무엇일까? 아직은 아무도 모른다. 그러나 미래 사회가 어떻게 조직되든지 간에 그 사회는 현시대에 새롭게 등장해 끝까지 살아남을 군중 세력을 고려하지 않을 수 없다. 과거에는 무소불위의 위치에 있다가 지금은 소멸한 수많은 사상의 폐허 위에, 연이은 혁명으로 산산이 부서진 권력의 잔해 위에 군중 세력은 유일하게 우뚝 서 있다. 다른 모든 세력을 당장이라도 흡수해버릴 듯한 모습이다. 과거의 모든 신념은 비틀거리며 사라지고 사회를 예부터 떠받치던 기둥들도 차례로 무너져가지만, 군중 세력만은 어떤 것에도 위협받지 않고 위세가 커져만 간다. 우리가 앞으로 맞이할 세상은 그야말로 '군중의 시대'가 될 것이다.

유럽에서는 1세기 전만 해도 전통적인 국가 정책과 군주 간의 경쟁이 중대한 사건을 일으키는 주된 요인이었다. 군중의 의견은 별로 중요하지 않을뿐더러 전혀 고려 대상이 아니었다. 오늘날에는 정치적 전통이나 군주 개인의 성향, 군주 간의 경쟁이 더 이상 중요하지 않은 반면 군중의 목소리는 우세해졌다. 군중은 왕에게 어떻게 행동할지를 요구하고, 왕은 군중의 목소리를 듣고자 애쓴다. 이제 국가의 운명은 군주 회의가 아니라 군중의 심정에 따라 결정된다.

정치세계에 민중계급이 등장하고, 점차 지배계급으로 변해간다는 사실은 우리가 살고 있는 과도기의 가장 뚜렷한 특징 중 하나다. 보통선거가 민중계급의 등장에 깊은 영향을 미친 것은 아니다. 보통선거는 무엇보다 운영하기가 쉬워서 오래전에 도입되었지만 사회에 끼치는 영향력이 보잘것없었기 때문이다. 군중 세력은 먼저 몇 가지 사상이 확산되어 사람들의 정신에 서서히 뿌리를 내리고, 개인들이 이론적 개념을 실현하고자 점차 연대하면서 단계적으로 구체화되었다. 이런 연대를 통해 군중은 정당하지 않더라도 자신들의 이익에 부합하는 방향으로 생각하고, 결국 자신들의 힘을 깨닫는 데 이르렀다. 그들은 공동 이익을 도모하고자 조합을 결성해서 모든 권력을 차례로 굴복시키고 있으며, 노동조합은 경제 관련 법을 일체 무시한 채 노동과 임금 조건을 결정하려는 경향을 보인다. 군중이 정부 주재 회의에 파견하는 대표는 결정권이나 자주권도 없이 자신을 대리인으로 선택한 위원회의 대변인 노릇만 할 뿐이다.

오늘날 군중의 요구는 더욱 분명해지고 있다. 현재 사회를 철저히 무너뜨려 문명의 여명 이전에 모든 인간 집단이 누리던 생활방식, 즉 원시 공산사회로 돌아가게 만들겠다는 것이다. 군중은 노동 시간을 제한하고, 광산과 철도 및 공장과 토지를 국유화하고, 모든 재화를 공평하게 분배하며, 민중계급의 이익을 위해 모든 상위계급을 타도하라고 요구한다.

군중은 이성적 추론에는 그다지 소질이 없지만 행동하는 데는 빠르다. 그들은 지금처럼 조직화되면서 힘이 막강해졌다. 현재 잉태되고 있는 군중의 이념을 보면 조만간 과거의 이념들이 지녔던 힘을 갖게 될 듯하다. 어떤 논쟁도 허용하지 않고 전제적이며 절대적인 힘 말이다. 요컨대 군중의 신성한 권리가 군주의 신성한 권리를 대신하는 것이다.

유럽의 부르주아지[bourgeoisie, 생산수단을 소유하고 노동자를 고용해 이윤을 얻는 계급]가 애호하는 작가들도 이제는 새 권력 집단이 성장하는 모습에 경계심을 드러낸다. 부르주아지의 편협한 사고방식, 다소 진부한 견해, 피상적 회의주의, 때로는 과도한 자아도취 같은 계급적 특성을 가장 잘 표현하던 이들이었다. 그들은 사람의 정신을 어지럽히는 무질서와 싸우기 위해 이전에는 경멸했던 교회의 도덕적 강제력에 필사적으로 호소하고 있다. 그들은 과학의 실패를 인정하며 로마에서 완전히 회개하고 돌아와서는 신이 계시한 진리의 가르침을 우리에게 상기시킨다. 그러나 새 개종자들은 이미 때가 늦었다는 걸 잊었다. 실제로 그들이 신의 은총을 받았다고 할지라도, 그들이 몰두하는 관심사에 무관심한 사람들에게는 그 은총이 같은 영향을 주진 않을 것이기 때문이다. 작가들이 어제까지만 해도 원치 않았을 뿐 아니라 파괴하는 데 일조했던 신을 오늘날 군중도 더는 원하지 않는다. 인간은 물론 신의 힘으로도 강물의 흐름을 되돌릴 수는 없다.

그러나 과학은 실패하지 않았다. 과학은 현재 지식계에서 벌어지고 있는 혼돈 상태와 무관하고, 그런 가운데 힘을 키워가는 신진 세력과도 무관하다. 과학은 우리에게 진실을 약속했다. 과학은 지성으로 파악할 수 있는 관계에 대한 지식을 알게 해주겠다고 약속했을 뿐, 우리에게 평화와 행복을 약속한 적은 없었다. 과학은 우리의 감정에 철저히 무관심하고 탄식을 듣지 않는다. 우리는 그런 과학과 더불어 살고자 노력해야 한다. 과학이 파괴해버린 환상을 되살릴 길은 어디에도 없기 때문이다.

유럽의 모든 국가에서 군중 세력이 급속히 성장하고 있음을 보여주는 보편적인 징후가 나타나고 있다. 이 성장세가 곧 멈출 것이라고 추정하기도 쉽지 않다. 군중 세력이 어떤 결과를 초래하더라도 우리는 그것을 받아들일 수밖에 없다.

군중 세력을 부정하려는 주장은 허튼소리에 불과하다. 서구 문명의 최종 단계 중 하나가 군중의 등장이 될 가능성도 충분하다. 달리 말해, 인류 역사에서 새로운 사회가 잉태되기 전에 필연적으로 겪어야 했던 혼란기를 다시 맞이할 가능성이 크다는 뜻이다. 어떻게 하면 이런 결과를 막을 수 있을까?

지금까지 낡고 오래된 문명이 완전히 멸망하도록 치명타를 가한 주역은 군중이었다. 군중이 오늘날만 그런 역할을 한 것은 아니다. 문명을 떠받치던 도덕적 세력이 영향력을 상실하면 분별력 없고 난폭한 군중이 등장해서 그 문명을 해체했으며, 이런 사실은 인류 역사에서 확인할 수 있다. 그런 군중에게는 당연한 듯 '야만적'이라는 수식어가 따라붙었다.

지금까지 문명을 세우고 끌어간 주역은 항상 소수의 지적인 귀족이었다. 군중은 파괴하는 힘을 가졌을 뿐이다. 그들의 지배는 야만의 상태를 뜻할 뿐이다. 문명은 정해진 규칙과 규율, 본능에서 이성으로 전환, 미래에 대한 예측, 높은 수준의 교양을 전제로 생겨나고 발전한다. 하지만 군중은 자체적으로 이런 조건들을 갖추지 못하며 이는 인류 역사가 입증한다. 군중은 파괴하는 힘밖에 없기 때문에 쇠약한 육체나 사체를 분해하는 세균처럼 활동한다.

어떤 문명이라는 건물이 노후하면 항상 군중이 등장해 그것을 허물어뜨린다. 이런 과도기에 군중의 주된 역할이 부각되며, 현재로서는 수(數)의 철학이 유일한 역사철학으로 보인다.

지금 서구 문명도 그런 운명을 맞을까? 두려워할 만한 근거가 있기는 하지만 아직 확언할 단계는 아니다.

여하튼 우리는 체념하고 군중의 지배를 감내할 수밖에 없다. 앞날을 내다보지 못한 사람들이 군중을 견제할 수 있었던 모든 방벽을 차례로 허물어뜨렸기 때문이다.

이제 많은 사람이 군중을 언급하기 시작했지만 정작 군중에 대해 알려진 것은 거의 없다. 심리학자들은 군중과 동떨어져 살았고 줄곧 군중을 무시해왔다. 최근에야 관심을 두지만 그마저도 군중이 범할 만한 범죄를 고찰하는 선에 머문다. 물론 범죄를 저지르는 군중은 있다. 그러나 선량하고 영웅적인 군중을 포함해 다양한 부류의 군중도 존재한다. 군중의 범죄는 그들의 심리를 구성하는 특수한 일면에 불과하다. 개인이 저지른 악행만 분석해서는 한 사람의 정신 구조를 알 수 없듯이, 단지 군중의 범죄만 연구해서는 그들의 정신 구조를 파악할 수 없다.

그러나 엄밀히 말해 세계의 모든 지배자와 종교 및 제국의 창시자, 신앙의 사도들, 저명한 정치인, 좀 더 소박하게는 소규모 인간집단의 우두머리까지, 지도자는 모두 군중의 심리를 본능적으로 확실히 아는 '무의식적 심리학자'들이었다. 군중심리를 정확히 알았던 까닭에 그들은 쉽사리 지배자가 될 수 있었다. 나폴레옹도 자신이 통치하는 지역의 군중심리는 놀라울 정도로 꿰뚫어 보았지만 다른 민족의 군중심리는 전혀 모르는 경우가 가끔 있었다.¹ 그래서 스페인과 러시아에서 전쟁을 치르다가 큰 타격을 입었고, 결국 패배를 맛보았다.

이제 정치인이 군중을 지배하기는 무척 어려워졌다. 군중을 지배하기는커녕 그들에게 완전히 지배당하지 않기를 바랄 뿐이다. 그 결과 오늘날 정치인에게 군중심리에 대한 지식은 최후의 방책이 되었다.

군중심리를 꽤 깊이 연구해야만 군중에게는 법과 제도가 거의 영향을 미치지 못하고, 자신들에게 강요된 의견 외에는 어떤 의견도 독자적으로 갖지 못하며, 순전히 이론적 공정함에 기초한 법칙이 아니라 인상 깊고 마음을 사로잡을 만한 것으로 그들을 끌어가야 한다는 걸 알게 된다. 예컨대 입법자가 새로 세금을 부과하려고 할 때 이론적으로 가장 공정한 세법을 선택해야 할까? 절대 그렇지 않다. 현실적으로 가장 부당한 세법이 군중에게는 최선일 수 있기 때문이다. 세법이 애매하고 부담이 적어 보일수록 사

---

1   나폴레옹의 핵심 조언자들은 나폴레옹보다 군중심리를 더 몰랐다. 특히 외교관 샤를 모리스 드 탈레랑 페리고르[Charles-Maurice de Talleyrand-Périgord, 1754-1838, 흔히 탈레랑]는 "나폴레옹 군대가 스페인에서 해방군으로 환영받을 것"이라고 장담했지만, 실제로 스페인은 그들을 마치 먹잇감을 노리는 맹수처럼 취급했다. 스페인 민족의 유전적 본능에 정통한 심리학자였다면 그런 대응을 쉽게 예견했을 것이다.

〈나폴레옹의 모스크바 퇴각〉(아돌프 노르텐, 1851년)

1812년 6월 러시아를 침공한 나폴레옹은 9월에 모스크바를 손에 넣었지만 도시는 텅 비어 있었다. 결국 10월에 별다른 소득 없이 퇴각했고, 돌아오는 길에 러시아군의 공격을 받아 큰 피해를 입었다.

람들은 쉽게 받아들인다. 간접세가 터무니없이 높게 책정되어도 군중이 이를 받아들이는 이유가 여기 있다. 매일 소비하는 물건에 몇 푼씩 부과되는 간접세는 군중의 소비 습관에 방해되지 않으며, 그만큼 거의 인식되지 않고 넘어가기 때문이다. 그러나 간접세를 임금이나 각종 소득에 부과하는 누진세로 바꾸어 한꺼번에 납부하도록 하면, 이론상 총액이 10분의 1에 불과하더라도 총체적인 조세 저항이 일어날 것이다. 매일같이 내는 소액은 별것 아닌 것 같아도 특정한 날에 한꺼번에 내면 상대적으로 목돈처럼 느껴지기 때문이다. 평소에 조금씩 저축해둔 사람이라면 총액이 크다고 느끼지 않지만, 군중에게는 미래를 대비해서 이런 경제 행위를 할 만한 능력이 없다.

앞에서 살펴본 예는 아주 단순하고도 쉽게 이해할 수 있는 경우다. 나폴레옹 같은 무의식적 심리학자는 군중의 이런 속성을 놓치지 않았다. 그러나 군중의 심리를 모르는 입법자들은 이런 특성을 제대로 파악하지 못한다. 인간이 순수이성의 가르침에 따라 행동하지 않는다는 것을 아직 충분히 경험하며 배우지 못했기 때문이다.

군중심리는 다른 여러 분야에도 적용된다. 군중심리를 알면 전에는 전혀 이해할 수 없었던 여러 역사적·경제적 현상을 명확히 파악할 수 있다. 현대 역사학자 텐[프랑스의 철학자이자 역사학자인 이폴리트 아돌프 텐(Hippolyte Adolphe Taine, 1828-1893)]이 프랑스 대혁명 당시에 발생한 사건들을 온전히 이해하지 못한 이유가 군중의 특성을 연구할 생각조차 하지 않았다는 데 있었음을 뒤에서 입증해보려 한다. 텐은 그 복잡한 시대를 연구할 때 박물학자의 기술적(記述的) 방법을 사용했다. 박물학자들이 연구하는 현상에는 정신적 힘이 거의 포함되지 않지만 역사를 움직이는 진정한 원동력은 바로 이런 힘에서 나온다.

따라서 군중심리는 실질적인 측면에서 연구해볼 만한 가치가 있다. 순전히 호기심에서 시작하더라도 말이다. 게다가 인간의 행동 동기를 추적하는 연구는 광물이나 식물의 특성을 알아내는 일만큼이나 흥미롭다.

군중심리에 관한 우리의 연구는 그동안 조사한 결과를 간략히 정리하고 요약하는 정도에 불과한지라 앞으로의 연구 방향을 제시하는 선에서 그칠 수도 있다. 다른 학자들이 더 깊이 연구해주기를 바란다. 아무도 발을 들여놓지 않아 미개척지나 다름없는 이 분야에 방향을 제시한 것만으로 만족하려 한다.[2]

---

2 앞서 말했듯이 군중심리를 연구한 학자도 극소수고 그마저도 범죄 관점에 국한되었다. 이 책에서는 범죄적 군중이라는 주제에 비교적 짧은 한 장만을 할애했으므로 이 분야에 관심 있는 독자는 가브리엘 타르드[Gabriel Tarde, 1843-1904]의 여러 연구서와 이탈리아 학자 스키피오 시겔레[Scipio Sighele, 1868-1913]의 소논문 「군중과 범죄」를 읽어보기 바란다. 「군중과 범죄」에 저자 개인의 사상은 담겨 있지 않지만 심리학자들이 활용할 만한 사실들이 수록되어 있다. 군중의 범죄성과 도덕성에 대해 내가 내리는 결론은 두 저자의 결론과 완전히 상반된다.

내가 쓴 『사회주의의 심리학』(*Psychologie du socialisme*)에도 군중의 심리를 지배하는 몇 가지 법칙을 소개했다. 이 법칙들은 무척 다양한 분야에 적용된다. 브뤼셀 왕립예술학교 교장 프랑수아 오귀스트 즈바에르[François-Auguste Gevaert, 1828-1908]가 최근 이 법칙을 적용하며 음악에 '군중 예술'이라는 적절한 이름을 붙였다. 즈바에르는 자신의 논문을 보내며 동봉한 편지에 이렇게 썼다. "귀하의 두 저서 덕분에 도저히 풀지 못할 것 같던 문제를 해결했습니다. 군중은 어떤 음악 작품이든 감상할 수 있는 놀라운 능력이 있다고 말씀하셨지요. 최근 곡이든 과거의 곡이든, 자국 곡이든 외국 곡이든, 단순한 곡이든 복잡한 곡이든 간에 열정적인 지휘자 아래서 연주자들이 훌륭하게 연주한다면 말입니다."

즈바에르 교장은 "서재에 혼자 앉아 악보를 읽는 것이 직업인 노련한 음악가들도 이해하지 못하는 작품을, 음악이란 문화와 무관한 청중이 때로는 단번에 이해하는 이유"를 증명했다. 아울러 그런 미학적 인상이 아무런 흔적도 남기지 못하는 이유도 무척 설득력 있게 보여주었다.

1부

군중의 정신 구조

L'âme des foules

1장

군중의 일반적 특성
: 군중의 정신을 단일화하는 심리 법칙

심리학적으로 본 군중의 구성 — 개인이 모인다고 군중이 되
는 건 아니다 — 심리적 군중의 고유한 특성 — 군중을 구성
하는 개인의 사상과 감정이 일정한 방향을 향하면서 각자의
개성이 사라진다 — 군중은 항상 무의식에 지배된다 — 지성
적 활동이 소멸하고 무의식적 행동이 지배한다 — 이해력 저
하와 완전히 변화된 감정 — 변화된 감정은 군중의 일원인 개
인의 감정보다 좋을 수도 있고 나쁠 수도 있다 — 군중은 쉽
게 영웅이 될 수도 있고 범죄자가 될 수도 있다

'군중'이란 일반적으로 한자리에 모인 개개인의 집단을 의미
하는데, 그 집단은 각각의 국적이나 직업, 성별과 상관없고 그들

을 모이도록 한 우연한 계기와도 무관하다.

심리학적으로 '군중'이란 단어는 전혀 다른 의미를 갖는다. 특정 상황에서 형성되는 개인의 무리는 그 무리를 구성하는 개개인과 무척 다른 특성을 드러낸다. 의식을 지닌 개성은 사라지고 개인의 감정과 생각이 집단화되어 모두 같은 방향을 향한다. 그리고 일시적이지만 매우 뚜렷한 특징을 보이는 집단정신이 형성된다. 더 나은 표현을 찾지 못했으므로 이런 집단을 '조직된 군중', 혹은 '심리적 군중'이라고 부르겠다. 이런 군중은 단일체를 형성하고 '군중의 정신을 단일화하는 심리 법칙'을 따른다.

수많은 개인이 우연히 한 자리에 모여 있다는 사실만으로 조직된 군중의 특성이 생기지 않는 것은 분명하다. 예컨대 우연한 계기로 광장에 천여 명이 모였다고 해도 그들에게 뚜렷한 목적이 없다면 심리학적으로 그들은 군중이라고 볼 수 없다. 조직된 군중의 고유한 특성이 생기려면 어떤 자극의 영향을 받아야 한다. 그런 자극이 무엇인지 자세히 살펴보자.

각자가 지닌 의식의 개성이 사라지고 감정과 생각이 일정한 방향을 향하는 현상은 한창 조직되고 있는 군중의 초기 특징이지만, 같은 장소에 수많은 개인이 동시에 모였다고 해서 반드시 그런 현상이 나타나는 건 아니다. 외따로 떨어진 수천 명도 특정한 순간에 어떤 격렬한 감정에 휩싸이면 심리적 군중의 특성을 띨 수 있다. 예컨대 국가적으로 중대한 사건이 일어났다고 생각해보라. 그럴 때 단순한 계기만 있어도 그들의 행동은 즉시 군중 특유의 특성을 띤다. 대여섯 명으로 군중이 형성되는가 하면, 수백 명이 우연히 모여도 군중을 형성하지 못할 때가 있다. 한편 평소에는 눈에 띄는 무리를 형성하지 않는 국민도 특정 영향을 받으면 군중으로 돌변할 수 있다.

심리적 군중은 일단 형성되면 일시적이지만 결정적인 힘을 지닌 일반적 특성을 얻는다. 이런 일반적 특성에 특별한 특성, 곧 군중을 구성하는 요소에 따라 달라지고, 따라서 군중의 정신 구조도 변화시킬 수 있는 특성이 더해진다.

따라서 심리적 군중은 여러 범주로 분류할 수 있다. 이렇게 군중을 분류하다 보면 종파와 신분, 계급 등 특성이 다른 요소들로 구성된 이질적 군중과 다소 비슷한 요소들로 구성된 동질적 군중의 공통된 특성을 찾을 수 있다. 물론 그 외에도 각 군중을 구분 짓는 고유한 특성을 찾을 수 있다.

그러나 군중의 다양한 부류를 다루기 전에 모든 부류가 공통으로 가진 특성을 먼저 들여다보아야 한다. 우리도 박물학자처럼 한 과(科)에 속한 모든 개체에 공통된 일반적 특성을 먼저 찾아내고, 다음 단계로 그 과에 포함된 속(屬)과 종(種)을 구분 짓는 고유한 특성을 살펴보려 한다.

군중의 정신 구조를 정확히 묘사하기는 쉽지 않다. 군중이란 조직은 민족과 집단의 구성에 따라 다를 뿐 아니라 그 집단이 받는 자극의 성격과 정도에 따라서도 달라지기 때문이다. 그러나 개인 심리를 연구할 때도 똑같은 어려움이 있다. 개인이 평생을 일관된 성격으로 살아가는 건 소설에서나 가능한 일이다. 환경이 변하지 않아야 성격도 변하지 않는 법이다. 내가 다른 곳에서 입증했듯이 환경이 갑자기 변할 때 표출될 수 있는 여러 성격이 모든 정신 구조에 내재해 있다. 그래서 평상시라면 선량한 공중인이나 청렴한 행정관이 되었을지도 모르는 온화한 부르주아지들이 국민공회[프랑스 대혁명 기간 중에서도 가장 위태로운 시기였던 1792-1795년에 프랑스를 통치한 의회] 의원 중에 적지 않았다. 혁명의 폭풍이 지나간 뒤 그들은 원래의 온화한 성격을 되찾았다. 나폴레옹은 그들 가운데서 충직하고 유순한 종복을 찾아냈다.

여기서 군중이 형성되는 모든 단계를 연구할 수는 없으므로 완전히 조직된 단계로 접어든 군중만 집중해서 살펴보겠다. 이렇게만 해도 우리는 군중의 현재 모습뿐 아니라 그들이 어떻게 변해갈 것인지 볼 수 있다. 이처럼 조직적으로 발달한 군중만이 자기 민족의 변함없고 지배적인 유산에 새롭고 특수한 성격을 더할 수 있고, 그들의 집단화된 감정과 생각은 그렇게 해서 동일한 쪽을 향하게 된다. 또한 이 단계에서만 내가 앞에서 말한 '군중의 정신을 단일화하는 심리 법칙'이 작동한다.

군중의 심리적 특성 중에는 독립된 개인에게서도 공통으로 나타나는 특성이 적잖게 있지만, 오직 집단에서만 찾아볼 수 있는 고유한 특성도 있다. 우리가 군중의 중요성을 입증하기 위해 가장 먼저 연구해야 할 것도 이런 고유한 특성이다.

심리적 군중에게 가장 두드러진 점은 다음과 같다. 군중을 구

루이 16세를 심문하는 국민공회(엘레노어 소피 르벨, 19세기)

국민공회는 프랑스 대혁명 때 1792년부터 1795년까지 프랑스를 통치한 의회다. 지롱드당, 산악당, 테르미도르당이 순서대로 주도권을 잡았다. 통치 기간 동안 공화정을 선언하고, 국왕인 루이 16세를 처형했으며, 미터법 제정 등의 업적을 남기고 해산했다.

성하는 개인이 누구든 간에, 즉 삶의 방식, 직업, 성격과 지능이 비슷하든 그렇지 않든 간에 그들은 군중이 되었다는 사실만으로 일종의 집단 심리를 갖게 된다. 따라서 독립된 개인으로 있을 때 하던 방식과 완전히 다른 식으로 생각하고 지각하고 행동한다. 개인이 군중을 형성한 경우에만 나타나 행동으로 옮겨지는 생각과 감정이 있다. 심리적 군중은 이질적 요소들이 잠깐만 결합해서 형성되는 일시적 존재다. 비유하자면 어떤 생명체를 구성하는 세포들이 결합해 각자가 지닌 특성과는 확연히 다른 새 생명체가 되는 것과 비슷하다.

허버트 스펜서[Herbert Spencer(1820-1903), 영국의 철학자이자 사회학자]처럼 통찰력 있는 철학자의 주장과 달리, 군중이란 집합체는 구성 요소들의 단순한 합도 아니고 평균값도 아니다. 군중에서 새로운 특성이 생겨나고 그 특성들이 결합하기도 한다. 화학에 비유하자면 알칼리성 물질과 산성 물질이 결합해서 속성이 전혀 다른 새 물질이 생성되는 것과 같다.

개인이 군중의 일원으로 있을 때와 혼자 있을 때가 확연히 다르다는 걸 입증하기는 쉽다. 그러나 그런 차이가 생기는 원인을 찾아내기란 여간 어려운 일이 아니다.

여하튼 그 원인을 어렴풋하게라도 파악하려면 현대 심리학에서 확인된 사실, 즉 무의식 현상이 단지 유기체의 움직임은 물론이거니와 지적 기능에서도 우세한 역할을 한다는 사실을 먼저 떠올려야 할 것이다. 정신세계에서 의식은 무의식에 비하면 작은 부분에 불과하다. 치밀한 분석가나 예리한 관찰자도 자신을 지배하는 무의식적 동기를 거의 찾아내지 못한다. 의식적인 행동은 대부분 유전적으로 형성된 무의식층에서 비롯된다. 무의식층은 대대손손 전해져온 조상의 잔재로 이루어지고, 그 무수한 잔재가 민족정신을 형성한다. 어떤 행위의 명백한 원인 뒤에는 공히 밝히지 못하는 비밀스러운 원인이 반드시 있기 마련이다. 이처럼 비밀스러운 원인 뒤에는 그보다 더 비밀스러운 원인이 있지만, 우리 자신도 그런 비밀이 있다는 걸 모른다. 결국 일상에서 하는 행동은 대부분 우리가 알지 못하는 숨은 동기에서 비롯된다.

민족정신을 형성하는 무의식적 요소들 때문에 한 민족에 속한 모든 개인은 서로 비슷하다. 반면에 개인적 차이가 나타나는 이유는 주로 의식 활동, 즉 교육의 결실이지만 특별한 유전 때문이기도 하다. 지적으로 큰 차이를 보이는 사람들도 매우 유사한 본능과 열정, 감정을 가질 수 있다. 종교와 정치, 도덕, 애정, 반감 등 감정의 영역에 속하는 것은 아무리 뛰어난 사람일지라도 평범한 개인의 수준을 넘어서는 경우가 극히 드물다. 지식 수준에서는 위대한 수학자와 평범한 구두장이 사이에 큰 차이가 있지만, 성격 면에서는 둘 사이에 차이가 없거나 있더라도 미미하다.

이와 같은 성격의 일반적 특성은 무의식의 지배를 받는다. 어떤 민족에 속한 정상적인 개인이라면 대부분 이런 특성을 거의 같은 정도로 지닌다. 따라서 그 특성은 군중이 공유하는 재산과 같다. 개개인의 지적 능력, 즉 그들 개인의 특성은 집단정신에 녹아들어 사라진다. 이질성은 동질성에 삼켜지고 무의식과 관련된 특성이 두드러지게 나타난다.

군중이 일반적인 특성을 공유한다는 사실은 그들이 왜 높은 지능이 필요한 행동을 못 하는지 설명해준다. 하나같이 탁월한 능력을 지녔지만 전공 분야가 각기 다른 사람들이 모여 일반적인 관심사에 대해 내린 결정은 어리석은 사람들이 모여 내리는 결정보다 나은 게 없다. 탁월한 사람이더라도 모두가 지닌 평범성을 공유하기 때문이다. 군중에게 축적되는 것도 어리석음이지 개개인의 타고난 지혜가 아니다. "세상 모두의 지혜를 합해도 볼테르의 지혜에 미치지 못한다"라는 말을 흔히 하는데, '세상 모두'를 군중으로 이해한다면 볼테르의 지혜가 그들보다 나은 게 확실하다.

그러나 군중의 일원인 개개인이 각자 지닌 평범한 특성을 공유하는 데 만족한다면 평균값만 존재할 뿐 앞에서 언급한 것처럼 새로운 특성이 생겨나지는 않을 것이다.

그러면 어떤 경우에 새로운 특성이 생겨나는 것일까? 이제부터 그 질문에 답해보자.

독립된 개인에게는 없고 군중에게만 존재하는 고유한 특성은 여러 원인에 따라 결정된다. 첫째는 군중을 구성하는 개인이 단지 함께하는 인원수가 많다는 사실만으로 자신이 무적이라도 된 양 생각하는 것이다. 이런 생각에 들떠서, 혼자였다면 억눌렀을 본능을 따른다. 군중은 익명성을 띠기 때문에 무책임하게 굴기 쉽다. 개인을 항상 옭아매던 책임감이 완전히 사라지면서 본능을 억제하는 경향도 사그라든다.

둘째 원인은 군중에게 고유한 특성이 나타나는지 여부와, 그 방향을 결정하는 데 개입하는 전염이다. 확인하기는 쉽지만 설명할 수 없는 현상인 전염은 잠시 후 다룰 최면 현상과 관련지어 생각해볼 문제다. 감정과 행동은 군중 사이에 어김없이 전파되는데 개인이 집단의 이익을 위해 자신의 이익을 기꺼이 희생할 정도다. 이런 희생은 개인의 본성과 상반된 모습으로 개인이 군중의 일원인 경우에만 찾아볼 수 있다.

셋째는 앞의 두 원인에 비해 훨씬 더 중요하다. 군중의 일원이 된 개인이 독립된 개인의 특성과 때때로 완전히 다른 특성을 갖게 되는 이유이기도 하다. 이쯤에서 최면에 걸리기 쉬운 특성, 즉 피암시성에 관해 언급해야겠다. 다른 관점에서 보면, 피암시성은 앞에서 언급한 전염의 결과에 불과하다.

이 현상을 이해하려면 생리학 분야에서 최근에 이루어진 발견들을 기억해야 한다. 한 개인이 다양한 과정을 거쳐 의식의 개성을 완전히 상실한 채 그런 개성을 앗아간 조작자의 암시를 따라 본래의 성격이나 습관과 상반되게 행동할 수 있다는 것은 이제 널리 알려진 사실이다. 그런데 군중을 면밀히 관찰한 결과, 활동하는 군중의 일원으로 한동안 깊이 관여한 개인은 군중이 발산하는 열기나 우리가 알지 못하는 다른 원인으로 말미암아 특별한 상태에 놓인다는 사실이 드러났다. 그것은 최면에 걸린 황홀한 상태와 매우 유사하다. 최면에 걸린 사람은 두뇌가 마비되어 최면술사가 마음대로 조종하는 척수(脊髓)의 노예가 된다. 척수는 무의식적으로 활동하기 때문에 당사자는 독자적인 의식이 완전히 사라지고 의지력과 분별력도 잃고 만다. 따라서 모든 감정과 생각이 최면술사가 뜻하는 방향으로 움직이게 된다.

심리적 군중에 속한 개인의 상태가 이와 유사하다. 그는 자신의 행동을 더는 의식하지 못한다. 최면에 걸린 사람처럼 어떤 능력은 상실하지만 다른 능력은 극도로 커질 수 있다. 일종의 암시에 걸린 그는 충동을 이기지 못하고 모종의 행동을 취한다. 이런 충동은 최면에 걸린 사람보다 군중 사이에서 더 강력하게 일어난다. 모든 개인에게 똑같이 주어진 암시가 상호작용을 일으켜 상승효과를 내기 때문이다. 군중 속에서 그런 암시를 거부할 만큼 개성이 강한 사람은 드물다. 설령 있더라도 대세를 막기에는 중과부적이고 기껏해야 다른 제안을 해서 군중의 관심을 딴 데로 돌리려는 시도 정도만 할 수 있을 뿐이다. 예컨대 적당한 표현이나 시의적절한 이미지를 제시함으로써 군중의 잔혹한 행동을 막았던 사례가 없지는 않다.

따라서 개인의 의식 상실, 무의식 활동의 우세, 감정과 생각을 똑같은 방향으로 유도하는 암시와 전염, 암시받은 대로 즉시 행동하려는 경향 등이 군중의 일원인 개인의 주된 특성이다. 군중 속의 개인은 더 이상 그 자신이 아니다. 자기 의지대로 행동하지 못하는 꼭두각시에 불과하다.

게다가 개인은 조직된 군중의 일원이라는 사실만으로 문명의 계단에서 몇 단계는 더 내려간다. 혼자였다면 교양인이었을지 모르나 군중이 되면 야만인, 즉 본능대로 행동하는 사람이 된다. 군중 속의 개인은 충동적이고 난폭하며 잔인할 뿐만 아니라 원시인처럼 열광하며 때로는 용맹하게 나서기도 한다. 그런 개인은 독립된 개인에게라면 아무런 영향을 미치지 못하는 말과 이미지에 쉽게 휘둘리고, 자신의 명백한 이익을 해치면서 본래의 습관과 상반되게 행동하는 등 원시인에 가까운 경향을 보인다. 군중 속의 개인은 바람결에 이리저리 흩날리는 무수한 모래알과 같다.

각 배심원이 개인적으로는 동의하지 않는 평결을 배심원단이 내리고, 의원들이 개인적으로는 달갑잖은 법과 조례를 의회에서 채택하는 이유가 이것이다. 국민공회 의원들도 하나하나 놓고 보면 온화하고 양식 있는 부르주아였다. 그러나 군중으로 뭉치자 잔혹한 주장에 서슴없이 동조했고, 무고한 사람을 단두대에 세웠다. 또 개인의 이익에 반하는데도 면책특권을 포기하고 자신의 목숨까지 기꺼이 버렸다.

군중 속의 개인이 행동만 본래의 자신과 다르게 하는 것은 아니다. 모든 독자성을 상실하기 전에 이미 그의 생각과 감정부터 바뀐다. 그런 변화는 근본적이어서 구두쇠가 낭비자로, 회의론자가 신앙인으로, 정직한 자가 범죄자로, 겁쟁이가 영웅으로 변할 정도다. 그 유명한 1789년 8월 4일 밤, 귀족들은 열광의 도가니에 휩싸여 자신들의 특권을 포기하는 투표를 했다. 그들 개개인에게 따로 물어보았더라면 누구도 이런 일에 동의하지 않았을 것이다.

결론을 내려보자. 군중은 독립된 개인보다 항상 지적으로 열등하다. 그러나 감정이나 감정이 야기하는 행동으로 볼 때, 상황에 따라 다르긴 하지만 군중은 독립된 개인보다 우등할 수도 있고 열등할 수도 있다. 군중이 어떤 암시를 받느냐에 따라 모든 것이 달라진다. 군중을 범죄의 관점으로만 연구한 작가들은 이 점을 전혀 몰랐다. 군중이 때로는 범죄를 저지를 수 있다는 사실은 의심할 여지가 없지만 영웅처럼 행하는 경우도 그에 못지않다. 신앙이나 사상의 승리를 위해 죽음을 무릅쓴 것도 군중이었고, 영광과

1789년 8월 4일 프랑스 국민의회의 봉건제 폐지(샤를 모네, 1789년)

프랑스 국민의회(1789년 프랑스 대혁명 초기에 성립한 근대적 의회)는 봉기한 농민들을 진정시키기 위해 봉건제를 폐지하고 성직자 및 귀족의 특권을 포기한다고 선언했다.

명예에 열광한 것도 군중이었으며, 십자군 원정 때 이교도로부터 신의 무덤을 지키기 위해, 혹은 1793년에 조국 프랑스를 지키고자 식량이나 무기 없이 싸운 것도 군중이었다[국민공회는 1793년 1월에 루이 16세를 처형한 뒤 2월에는 영국, 네덜란드, 스페인에 선전포고를 했다]. 얼마간은 자신도 모르게 행한 영웅적 행동이었지만, 그런 행동이 역사를 만든다. 냉철한 계획에 따라 실행했던 위대한 행동만 공적으로 인정한다면 세계의 연대기에 기록될 만한 일은 거의 없다.

2장

군중의 감정과 도덕성

1. 군중의 충동성, 변덕, 과민성

군중은 외부 자극에 따라 끊임없이 변한다 ─ 군중의 충동은 개인의 이해관계를 잊을 정도로 강하다 ─ 군중에게 사전 계획이란 없다 ─ 민족의 영향

2. 군중의 피암시성과 맹신

암시를 따르는 군중 ─ 군중은 암시된 이미지를 현실로 여긴다 ─ 군중 속 개인에게 그 이미지가 비슷한 이유 ─ 군중 속에서는 배운 자나 못 배운 자나 똑같다 ─ 군중 속 개개인을 지배하는 환상 ─ 군중의 증언은 신뢰할 수 없다 ─ 수많은 증인의 일치된 증언은 어떤 사실이 조작되었다는 최악의 증거다 ─ 역사서는 아무런 쓸모가 없다

3. 단순하고 과장된 감정

군중은 의심하거나 불확실성을 인정하지 않으며 항상 극단으로 치닫는다 — 군중의 감정은 항상 과장되어 있다

4. 군중의 편협성, 독선, 보수성

이런 감정의 원인 — 강력한 권위에 복종하는 군중 — 군중은 한순간 혁명의 본능을 불사르지만, 그럼에도 매우 보수적이다 — 군중은 본성상 변화와 진보에 냉담하다

5. 군중의 도덕성

어떤 암시를 받느냐에 따라 군중은 개인보다 도덕성이 낮을 수도, 높을 수도 있다 — 설명과 사례 — 이해관계는 개인에게 최우선 동기지만 군중은 아니다 — 군중의 교화적 역할

여기서는 앞서 개괄한 군중의 주된 특성을 좀 더 구체적으로 살펴보겠다.

군중의 고유한 특성 중에는 충동성과 과민성, 이성적 추론 능력의 부족, 판단력과 비판 정신의 부재, 과장된 감정 등이 있고, 그 밖에도 여성이나 야만인, 어린아이처럼 진화가 덜 된 열등한 인간에게서 볼 수 있는 여러 특성이 있다. 후자의 특성을 증명하는 일은 이 책의 범위를 넘어서는 작업이기에 잠시 언급만 하고 지나가겠다. 그 같은 증명은 원시인의 심리를 잘 아는 사람에게 부질없는 일이고, 그들의 심리를 잘 모르는 사람에게는 그다지 설득력 없는 내용이기 때문이다.

이제부터 대부분의 군중이 보이는 다양한 특성을 하나씩 살펴보자.

1. 군중의 충동성, 변덕, 과민성

앞에서는 군중의 일반적 특성을 살펴보면서 군중은 거의 언제나 무의식에 지배된다고 말했다. 요컨대 군중의 행동은 두뇌보다 척수의 영향을 받는다. 그런 점에서 군중은 원시인에 훨씬 더 가까워 보인다. 그들의 행동은 두뇌의 명령에서 비롯된 것이 아니라 우연한 자극에 따라 행해진 것이다. 군중은 외부 자극에 휘둘리고 그것의 끊임없는 변화를 반영한다. 따라서 군중은 충동의 노예다. 독립된 개인도 군중 속의 개인과 동일한 자극에 노출될 수 있다. 그러나 독립된 개인의 두뇌는 그런 자극에 굴복하는 게 바람직하지 않다는 사실을 일러주기 때문에 독립된 개인은 군중 속의 개인과 다른 결정을 내린다. 이런 차이를 생리학적으로 "독립된 개인은 반사작용을 조절할 수 있지만 군중에게는 그런 능력이 없다"라고 표현할 수 있다.

자극의 종류에 따라 군중이 느끼는 충동은 너그럽거나 잔혹할 수 있고, 영웅적이거나 비열할 수 있다. 그러나 군중의 충동은 실로 엄청나서 개인의 이해관계나 자기보호를 생각할 여유조차 허락하지 않는다. 군중이 받을 수 있는 자극은 무척 다양하고, 군중은 항상 자극을 따르기 때문에 몹시 변덕스럽게 보일 수 있다. 그래서 군중은 냉정하고 잔혹한 모습을 보이다가도 너그럽거나 더할 나위 없이 영웅적인 모습으로 순식간에 바뀐다. 군중은 쉽게 사형집행인이 되기도 하지만 편한 마음으로 순교자가 되기도 한다. 어떤 신앙이든 승리에 필요한 대량의 피가 항상 군중의 가슴에서 흘러나왔다. 군중이 그렇게 순교자가 될 수 있다는 걸 보기 위해 굳이 영웅의 시대까지 거슬러 올라갈 필요도 없다. 군중은 봉기가 시작되면 목숨을 흥정하지 않는다. 근래에 갑자기 인기를 얻은 한 장군[보불전쟁의 복수를 주장한 조르주 불랑제(Georges Boulanger, 1837-1891)를 가리킨다]이 있는데, 그가 원했더라면 대의를 위해 기꺼이 목숨을 내던질 추종자를 10만 명 정도는 충분히 모을 수 있었을 것이다.

그래서 군중에게 사전 계획이란 없다. 군중은 극히 상반된 감정을 연속해서 느낄 수 있지만, 항상 그 순간에 일시적으로 받는 자극의 영향 아래 놓인다. 마치 거센 바람이 불면 사방으로 흩날렸다가 바람이 그치면 우수수 떨어지는 낙엽과 같다. 뒤에 가서 혁명 군중을 직접 살펴보며 그들의 감정이 얼마나 쉽게 변하는지 실제 예를 들어보겠다.

변덕이 심한 군중을 지배하기란 무척 어렵다. 특히 그들이 공권력 일부를 손에 넣었을 때는 더더욱 어렵다. 일상의 삶에서 꼭 필요한 것들이 눈에 보이지 않는 일종의 조절장치로 작용하지 않는다면 민주주의는 생명력을 이어갈 수 없을 것이다. 군중은 무엇인가를 열렬히 원하지만 그 바람이 오래 지속되지는 않는다. 요컨대 군중은 지속적으로 사고하지 못하는 것처럼 바람도 끈질기게 이어가지 못한다.

군중이 충동적이고 변덕스럽기만 한 것은 아니다. 야만인처럼 군중도 욕망과 욕망의 실현 사이에 무언가가 끼어들 수 있다는 걸 인정하지 않는다. 수적으로 우세하면 무엇이든 이겨낼 수 있다고 생각하기 때문에 그런 개입 가능성을 이해하지 못한다. 요컨대 군중 속의 개인은 불가능이란 개념 자체를 상실한다. 독립된 개인은 자기 혼자 왕궁에 불을 지르거나 상점을 약탈할 수 없다는 걸 잘 알기 때문에 그런 유혹을 받더라도 쉽게 이겨낸다. 그러나 군중의 일원이 되면 개인은 '수'(數)가 부여하는 힘을 의식하게 된다. 이때 그에게 살인이나 약탈이란 암시를 걸면 그는 지체 없이 유혹에 넘어갈 것이다. 예기치 못한 장애물을 만나도 미친 듯이 때려 부술 것이다. 인간의 몸이 격분한 상태를 영원히 지속할 수 있다면, 그렇게 격분한 상태가 억눌린 욕망을 가진 군중의 정상적인 모습이라고 할 수 있다.

군중의 충동성과 변덕, 과민성에도 민족의 기본적인 특성이 언제든 끼어든다. 물론 우리가 앞으로 연구할 군중의 모든 감정에도 그러하다. 민족의 기본적인 특성은 우리의 모든 감정이 생겨나는 불변의 토양이기 때문이다. 모든 군중은 언제나 과민하게 반응하고 충동적으로 행동하지만 정도의 차이가 있다. 예컨대 라틴계 군중과 앵글로색슨계 군중은 놀라울 정도로 다르다. 프랑스 역사에서 비교적 최근에 일어난 사건들이 이런 차이를 확연히 보여준다. 25년 전 프랑스 외교관이 모욕적인 언사를 했다는 식으로 꾸

며진 전보 내용이 공개되면서 군중의 분노가 폭발했고, 그 분노는 끔찍한 전쟁[1870년부터 이듬해에 걸쳐 프로이센을 중심으로 한 독일계 여러 나라와 프랑스 사이에 일어난 보불전쟁을 말한다]의 도화선이 되었다. 수년 후에는 베트남 랑선의 소전투에서 프랑스군이 패했다는 소식이 알려지기 무섭게 군중의 분노가 폭발했고, 그 결과 정부가 순식간에 전복되고 말았다. 같은 시기에 영국군은 수단의 하르툼에서 훨씬 더 참담한 패배를 당했지만, 영국에서는 약간의 술렁임이 있었을 뿐이고 장관들 중 그 누구도 해임되지 않았다. 군중은 워낙 여성적인 특성을 가지고 있지만, 그중에서도 라틴계 군중이 가장 여성적이다. 라틴계 군중과 함께하는 사람은 신속히 높은 곳에 올라갈 수 있지만, 타르페아 절벽[로마 카피톨리노언덕에 있는 수직 절벽으로 반역자나 범죄자를 여기서 떨어뜨렸다] 가장자리를 조심조심 걸으며 언젠가 자신도 거기서 내던져질 수 있다는 걸 각오해야 한다.

2. 군중의 피암시성과 맹신

앞에서 군중을 정의할 때 군중의 일반적 특성 중 하나가 과도한 피암시성임을 말하며, 모든 인간 무리에서 암시가 전염되는 것도 보여주었다. 이것이 바로 모든 감정이 하나의 방향으로 향하게 되는 이유다.

군중이 중립적이라 가정하더라도 거의 언제나 무언가를 기대하고 있기 때문에 암시를 받으면 쉽게 넘어간다. 첫 암시가 돌발적으로 또렷이 주어지면 군중 모두의 뇌에 즉시 전염되어 심기고, 곧바로 방향까지 결정된다. 암시를 받은 모든 존재에게서 확인할 수 있듯이 두뇌에 이식된 생각은 행동으로 옮아가려는 경향을 띤다. 왕궁에 불을 지르는 행동이든 자기희생이 따르는 행동이든 군중은 똑같이 여긴다. 모든 것이 자극의 성격에 따라 결정된다. 독립된 개인의 경우처럼 암시된 행동과 그것을 실천하지 못하게 막는 이성적 판단 사이에 존재하는 관계는 중요하지 않다.

따라서 군중은 언제나 무의식의 경계에 머물며 모든 암시를 쉽게 받아들이고, 이성의 도움을 청할 수 없는 존재처럼 극단적인 감정에 휘둘린다. 게다가 비판적 사고 능력까지 상실한 나머지 모든 것을 맹신하는 경향을 띤다. 군중에게 불가사의한 일은 존재하지 않는다. 이 점을 명심해야 도통 있을 법하지 않은 일이 쉽게 조작되고 전설 같은 이야기가 만들어지며 확산하는 이유를 이해할 수 있다.[3]

군중이 무작정 맹신할 때만 전설이 생겨나고 군중 안에서 쉽게 퍼지는 것은 아니다. 군중의 상상력으로 사건이 크게 왜곡되면

---

3 보불전쟁 당시 파리가 포위된 상황을 겪은 사람들은 군중이 이처럼 기괴한 이야기를 무작정 믿게 되는 사례를 무수히 보았다. 어느 건물 위층에 켜진 촛불을 수십 킬로미터나 떨어진 곳에서 본다는 게 애당초 불가능하다는 건 조금만 생각해보아도 자명한데, 사람들은 이를 파리를 포위한 프로이센 군대에게 보내는 신호라고 단정했다.

서 전설이 만들어지기도 한다. 아무리 사소한 사건이라도 군중의 눈앞에서 일어나면 곧바로 변형된다. 군중은 이미지를 그리고 머릿속에 이식된 이미지는 애초의 것과 논리적으로 아무런 관계가 없는 일련의 새 형상을 만들어낸다. 우리가 어떤 사건을 떠올릴 때 간혹 자연스레 이어지는 엉뚱한 상상을 생각해보면 그런 상황이 쉽게 이해될 것이다. 이성은 그런 이미지들에 논리적 일관성이 없다고 말하지만 군중은 일관성을 따지지 않는다. 군중은 왜곡된 상상력이 실체에 덧붙인 그 무엇과 실제 사건을 혼동한다. 군중은 주관적인 것과 객관적인 것을 구분하지 않는다. 군중은 머릿속에 심긴 이미지를 실재하는 것처럼 받아들이지만 실제로 관찰된 사실과는 관련성이 까마득하다.

군중의 일원인 개개인의 기질이 무척 다양하기 때문에 군중이 직접 목격한 사건을 무척 다양한 방법으로 왜곡할 것 같지만 실제로는 그렇지 않다. 전염이 일어나면서 왜곡은 군중의 모든 구성원에게 똑같은 성격을 띠고 똑같은 방향으로 이루어진다. 집단 구성원 중 누군가가 최초로 왜곡해서 인지하는 것이 암시가 전염되는 출발점이다. 예컨대 게오르기우스 성자가 예루살렘 성벽 위에서 모든 십자군 병사에게 현현하기 전, 실제로 그들 중 한 병사만 그를 인지했을 것이 분명하다. 한 사람만 본 기적이 암시와 전염을 통해 곧바로 모두에게 전해진 것이다.

역사에서 빈번히 반복되는 집단환각 메커니즘은 항상 이런 식이다. 무수히 많은 사람이 목격한 현상이라서 집단환각도 진실의 전통적 특성을 모두 갖춘 것처럼 보인다.

이런 메커니즘을 반박하려고 군중을 구성하는 개인의 정신적 특성을 거론할 필요는 없을 것이다. 개인의 능력은 중요하지 않다. 개인은 군중의 일원이 되는 순간부터 배운 자든 못 배운 자든 관찰하는 능력을 똑같이 상실하기 때문이다.

이런 주장은 모순처럼 들릴 수 있다. 이 주장을 철저히 입증하려면 수많은 역사적 사건을 조사해야 하기에 한두 권의 책으로는 어림없을 것이다.

하지만 아무런 증거 없이 주장만 펼친다는 인상을 주고 싶지 않으므로, 인용할 만한 수많은 사례 중에서 무작위로 선택한 몇 가지만 제시해보겠다.

다음은 지극히 무지한 사람으로부터 교육을 많이 받은 사람에 이르기까지 온갖 부류의 개인들로 구성된 군중이 쉽게 빠지는 집단환각의 전형적인 사례다. 이 사례는 쥘리앵 펠릭스 해군 대위가 '해류'를 다룬 책에서 인용했고, 이전에 과학잡지 『르뷔 시앙티피크』에 소개된 적도 있다.

프리깃함 벨풀호는 함께 항해하다가 폭풍우 때문에 흩어진 순양함 르베르소호를 찾느라 바다를 항해하고 있었다. 태양이 작열하는 정오 무렵, 갑자기 감시병이 파손된 구명정을 발견했다는 신호를 보냈다. 감시병이 가리키는 쪽을 모든 장교와 병사들이 쳐다보았다. 그들은 분명 구명정을 밧줄로 연결해서 만든 뗏목을 보았다. 뗏목에는 사람들이 타고 있었고 조난 신호 깃발이 펄럭였다. 하지만 그것은 집단환각에 불과했다. 데포세 함장은 구명정을 내려 조난자들을 구하라고 명령했다. 목표물에 다가가던 장교와 병사들은 이런 경험을 했다. "많은 사람이 손을 내밀며 흔드는 것을 보았고, 뭐라고 말하는지 뚜렷하지는 않지만 많은 목소리를 들었다." 그러나 막상 다가갔을 때 그들이 발견한 것은 인근 해안에서 흘러온 듯한 잎이 무성한 나뭇가지 몇 개가 전부였다. 너무나 확실한 증거 앞에서 환각은 사라졌다.

이 사례는 앞에서 설명한 집단환각이 어떻게 일어나는지 명확히 보여준다. 한쪽에는 무언가를 잔뜩 기대하는 군중이 있고, 반대편에는 감시병이 표류하는 구명정을 가리키며 제시한 암시가 있다. 그 암시는 장교와 병사 등 모든 목격자에게 전염된다.

눈앞에서 벌어지는 사건을 정확히 보는 능력이 소멸되고, 실재하는 사실이 아무런 관련도 없는 환각으로 대체되는 데 많은 수의 군중이 필요한 것은 아니다. 적은 수가 모여도 그런 군중을 형성할 수 있다. 그들이 모두 저명한 학자라 하더라도 전문 분야가 아닌 영역에서는 군중이 가진 모든 특성을 띠게 마련이다. 그들 각자의 관찰력과 비판 정신도 즉시 사라진다. 독창적인 심리학자 데이비가 제시한 무척 흥미로운 사례가 최근 『심리학 연보』에서 인용되었는데, 지금 다루고 있는 주제와 부합하기 때문에 살펴볼 만한 가치가 있다. 데이비는 영국의 저명한 과학자 월리스[앨프리드 러셀 월리스(Alfred Russel Wallace, 1823-1913)]를 비롯해 뛰어난 관찰자들을 초빙해서 한 가지 실험을 했다. 그들에게 여러 가지 물건들을 확인시키고 각자 그것을 봉인해서 원하는 곳에 숨기도록 한 것이다. 그런 다음 그들 앞에서 영혼을 불러 석판에 글씨를 쓰게 하는 등 영매와 관련된 고전적 현상을 시연했다. 저명한 관찰자들에게 자신이 직접 목격한 현상은 초자연적 수단으로만 얻을 수 있는 것임을 확증하는 서면 증언을 받은 후, 데이비는 그 현상이 아주 간단한 속임수에 불과하다는 사실을 밝혔다. 이 문제와 관련해 한 사람이 다음과 같이 썼다. "데이비 씨의 실험에서 무엇보다 놀라운 것은, 속임수 자체보다 관찰력이 뛰어나다는 목격자들이 내놓은 서면 증언 자체가 허술하기 짝이 없었다는 점이다. 목격자들이 확실하다고 주장하며 늘어놓은 이야기들은 완전히 틀린 것이었으며, 그들의 묘사 자체는 정확했을지 몰라도 그런 묘사로는 문제의 현상이 속임수였다는 게 설명되지 않는다. 데이비 씨가 고안한 방법은 무척 단순해서 그런 방법을 대담하게 사용했다는 점이 놀라울 따름이다. 그러나 데이비 씨에게는 군중이 보지 않은 것을 보았다고 생각하게 만들 만큼 그들의 정신을 지배하는 힘이 있었다." 여기서 말하는 힘은 최면술사가 최면 걸린 사람에게 행사하는 힘과 크게 다르지 않다. 그러나 그 힘이 경계심을 품은 지적 능력이 뛰어난 사람들에게도 작용하는 것을 보면, 평범한 군중을 현혹하는 게 얼마나 쉬울지는 충분히 짐작할 수 있다.

이와 유사한 사례는 헤아릴 수 없이 많다. 내가 이 글을 쓰는 지금, 모든 신문마다 센강에서 익사체로 발견된 두 소녀의 기사로 가득하다. 10여 명의 목격자가 그들의 신원을 명확히 확인해주었다. 모든 증언이 완벽하게 일치한 터라 치안판사는 아무 의심 없이 사망증명서를 발급했다. 그러나 소녀들을 매장하는 도중에 죽은 줄로만 알았던 두 소녀가 엄연히 살아 있고, 더구나 그들은 익사한 소녀들과 전혀 닮지 않았다는 사실이 밝혀졌다. 앞에서 인용한 사례와 마찬가지로 착각에 빠진 첫 목격자의 확언이 다른 사람들에게 암시를 주며 영향을 미친 것이다.

유사한 사례에서도 암시는 언제나 개인의 착각에서 출발한다. 그런 착각은 다소 막연한 기억에서 비롯되며 반복되는 확언을 통해 암시가 주위로 전염된다. 최초의 관찰자가 감수성이 무척 예민하다면, 그가 알아보았다고 생각하는 시신에 다른 사람을 떠오르게 할 만한 흉터나 옷차림 등 특이점이 있기만 해도 충분히 착각할 수 있다.

이런 착각이 이해의 영역에 침투해 비판 정신을 마비시키는 확증 과정의 출발점이 될 수 있다. 그때 관찰자가 보는 것은 대상 자체가 아니라 그의 머릿속에 연상된 이미지다. 이런 사실을 감안하면, 다음 경우처럼 친어머니가 자식의 시신을 알아보지 못하는 이유도 설명된다. 이 사건은 상당히 오래전에 일어났지만 최근 언론에서 다시 다루었다. 내가 방금 설명한 두 종류의 암시가 명확히 드러난 사건이다.

다른 아이가 그 아이를 알아보았지만 실은 착각한 것이었다. 그 후로 일련의 부정확한 신원 확인이 시작되었다.

그런데 기막힌 일이 일어났다. 어떤 학생이 아이의 신원을 확인한 다음 날, 한 여인이 소리쳤다.

"맙소사! 그 아이는 내 자식이에요!"

그녀는 시신에 다가가 옷가지를 살펴보고 이마의 흉터도 확인했다.

"맞아요. 지난 7월에 실종된 아들이 맞아요. 유괴된 다음 살해당한 게 분명해요!"

그 여인의 이름은 샤방드레였고 푸르 거리에서 건물 관리인으로 일했다. 경찰서에 불려온 여인의 제부도 망설이지 않고 "귀염둥이 필리베르가 맞습니다"라고 증언했다. 푸르 거리에 사는 주민 몇몇도 라빌레트 구역에서 시신으로 발견된 아이가 필리베르 샤방드레가 맞다고 확인해주었고, 필리베르를 가르친 학교 선생은 메달이 그 증거라고 했다.

그런데 이웃들도, 제부도, 학교 선생도, 심지어 어머니도 착각했음이 밝혀졌다. 6주 후 시신의 신원이 정확히 확인되었기 때문이다. 보르도에 살던 그 아이는 그곳에서 살해되어 철도 화물로 파리까지 옮겨졌다고 한다.

-『레클레르』, 1895년 4월 21일

이 같은 신원 확인을 주로 여성과 어린아이, 정확히 말하면 상대적으로 감수성이 예민한 사람이 했다는 데 주목할 필요가 있다. 그런 증언이 법정의 판결에 영향을 미칠 수 있다는 사실도 고

려해야 한다. 특히 어린아이의 증언은 절대 증거로 원용하면 안
된다. 치안판사들은 그 연령의 아이들이 거짓말을 할 줄 모른다고
입버릇처럼 말한다. 그러나 심리학의 기초 지식이 조금이라도 있
다면 아이들이 습관적으로 거짓말한다는 사실을 알 것이다. 어린
아이의 거짓말은 아무리 순진무구하더라도 결국 거짓말이다. 그
러므로 지금까지 흔히 그랬듯이 어린아이의 증언에 기초해 판결
을 내리느니 차라리 동전 던지기로 피고의 유죄 여부를 결정하는
게 나을지도 모른다.

　다시 군중의 관찰 문제로 돌아가 결론을 내려보자. 군중의 관
찰은 잘못되었을 가능성이 아주 크고, 대체로 한 사람의 착각이
모두에게 전염되어 암시된 결과일 수 있다. 군중의 증언을 철저
히 경계해야 한다는 걸 증명해주는 사례는 얼마든지 제시할 수 있
다. 예컨대 스당 전투(1870년 9월 1-2일)에 참전한 기병대원은 수
천 명에 달하지만, 목격자들의 증언이 엇갈리고 있기 때문에 누
가 이 부대를 지휘했는지는 아직도 파악되지 않았다. 한편 영국의
울슬리[19세기 영국 제국주의를 대표하는 가넷 울슬리(Garnet Wolseley,
1833-1913)] 장군은 최근 발간한 책에서 수백 명의 증인이 직접 증
언한 내용이지만 워털루 전투와 관련된 중요한 사실들에 지금까
지 심각한 오류가 있음을 밝혔다.[4]

4　한 차례의 전투라도 그것이 정확히 어떻게 전개되었는지 우리가 알 수

이런 사례들에서 군중의 증언이 어떤 가치를 지니는지 확실히 알 수 있다. 논리학 개론서를 보면, 어떤 사실의 정확성을 증명하기 위해 원용할 수 있는 가장 확고한 증거는 많은 사람의 일치된 증언이다. 그러나 군중심리에 대해 지금까지 밝혀진 결론에 따르면 논리학 개론서의 이 부분은 오류가 있으므로 완전히 개정되어야 한다. 가장 많은 사람이 목격한 사건일수록 오히려 가장 의심스러운 사건이다. 수천 명이 동시에 어떤 사건을 지켜보았다는 말 자체가 실제 일어난 사건은 그들의 이야기와 크게 다르다는 뜻인 경우가 비일비재하다.

앞의 논증에 근거하면 역사서는 순전히 상상의 산물로 여겨야 한다는 결론을 내릴 수 있다. 역사서는 잘못 관찰한 사실에 훗날 설명을 덧붙인 몽상 같은 이야기가 된다. 그런 책을 쓰려고 시간을 낭비하느니 회반죽이나 개는 게 더 유익할 수 있다. 물론 과

있을까? 내 생각에는 거의 불가능하다. 누가 승리했고 누가 패했는지는 알겠지만 그 이상은 어렵다. 솔페리노 전투에 참전한 목격자 다르쿠르 씨가 그 전투에 대해 보고한 내용은 모든 전투에 적용될 수 있을 듯하다. "당연히 장군들은 수백 건의 증언을 기초로 공식 보고서를 작성해 제출했다. 연락장교들은 이 문서를 수정해 최종 보고서를 작성했다. 그런데 참모장이 내용에 이의를 제기해서 보고서를 아예 다시 작성하게 되었다. 이 보고서를 총사령관에게 올리자 그는 "모두 잘못 알고 있군!"이라고 호통치며 보고서를 다시 작성하라고 지시했다. 그 결과 보고서에서 처음 작성한 내용은 거의 남지 않게 되었다." 다르쿠르 씨는 이런 사실이야말로 가장 충격적이면서 목격자가 많은 사건의 진실을 밝히는 것이 불가능함을 보여주는 증거라고 말했다.

〈워털루 전투〉(윌리엄 새들러, 1815년)

1815년 6월 백일천하를 수립한 나폴레옹의 프랑스군과 영국·프로이센 연합군이 벨기에의 워털루에서 벌인 싸움이다. 전투에서 패한 나폴레옹은 세인트헬레나섬으로 유배되었고 그곳에서 생을 마감했다.

거의 역사가 문학작품과 예술작품 같은 기념비적 유물을 남기지 않았다면 우리는 지난 시대에 실제로 무엇이 존재했는지 전혀 모를 것이다. 헤라클레스나 석가모니, 예수, 마호메트와 같이 인류 역사에 강력한 영향을 미친 위인의 실제 삶에 대한 진실을 우리가 하나라도 알고 있을까? 그럴 가능성은 거의 없다. 게다가 그들의 실제 삶은 지금 우리에게 별로 중요하지 않다. 우리는 다만 민간 전설에 등장하는 인물들에 대해서 알고 싶을 뿐이다. 군중의 마음에 깊은 인상을 남기는 것도 실존했던 영웅이 아니라 전설 속의 영웅이다.

안타깝지만 그런 전설은 책에 기록되어 있더라도 원형을 유지하지 못한다. 시간이 흐르면서 군중의 상상에 따라 끊임없이 변하는데, 특히 민족에 따라 크게 달라진다. 구약성서에 나오는 야훼는 성녀 테레사가 섬긴 사랑의 신과 크게 다르고, 중국에서 섬기는 부처[석가모니]는 인도에서 숭배하는 부처와 이제 공통점이 하나도 없다.

영웅이 죽고 나서 오랜 세월이 흘러야만 영웅의 전설이 군중의 상상으로 변형되는 건 아니다. 때로는 사후 수년 만에 변형이 일어나기도 한다. 역사상 가장 위대한 영웅 중 한 명의 전설이 지난 50년 사이에 여러 차례 바뀌었음을 요즘에도 확인할 수 있다. 부르봉 왕조 시대에 나폴레옹은 목가적이고 자유로운 박애주의자요 하층민의 친구였다. 시인들은 하층민이 그에 대한 추억을 오랫동안 마음속에 간직할 것이라고 노래했다. 그러나 30년이 지나자 너그럽던 영웅은 권력과 자유를 찬탈하고 자신의 야망을 채우기 위해 300만 명이나 되는 사람들을 죽음의 늪으로 몰아넣은 잔혹한 전제군주가 되었다. 지금 우리는 그의 전설이 다시 바뀌고 있는 것을 목격한다. 수천 년 뒤의 학자들은 이렇게 모순된 이야기를 듣고 그런 영웅이 실제로 존재했는지 의심하거나 그의 전설이 태양 신화 혹은 헤라클레스 신화의 변형이라고 생각할지도 모른다. 지금도 석가모니가 실제로 존재했는지 간혹 의심하듯이 말이다. 그들은 이런 불확실성에서 위안을 얻을 가능성이 크다. 그

즈음이면 군중심리에 대해 지금보다 많은 것이 밝혀져서 역사가 오직 신화만 기억한다는 사실을 알게 될 테니 말이다.

3. 단순하고 과장된 감정

군중이 드러내는 감정은 좋은 것이든 나쁜 것이든 매우 단순하고도 과장된 이중적 특성을 보인다. 다른 면으로 볼 때도 그렇지만 특히 이런 점에서 군중 속의 개인은 원시인에 가깝다. 군중 속의 개인은 미묘한 차이에 신경 쓰지 않고 상황을 전체적으로 파악하기 때문에 중간 단계를 의식하지 못한다. 그런 이유로 군중 속에서 감정을 더욱 과장되게 표현한다. 어떤 감정이 한번 표출되면 암시와 전염을 통해 급속도로 확산되고, 주변에서 확실한 동의를 얻으며 그 힘이 증폭되기 때문이다.

군중은 감정을 단순하고 과장되게 표현함으로써 결국에는 의심하거나 불확실성을 인정하지 않게 된다. 군중의 감정은 여성들처럼 순식간에 극단을 치닫는다. 가볍게 내뱉은 의혹이 논의의 여지가 없는 명백한 증거로 돌변한다. 독립된 개인에게는 별로 힘을 얻지 못하는 반감이나 반론도 군중 속의 개인에게는 곧바로 흉포한 증오로 변한다.

군중의 감정에 내재한 폭력성은 특히 이질적 군중 속에서 더욱 부풀려진다. 그런 군중에 속해 있으면 아무도 책임감을 느끼지 않기 때문이다. 군중의 수가 많아질수록 자신들이 벌을 받지 않을 것이란 확신이 강해진다. 수적으로 강력한 힘을 갖게 되었다고 생각하는 순간, 군중은 독립된 개인으로 있을 때는 하지 못했던 감정 표현과 행동도 스스럼없이 할 수 있다. 군중과 함께할 때 어리석은 사람이나 무지한 사람, 질투하는 사람도 무능하고 무기력한 존재라는 자괴감에서 해방되어 일시적이지만 자신이 엄청난 힘을 가졌다고 여긴다.

안타깝게도 군중으로 있을 때 나타나는 과장된 언어와 행동은 주로 나쁜 감정에 영향을 미치고, 군중은 너무 쉽게 최악의 감정 과잉 상태로 치닫는다. 나쁜 감정은 대체로 원시인의 본능이 남긴 유전의 잔재다. 독립적이고 책임감 있는 개인은 처벌이 두려워 그런 감정을 억제한다.

군중은 쉽사리 암시에 사로잡히지만 그렇다고 영웅다운 행위나 헌신을 할 수 없는 건 아니다. 고결한 미덕을 보이기도 한다. 도리어 군중은 독립된 개인보다 그런 일을 더 잘해낼 수 있다. 이 점에 대해서는 군중의 도덕성을 다루는 부분에서 더 자세히 살펴보겠다.

군중은 감정이 격해지면 일정 수준 이상의 과도한 감정에만 자극을 받는다. 군중의 마음을 사로잡고 싶은 웅변가는 격정적인 단언(端言)을 무람없이 사용해야 한다. 과장하고 단언하고 반복하되 논리적으로 증명하려 해서는 안 된다. 이는 대중 집회의 웅변가들에게 이미 잘 알려진 연설 기법이다. 게다가 군중은 자기 영웅도 똑같이 격정적인 감정에 휩싸여 있기를 바란다. 영웅의 장점과 미덕은 적어도 겉으로는 더 좋게 미화되어야 한다. 군중은 연극의 주인공에게 현실에서는 불가능한 용기와 도덕성과 미덕을 요구한다는 적확한 지적도 있다.

　연극에는 특별한 시각적 관점이 있다고 말하는데 이는 충분히 타당한 견해다. 여하튼 그런 관점이 존재하는 것은 분명하지만, 그 규칙은 대부분 상식이나 논리와 아무런 관계가 없다. 군중에게 말할 때 대단한 수준의 기술을 갖춰야 하는 건 아니지만 아주 특별한 재능이 필요하기는 하다. 대본만 읽고 연극의 성공 여부를 판단하는 건 대체로 불가능하다. 극장 경영자가 대본을 받아서 읽어보아도 공연이 성공할 거라고 확신하지 못하는 경우가 비일비재하다. 연극 공연의 성공 여부를 판단하려면 경영자 자신이 직접 군중이 되어야 한다.[5] 좀 더 폭넓게 설명하자면, 민족의 지배적인 영향도 고려해야 할 것이다. 어떤 나라에서는 군중의 환호를

5 　여기서 우리는 극장 경영자가 모두 거부한 작품이 우연한 기회에 공연되어 큰 성공을 거두는 경우가 적지 않은 이유를 알 수 있다. 프랑수아 코페[François Coppée, 1842-1908]는 극작가로 명성이 높았는데도 《왕관을 위하여》라는 그의 작품은 유명 극장의 경영진에게 10년 동안 퇴짜를 맞다가 최근에 공연되어 큰 성공을 거두었다. 브랜든 토머스[Brandon Thomas, 1848-1914]의 《찰리의 이모》도 모든 극장에서 거절당한 뒤에 한 주식중개인의 후원을 받아 마침내 무대에 올랐고, 이후로 프랑스에서 200회, 영국에서 1,000회 이상 공연되었다. 극장 경영자가 정신적으로 군중을 대신할 수 없음을 위에서 설명하지 않았더라면 개인적으로는 하나같이 유능하고 중대한 실수를 범하지 않으려고 무진 애쓰는 사람들이 왜 그러한 판단 착오를 하는지 이해할 수 없을 것이다. 이 문제는 오랜 연구가 필요하기 때문에 여기서는 다루지 않겠다.

　　　　　　　　　　　　　　　　　　　　　　　군중심리

페리클레스의 연설(필리프 폴츠, 1852년)

고대 아테네의 정치가인 페리클레스가 펠로폰네소스전쟁 희생자들의 장례식에서 연설하는 모습이다. 그는 탁월한 연설로 군중의 생각에 영향을 미쳤다.

받은 연극 작품이 다른 나라에서는 관객을 자극할 만한 힘을 발휘하지 못해서 흥행에 완전히 실패하거나 전문가들의 호평만 받거나 관례적인 수준의 성공밖에 거두지 못하는 경우가 적지 않기 때문이다.

　군중이 감정에 대해서만 과장할 뿐 지적인 것은 전혀 과장하지 않는다는 말을 굳이 덧붙이고 싶지는 않다. 군중의 일원이 된다는 사실만으로 개인의 지적 수준이 즉시 크게 떨어진다는 건 앞에서 이미 보여주었다. 군중의 범죄를 연구한 사회학자 가브리엘 타르드[Jean Gabriel Tarde(1843-1904), 19세기 말 프랑스 사회학계를 대표한 사상가)도 그의 글에서 이 같은 사실을 입증했다. 따라서 군중은 오직 감정 면에서만 극단적으로 올라가거나 반대로 크게 떨어질 수 있다.

4. 군중의 편협성, 독선, 보수성

군중은 단순하고 극단적인 감정만 느낀다. 그들은 자신에게 암시된 의견과 사상, 신념을 한꺼번에 받아들이거나 거부하고, 그것을 절대적 진리로 여기거나 절대적 오류로 치부한다. 이성적 추론 대신 암시를 통해 결정되는 신념도 마찬가지다. 종교적 신념이 몹시 편협하고 인간의 영혼에 얼마나 포악한 영향을 미치는지 모르는 사람은 없을 것이다.

군중은 어떤 진리나 오류를 조금도 의심하지 않을뿐더러 그 힘이 강력하다는 것을 확신하기 때문에, 편협하고 그만큼 권위적이며 독선적이다. 개인은 반론과 토론을 허용하지만 군중은 결코 용납하지 않는다. 대중 집회에서 연설자가 가벼운 반론이라도 제기하면 분노의 고함과 거친 욕설이 지체 없이 쏟아지고, 그래도 연설자가 입장을 굽히지 않으면 물리적인 폭력이 뒤따르며, 결국 연설자는 쫓겨난다. 당국자가 그 자리를 지키고 서 있지 않으면 반론을 제기한 연설자는 군중에게 얻어맞아 목숨을 잃는 사태가 일어날지도 모른다. 독선과 편협성은 모든 군중의 공통된 감정이지만 정도의 차이는 있다. 예컨대 민족에 따라 다른 모습을 보인다. 특히 라틴계 군중은 권위주의와 편협함의 정도가 무척 높기 때문에, 앵글로색슨계 군중에게서 뚜렷하게 나타나는 개인의 독립성을 그들에게서는 전혀 찾아볼 수 없다. 라틴계 군중은 자신들이 소속된 집단의 독립성에만 관심이 있을 뿐이고, 이런 독립성은 폭력을 동원해서라도 반대자를 자신의 신념에 즉각 굴종시키려는 특성을 띤다. 특히 종교재판 이후로 어느 시대든 라틴계 민족의 과격한 급진주의자들은 자유라는 단어에 자신들이 생각하는 것과 다른 뜻도 있다는 걸 이해하지 못했다.

독선과 편협성은 군중에게 뚜렷이 드러나는 감정이다. 군중은 이런 감정을 편하게 느끼고, 자극을 받는 순간 쉽게 받아들이며 힘들이지 않고 실행에 옮긴다. 군중은 힘 있는 사람을 존경하고 그들에게 순종하지만 호의적인 사람에게는 별다른 감동을 받지 않는다. 그들의 눈에 호의는 유약함이 겉으로 드러난 것에 불과하기 때문이다. 역사적으로 군중이 온후한 지도자에게 동조한 적은 없었다. 오히려 자신들을 강력히 억압한 압제자에게 동조했다. 군중은 언제나 압제자의 석상을 가장 높이 세웠다. 그러나 어느 순간 군주가 힘을 잃고 유약한 존재로 전락하면 군중은 그를 끌어내리고 멸시의 눈초리로 바라본다. 더는 그가 두렵지 않기 때문에 그를 경멸한다. 군중이 존경하는 유형의 영웅은 언제나 율리우스 카이사르 같은 인물이다. 그의 휘장은 군중의 마음을 사로잡았고, 권위는 군중을 압도했으며, 검은 군중의 마음에 두려움을 심었기 때문이다.

군중은 유약한 권위 앞에서는 언제라도 들고일어나지만 강력한 권위를 마주하면 비굴하게 허리를 굽힌다. 권력자가 간헐적으로 권력을 행사할 때마다 군중은 권력자의 극단적인 감정에 따라 무정부 상태에서 노예 상태로, 노예 상태에서 무정부 상태로 오가는 행태를 반복한다.

하지만 군중의 혁명 본능이 우세하다고 믿는다면 이는 군중 심리를 제대로 모른다는 뜻이다. 군중의 과격한 성향이 이런 착각을 불러일으킨다. 군중의 과격한 저항과 파괴 행위는 항상 일시적 현상에 그친다. 또 군중은 무의식의 지배를 받기 때문에, 달리 말해 오랫동안 축적된 정신적 유산의 영향을 크게 받기 때문에 지극히 보수적이다. 아무런 간섭도 받지 않으면 그들은 금세 무질서에 싫증을 느끼며 본능을 따라 노예 상태로 돌아가려 한다. 나폴레옹이 프랑스의 모든 자유를 억압하고 철권통치를 시작했을 때, 그를 가장 열렬히 환영한 자들은 바로 가장 오만하고 다루기 힘들며 과격한 급진주의자들이었다.

이렇게 철저히 보수적인 군중의 본능을 바르게 이해하지 못한다면 역사, 특히 민중혁명의 역사를 이해할 수 없을 것이다. 군중은 자신들을 지배하는 제도의 명칭을 바꾸고 싶어 하며, 때로는 이를 위해 폭력 혁명까지 일으킨다. 그러나 이런 제도의 본질은 유전된 민족의 욕구가 드러난 것이므로 군중은 항상 그 단계로 되돌아가려 한다. 군중의 끊임없는 변덕은 피상적인 문제만 바꾸려 할 뿐이다. 게다가 군중은 원시인만큼이나 고집스럽고 보수적인 본능을 지니고 있다. 군중은 전통을 아무런 조건이나 제약 없이 맹목적으로 존중한다. 반면 현재의 생활 조건을 바꿀 수 있는 새로 생겨난 것에 대해서는 무의식적으로 두려움을 품는데 이런 마음은 뿌리가 매우 깊다. 방적기나 증기기관, 철도가 발명된 시기에 민주주의가 오늘날만큼 힘을 지녔더라면 아마도 그런 발명품은 실용화되지 못했거나 혁명과 대학살을 그 대가로 치러야 했을 것이다. 과학과 산업 분야에서 위대한 발견이 이루어진 후에 힘을 가진 군중 세력이 등장한 것은 문명의 진보를 위해 천만다행한 일이다.

5. 군중의 도덕성

'도덕성'이 어떤 사회적 관습을 일관되게 존중하고 이기적인 충동을 항구적으로 누른다는 뜻이라면, 군중은 지나치게 충동적이고 변덕이 심하기 때문에 도덕적일 수 없다. 그러나 자제와 헌신, 무사무욕, 자기희생, 공평성 같은 특성을 일시적으로 과시하는 일도 도덕성에 포함한다면, 군중도 때로는 무척 고결한 도덕성을 띤다고 말할 수 있다.

군중을 연구한 심리학자는 몇 안 되지만 그마저도 범죄행위라는 관점에서만 고찰했을 뿐이다. 군중의 범죄행위가 상당히 빈번하다는 것을 확인한 그들은 군중의 도덕 수준이 매우 낮다는 결론을 내렸다.

군중의 도덕 수준이 대체로 낮은 것은 사실이다. 그 이유가 무엇일까? 단순히 말해, 우리 각자의 내면에서 잠자고 있는 파괴적이고 야만적인 본능이 원시시대로부터 내려온 잔재이기 때문이다. 개개인이 독자적으로 살면서 그런 본능을 충족하려면 위험이 따른다. 하지만 무책임한 군중의 일원이 되어 벌을 받지 않을 것이라는 확신이 서면 자유롭게 본능대로 행한다. 같은 인간에게는 이런 파괴적인 본능을 상습적으로 행할 수 없기 때문에 보통은 동물들에게 행사하는 것으로 만족한다. 사냥에 대한 보편적 욕구와 군중의 잔혹한 행위는 뿌리가 같다고 볼 수 있다. 군중은 무방비 상태의 희생물을 서서히 죽이며 비열한 잔혹성을 여실히 드러낸다. 철학자가 보기에 그런 잔혹성은 사냥꾼의 특성과 매우 유사하다. 사냥꾼도 수십 명씩 무리 지어 다니고 사냥개들을 풀어 불쌍한 사슴을 뒤쫓게 하며 도살하는 희열을 만끽하지 않는가.

군중은 살인과 방화 등 온갖 범죄를 저지르는가 하면, 헌신과 자기희생, 무사무욕 같은 고결한 행위를 독립된 개인보다 훨씬 잘해낼 수도 있다. 특히 군중 속의 개인에게 영예와 명예, 신앙, 조국애를 내세우며 호소하면 감동한 개인은 자기 목숨을 바치기까지 한다. 프랑스 역사만 살펴봐도 십자군이나 1793년에 활약한 의용대처럼 비슷한 사례가 무수히 많다. 집단만이 그런 위대한 무사무욕과 헌신을 보인다.

지금까지 얼마나 많은 군중이 자신은 이해하지도 못하는 신앙과 사상의 구호를 외치며 장렬하게 죽음을 맞았던가! 군중은 쥐꼬리만 한 임금을 조금이라도 인상하기 위해서가 아니라 어떤 명령에 복종하기 위해서 파업한다. 개인의 이익은 거의 언제나 독립된 개인이 가진 동기일 뿐 군중을 움직이는 동기는 되지 못한다. 군중이 그저 개인의 이익을 취하려고 그들의 머리로는 도무지 이해할 수 없는 숱한 전쟁에 뛰어든 게 아니다. 그랬다면 사냥꾼이 거울을 이용해 최면을 건 종달새[거울에 비친 자신의 모습을 다른 새로 착각한 종달새가 그 앞에 머물러 있을 때 사냥꾼이 그물을 던져 잡는다는 이야기]처럼 쉽게 목숨을 내던졌겠는가!

흉악한 악당들이 단지 군중에 속하기만 했는데도 잠시나마 매우 엄격하게 도덕적 원칙을 지키는 경우가 상당히 많다. 역사학자 이폴리트 텐이 지적했듯이 9월의 학살자['9월 학살'은 1792년 9월 2일부터 6일까지 파리의 감옥에서 일어난 사건으로 이때 살해된 사람은 1,300명에 이른다. 프랑스 대혁명에서 '첫 번째 공포정치'라고 부른다]들은 마음만 먹으면 희생자들의 지갑과 패물을 쉽게 훔칠 수 있었지만 어김없이 그것들을 혁명위원회의 책상 위에 올려놓았다. 1848년 2월 혁명이 일어났을 때도 튀일리 궁전에 침입해 난동을 부리던 가난한 군중은 하나만 훔쳐서 팔아도 오랫동안 배불리 먹고살 법한 값비싼 물건들에 전혀 손을 대지 않았다.

군중에 속한 개인이 이처럼 도덕적 인간이 되는 것은 일관된 현상이 아니지만 그래도 우리는 일종의 법칙처럼 자주 목격한다. 이 법칙은 내가 방금 언급한 것보다 훨씬 가벼운 상황에서도 관찰할 수 있다. 앞에서 이미 말했듯이 군중은 연극 작품에서 주인공에게 과장된 미덕을 요구한다. 열등한 인간들이 모인 집회에서도 대개는 서로 점잖은 척하는 모습을 흔히 볼 수 있다. 상습적인 난

〈프랑스 2월 혁명: 1848년 2월 24일 튀일리 궁전 알현실의 모습〉
(나다니엘 커리어, 1848년)

2월 혁명은 1848년 2월에 프랑스에서 왕정에 반대한 시민이 일으킨 혁명이다. 국왕 루이 필리프가 망명하고 제2공화정이 수립되었으며 유럽에 자유주의 혁명 운동이 퍼지는 계기가 되었다.

봉꾼, 포주, 빈정대는 건달도 외설적인 장면을 보거나 음담패설을 들으면 못마땅하다는 듯 투덜댄다. 그들이 평소 나누는 대화에 비하면 조족지혈에 불과한데도 말이다.

    따라서 군중은 저급한 본능에 빠졌을 때도 종종 높은 도덕성의 본을 보인다. 무사무욕, 인종[忍從, 묵묵히 참고 따름], 공상적이거나 현실적 이상에 대한 절대 헌신을 도덕적 미덕이라고 부른다면 군중은 때로 가장 현명한 철학자도 도달하기 힘든 수준까지 그런 미덕을 보여준다고 말할 수 있다. 물론 군중은 무의식적으로

군중심리

그런 미덕을 실천하지만 그것은 중요하지 않다. 군중이 대체로 무의식의 지배를 받고 스스로 이성적인 사고를 하지 못한다고 아쉬워할 것도 없다. 군중이 가끔이라도 이성적으로 사고해서 눈앞의 이익을 따졌다면 이 땅에서 어떤 문명도 꽃피우지 못했을 것이며 인류도 역사다운 역사를 갖지 못했을 것이다.

3장

군중의 사상, 추론, 상상력

1. 군중의 사상

기본적 사상과 부수적 사상 ― 모순된 사상들은 어떻게 동시에 존재하는가? ― 우월한 사상을 군중이 이해하려면 ― 사상의 사회적 역할은 사상에 담긴 진실 여부와 무관하다

2. 군중의 추론

군중은 추론에 영향을 받지 않는다 ― 군중의 추론 수준은 항상 열등하다 ― 군중이 받아들이는 사상은 겉으로만 유사성과 연속성을 띤다

3. 군중의 상상력

군중의 상상력이 갖는 힘 ― 군중은 이미지로 상상하고, 이미지는 연결고리 없이 이어진다 ― 군중은 사물의 경이로움에

감동받는다 ― 경이로운 것과 전설적인 것은 문명의 진정한 지지대다 ― 대중의 상상력은 항상 국가 권력의 근간이 되었다 ― 군중의 상상력을 자극하는 사건은 어떻게 나타나는가?

1. 군중의 사상

앞서 발간한 책[『민족 진화의 심리학적 법칙』]에서 나는 사상이 민족의 진화에 어떤 역할을 하는지 연구한 끝에, 모든 문명이 다 들어지지 않은 몇 가지 기본 사상에서 나왔음을 보여주었다. 그런 사상이 어떻게 군중의 정신에 심기는지 그리고 뿌리내리는 과정이 얼마나 어려운지, 일단 뿌리내린 사상이 어떤 힘을 갖는지도 살펴보았다. 대부분의 역사적 대격변이 그런 기본 사상의 변화에서 비롯되었다는 사실도 확인했다.

이 문제는 앞의 책에서 충분히 다루었으므로 여기서는 군중이 이해할 수 있는 사상에 대해 그리고 군중이 그런 사상을 어떤 방식으로 이해하는지를 짧게 언급하는 것으로 만족하려 한다.

사상은 두 종류로 나눌 수 있다. 하나는 그 시대에 영향을 받아, 예컨대 어떤 사람이나 주장에 심취해 돌발적으로 갖게 되는 일시적 사상이다. 다른 하나는 환경과 유전과 평판으로 안정성이 부여된 기본적 사상이다. 과거에는 종교적 신념이 그랬다면 요즘에는 민주주의, 사회주의 사상이 그러하다.

기본적 사상이 천천히 흐르는 큰 강줄기라면, 일시적 사상은 강줄기 수면에서 끊임없이 요동치며 모습을 바꾸는 작은 파도라고 할 수 있다. 따라서 실제로 중요하지는 않지만 강줄기보다 더 눈에 띈다.

우리 조상이 삶의 기준으로 삼았던 위대한 기본적 사상은 오늘날 점점 더 위태로워지고 있다. 견실함을 완전히 상실했고, 사상에 근거한 제도들도 크게 흔들렸다. 한편 내가 앞에서 언급한 일시적이고 작은 사상은 매일같이 생성된다. 그러나 그것들 중 극소수만 눈에 띄게 성장해 지배적인 영향력을 가진다.

군중에게 암시되는 사상은 어떤 것이든 간에 절대적이고 단순한 형태를 갖출 때 힘을 얻을 수 있다. 따라서 사상은 이미지 형태로 제시된다. 그래야 군중이 이해할 수 있기 때문이다. 이미지로 표현된 사상은 논리적 유사성이나 연속성으로 연결되지 않고 환등기 슬라이드처럼 서로 교체될 수 있다. 달리 말해 슬라이드를 차곡차곡 쌓아놓은 상자에서 어떤 것이라도 꺼내어 교체하면 그만이라는 뜻이다. 군중 사이에서 모순된 사상들이 나란히 존재할 수 있는 이유가 여기에 있다. 또한 군중은 순간의 우연에 따라 머릿속에 저장된 사상 중 하나에 영향을 받은 결과, 이전과 전혀 다르게 행동할 수도 있다. 게다가 비판 정신이 전혀 없어 자신의 행동에 모순이 있다는 것도 인식하지 못한다.

이런 현상이 군중에게만 나타나는 것은 아니다. 독립된 개인에게도 같은 현상이 자주 나타난다. 정신 수준이 원시인과 유사한 인간, 예컨대 종교적 광신도가 특히 이 같은 현상을 보인다. 유럽 대학에서 교육을 받고 학위까지 취득한 힌두교인들도 이렇게 하는 경향을 보인다. 그들이 대대로 물려받은 확고부동한 종교 및 사회적 사상 위에 관련성이 전혀 없는 서구의 사상이 포개진 것이다. 서구의 사상은 그들이 물려받은 사상을 바꿔놓지 못한다. 시대가 바뀔 때마다 두 사상이 번갈아 가며 고유한 행동과 말로 표출되면서 한 개인이 이런 식으로 뚜렷한 모순을 보인다. 그러나 이런 모순은 실제적이라기보다 표면적이다. 대대로 물려받은 사상은 독립된 개인에게 그 사실만으로도 충분히 행동의 동기가 되기 때문이다. 다른 민족과 결혼해서 새로운 세습적 충동을 자기 것으로 선택할 수 있을 때만 우리는 매 순간 완전히 모순된 행동을 할 수 있다. 이런 문제가 심리학적으로 무척 중요하기는 하지만 여기서 더 살펴볼 필요는 없을 것 같다. 이를 제대로 이해하려면 적어도 10년 정도의 관찰과 연구가 필요하다고 본다.

사상은 단순한 형태를 띠어야 군중이 이해할 수 있다. 그러므로 군중이 쉽게 받아들이도록 하려면 철저한 변화를 거쳐야 한다. 특히 수준이 약간 높은 철학 사상이나 과학 사상을 군중이 이해할 수 있는 수준까지 한 단계 한 단계 낮추려면 철저한 수정작업이 필요하다. 이 같은 작업은 군중의 범주나 군중이 속한 민족의 범주에 따라 달라진다. 그러나 수정은 항상 수준을 낮추고 단순하게 만드는 방향으로 이루어져야 한다. 따라서 사회적 관점으로 보면 사상의 서열 구조는 실제로 존재하지 않는다. 달리 말해, 더 높거나 더 낮은 사상이란 없다. 어떤 사상이 아무리 위대하거나 진실하다 해도 군중에게 다가가 그들에게 영향을 미치려면, 그 사상을 위대하고 고상하게 만드는 요소를 대부분 없애야 하기 때문이다.

게다가 사회적 관점에서 볼 때 사상의 위계적 가치는 중요하지 않다. 다만 그 사상이 주는 영향을 고려해야 한다. 중세의 기독교 사상이나 18세기의 민주주의 사상, 현재의 사회주의 사상은 그 수준이 대단히 높다고 볼 수 없다. 철학적으로는 그 사상들이 오류투성이에 변변치 못한 것일 수 있다. 그러나 그 사상들은 지금까지 매우 중요한 역할을 해왔고 앞으로도 그럴 것이며 국가를 운영하는 데 핵심 요소가 될 것이다.

군중이 이해할 수 있도록 변형된 사상이라고 해도 다양한 과정을 거쳐 무의식에 스며들고 그것이 감정이 되어야만 군중에게 영향을 미칠 수 있다. 변형된 사상이 무의식에 스며드는 과정을 밝히려면 다른 곳에서 연구해야겠지만, 분명한 것은 감정이 되는 데도 상당한 시간이 걸린다는 사실이다.

어떤 사상의 정당성이 입증되었다는 이유만으로 그 사상이 교육받은 사람들에게 영향을 미칠 수 있다고 생각해서는 안 된다. 아무리 명확한 증명도 대다수 사람에게 거의 영향을 미치지 못한다는 걸 고려하면 이런 사실을 금세 이해할 수 있다. 증거가 명백하면 교육받은 사람은 받아들이겠지만, 그렇게 사상을 새로이 받아들인 사람은 무의식적으로 자신의 원래 생각을 향해서 즉시 돌아가려 한다. 며칠 후 다시 만나면 그가 과거의 주장을 토씨 하나 바꾸지 않고 똑같이 되풀이하는 모습을 보게 될 것이다. 그는 이미 감정이 된 과거의 사상에 영향을 받고 있기 때문이다. 결국 감정이 된 사상만이 우리의 행동과 주장의 동기에 근본적으로 영향을 미친다. 이는 군중의 경우도 다르지 않다.

그러나 어떤 사상이 다양한 과정을 거쳐 군중의 정신에 스며들면 저항할 수 없는 힘을 갖게 되고 연쇄효과를 일으킨다. 이때 그런 흐름에 반발하는 건 무의미하다. 프랑스 대혁명으로 이어진 철학 사상이 군중의 정신에 심기는 데는 거의 한 세기가 걸렸다. 지금은 모두가 알고 있듯이 그 사상이 군중의 정신에 뿌리내린 후에는 누구도 저항할 수 없는 힘이 되었다. 사회적 평등을 쟁취하고 추상적 권리와 이상적 자유를 실현하기 위해 프랑스 국민 전체가 일어서자 서구의 모든 왕조가 충격을 받았고 서구 세계 자체가 뿌리째 흔들렸다. 20년 동안 유럽 각국은 골육상잔의 내적 분쟁에 휘말렸고, 칭기즈 칸과 티무르[Timur(1336-1405), 중앙아시아를 지배한 티무르 왕조의 초대 황제]조차 겁먹었을 법한 대살육이 벌어졌다. 하나의 사상이 맹위를 떨치며 이처럼 커다란 참극을 빚어내는 모습을 세계는 그때까지 본 적이 없었다.

사상이 군중의 정신에 뿌리내리는 데 오랜 시간이 걸리지만 그 사상에서 벗어나는 데도 그만큼 시간이 걸린다. 따라서 사상적으로 군중은 학자나 철학자보다 항상 몇 세대씩 늦다. 오늘날 정치인들은 기본적 사상에 오류가 있다는 걸 잘 알고 있지만, 그 영향력이 여전히 막강하기 때문에 자신들도 더는 믿지 않는 원칙에 따라 통치할 수밖에 없다.

2. 군중의 추론

군중은 이성적으로 추론하지 않으며 이성적 추론에 영향을 받지도 않는다고 단정 지을 수는 없다. 그러나 논리적으로 볼 때, 군중이 사용하거나 군중에게 영향을 미치는 논법은 수준이 크게 떨어지기 때문에 오직 유추를 통해서만 군중의 논법에 이성적 추론이라는 이름을 붙일 수 있다.

수준 높은 추론과 마찬가지로 군중의 열등한 추론은 연상을 기초로 이루어진다. 그러나 군중이 연상하는 사상들 사이에는 표면적인 유사성이나 연속성이 있을 뿐이다. 군중의 추론이란 투명한 물체인 얼음을 입에 넣으면 녹는다는 것을 경험으로 알게 된 에스키모가 투명한 물체인 유리도 입에 넣으면 녹을 것이라고 미루어 생각하는 방식과 다를 바 없다. 적의 심장을 먹으면 그의 용맹함을 얻게 된다고 생각하는 야만인의 추론이나, 고용주에게 착취를 당한 적이 있어 모든 고용주는 착취자라고 성급히 단정하는 노동자의 추론과도 크게 다르지 않다.

외적으로 유사한 관계가 있다는 이유만으로 다른 것들을 짝짓고 특수한 사례를 성급히 일반화하는 경향은 군중의 추론 방식에서 두드러진 특징이다. 군중을 다룰 줄 아는 사람은 항상 이런 방식의 추론을 군중에게 제시한다. 실제로 그런 추론만이 군중에게 영향을 줄 수 있다. 군중은 논리적인 증명 과정을 전혀 이해하지 못한다. 그러므로 그들은 이성적으로 추론하지 않거나 엉뚱하게 추론하며 이성적 추론에 영향을 받지 않는다고 말할 수 있다.

〈민중을 이끄는 자유의 여신〉(외젠 들라크루아, 1830년)

프랑스 대혁명을 기념하는 대표적인 그림이다. 1789년부터 1799년까지 프랑스에서 일어난 시민 혁명은 부르봉 왕조를 무너뜨리고 프랑스의 사회·정치·사법·종교 구조를 크게 바꾸어놓았으며, 유럽 사회와 사람들의 사고방식에 큰 영향을 끼쳤다.

어떤 연설문은 읽어보면 논리적으로 허술하다. 그런데 그 연설을 들은 군중이 크게 감동했다는 이야기를 접하면 그저 기가 찰 뿐이다. 그러나 그 연설문이 철학자에게 읽히기 위해서가 아니라 군중을 설득하기 위해 작성되었다는 사실을 망각해서는 안 된다. 군중과 긴밀하게 소통하는 연설가는 어떻게 하면 그들의 마음을 사로잡는 이미지를 머릿속에 떠올리도록 할 수 있는지 안다. 그 방법이 성공하면 목적은 달성된 것이다. 사후 약방문 격의 정성스레 꾸민 문장으로 채운 20권의 책보다 설득 대상인 군중의 가슴에

꽂히는 몇 마디가 더 낫다.

군중은 이성적으로 정확히 추론할 능력이 없기 때문에 비판 정신을 갖는다거나 진위를 변별할 수 없으므로, 어떤 것에 대해서도 정확히 판단하지 못한다는 말을 굳이 덧붙일 필요는 없을 것이다. 군중은 강요된 판단만 받아들일 뿐이고 토론을 거쳐서 채택된 판단은 절대 받아들이지 않는다. 이런 점에서 볼 때 군중의 수준을 넘어서지 못하는 사람도 많다. 어떤 의견이 쉽게 일반화되는 이유는 대다수가 자기만의 추론에 따라 자기만의 의견을 갖지 못하기 때문이다.

3. 군중의 상상력

추론 능력이 없는 사람이 그렇듯 군중의 상상력도 무척 활발하고 격정적이며 주변의 영향을 크게 받는다. 어떤 인물이나 사건 혹은 사고가 군중의 머릿속에 환기한 이미지는 현실만큼이나 생생하다. 군중은 잠자는 사람과 비슷하다. 잠자는 동안에는 이성의 활동이 잠시 정지되어 강렬한 이미지가 머릿속에 나타날 수 있지만, 잠자는 동안에도 그가 깊이 생각할 수 있다면 그 이미지는 순식간에 사라질 것이다. 그런데 군중은 깊이 생각하거나 이성적으로 추론할 능력이 없으므로 사실 같지 않은 일이란 개념 자체가 없다. 하지만 일반적으로 이 '사실 같지 않은 일'이 군중에게 가장 큰 영향을 미친다.

그래서 사건의 경이롭고 전설적인 면이 군중에게 가장 깊은 인상을 주는 것이다. 어떤 문명이든 분석해보면 경이로운 것과 전설적인 것이 그 문명의 진정한 지지대였음을 알게 된다. 인류의 역사에서도 항상 외면이 실상보다 훨씬 더 중요한 역할을 했고, 비현실적인 것이 현실적인 것보다 중요했다.

군중은 이미지로만 생각할 수 있기 때문에 이미지로만 감동을 받는다.

또 이미지만이 군중에게 겁을 주거나 마음을 사로잡아 그들을 행동하게 만들 수 있다.

따라서 이미지를 가장 시각적인 형태로 보여주는 연극 공연은 항상 군중에게 큰 영향을 미친다. 과거 로마 시민들은 빵과 연극 공연을 이상적인 행복의 요건으로 여겨 그 이상은 요구하지 않았다. 시대가 바뀌어도 이상적인 요건은 거의 달라지지 않았다. 연극만큼 군중의 상상력을 자극하는 것도 없다. 관객 모두가 똑같은 감정을 동시에 경험한다. 그 감정이 즉시 행동으로 옮겨져 나타나지 않는 이유는, 관객이 완전히 무의식 상태에 빠진 나머지 자신이 환상에 사로잡혀 상상의 모험을 하며 웃거나 울고 있다는 걸 모르기 때문이다.

하지만 이미지로 암시된 감정이 때로는 무척 강렬해서 일반적인 암시에 자극받은 것처럼 감정을 행동으로 옮기는 경향이 나타나기도 한다. 음울한 비극만 공연했기 때문에 배신자 역할을 맡은 배우가 극장을 나갈 때면 그에게 경호원을 붙여주어야만 했다는 민중 극단의 이야기를 많이 들어보았을 것이다. 배우가 연극이라는 허구의 공간에서 저지른 범죄에 분노한 관객들이 그를 폭행할까 봐 취한 조치였다. 나는 이런 관객들이야말로 군중의 정신상태뿐만 아니라 암시에 걸리기 쉬운 군중의 특성을 가장 정확하게 보여주는 사례라고 생각한다. 비현실적인 것이 현실적인 것만큼이나 영향을 미친다. 군중은 그 둘을 명확히 구분하지 않는 경향이 있기 때문이다.

정복자의 권력과 국가의 힘도 군중의 상상력에 기반을 두고 있다. 이런 상상력을 이용하면 군중을 더욱 쉽게 끌어갈 수 있다. 불교와 기독교와 이슬람교의 창시, 종교개혁, 프랑스 대혁명, 그리고 요즘 대두되는 사회주의의 위협적인 침투 등 역사적으로 중대한 사실은 모두 군중의 상상력에 강력한 자극이 더해진 직간접적 결과다.

절대 권력을 가진 전제군주를 비롯해 모든 시대 모든 국가의 모든 위대한 정치인은 군중의 상상력을 권력의 토대로 생각해서 그것을 거스르는 통치는 하지 않았다. 나폴레옹은 프랑스 최고행정재판소에서 이렇게 말했다. "나는 가톨릭 신자가 되어 방데 전쟁을 끝냈습니다. 이슬람교도가 되어 이집트에 교두보를 마련했습니다. 교황권 지상주의자가 되어 이탈리아 성직자들의 마음을 얻었습니다. 유대 민족을 다스려야 한다면, 나는 기꺼이 솔로몬의 성전을 다시 세우겠습니다." 알렉산드로스 대왕과 카이사르 이후로 나폴레옹만큼 군중의 상상력을 어떻게 자극해야 하는지 정확히 꿰뚫어 본 위인은 없을 것이다. 나폴레옹은 틈만 나면 이 문제

카이사르의 장례식에서 연설하는 안토니우스(조지 에드워드 로버트슨, 19세기 말)

카이사르를 암살한 브루투스에게 동조하던 군중은 안토니우스의 연설을 들은 뒤 마음을 돌리고 암살자들을 로마에서 쫓아냈다.

에 골몰했다. 전쟁에서 승리했을 때도, 엄숙히 연설할 때도, 대화하거나 행동할 때도 항상 그런 생각을 했다. 아마 죽음을 맞이한 순간에도 그랬을 것이다.

그렇다면 어떻게 해야 군중의 상상력에 깊은 인상을 남길 수 있을까? 곧 알아보겠지만 일단 군중의 지성이나 이성에 호소해서는, 즉 자신의 주장을 논리적으로 증명하려고 해서는 안 된다는 말만 해두겠다. 안토니우스가 카이사르의 암살자들에게 분노하도록 군중을 선동할 수 있었던 것은 그의 유창한 연설 때문이 아니었다. 군중 앞에서 카이사르의 유언장을 낭독하고 그의 시신을 보여주었기 때문이다.

군중의 상상력에 강한 자극을 주는 것은 하나같이 강렬하고 명확한 이미지 형태를 띤다. 달리 말해, 부수적인 해석이 필요 없는 이미지여야 한다. 덧붙이자면, 경이롭거나 신비한 이미지여야 한다. 위대한 승리라든지 크나큰 기적, 흉악한 범죄, 원대한 희망이 대표적인 사례다. 이런 것을 군중에게 총괄해서 소개해야지 원인부터 차근차근 설명해서는 안 된다. 잡다한 범죄와 사소한 사건은 아무리 많아도 군중의 상상력을 자극하지 못한다. 반면에 단 한 건의 흉악한 범죄와 충격적인 사건은 그 피해가 사소한 사건 100건이 초래한 피해의 합에 훨씬 못 미치더라도 군중에게 깊은 인상을 남긴다. 수년 전에 독감이 유행하며 파리에서만 몇 주 만에 5천 명이 사망했지만 이 엄청난 피해가 파리 시민의 상상력에는 별다른 충격을 주지 않았다. 시각적 이미지로 표현되지 않고 주 단위의 통계 숫자로만 발표되었기 때문이다. 그러나 만약 같은 날 에펠탑이 눈앞에서 무너지는 사고가 일어나 5천 명이 아니라 500명이 사망했더라면 군중의 상상력은 엄청난 충격을 받았을 것이다. 실제로 대서양을 왕복하던 한 정기여객선과 연락이 두절되어 배가 난바다[육지에서 멀리 떨어진 넓은 바다]에 침몰한 것으로 추정되었을 때, 군중의 상상력이 받은 충격은 일주일 내내 지속되었다. 그런데 공식 통계 자료에 따르면 그해에만 천여 척에 달하는 대형 선박이 바다에서 실종되었다. 연이은 사고에 따른 인명 피해와 재산 손실은 문제의 정기여객선이 입은 것보다 훨씬 컸지만 군중은 다른 사고에 조금도 관심을 보이지 않았다.

　　따라서 군중의 상상력에 충격을 주는 것은 사건 자체가 아니라 사건이 일어나고 제시되는 방법이다. '응축'이란 표현이 적합할지 모르지만, 사건들이 응축되며 군중의 정신을 채우고 떠나지 않는 강렬한 이미지를 만들어내야 한다. 군중의 상상력을 사로잡을 줄 안다면 군중을 지배하는 법을 터득한 것과 진배없다.

4장

군중의 모든 확신이 갖는 종교 형태

종교적 감정은 무엇으로 이루어지는가? — 종교적 감정은 신을 숭배하는 것과 무관하다 — 종교적 감정의 특징 — 종교적 형태를 띠는 확신의 힘 — 다양한 사례 — 군중의 신은 사라지지 않는다 — 군중의 신이 다시 태어나며 갖는 새 형태 — 무신론의 종교적 형태 — 역사적 관점에서 이런 개념의 중요성 — 종교개혁, 성 바르톨로메오 축일의 학살, 공포정치 등과 같은 사건은 군중이 품은 종교적 감정의 결과일 뿐 독립된 개인의 의지가 빚어낸 결과가 아니다

군중은 이성적으로 추론하지 않는다는 것, 사상을 뭉뚱그려 받아들이거나 거부한다는 것, 토론이나 반론을 허용하지 않는다

는 것, 그들이 받은 암시가 이해 영역 전체에 침투해 곧바로 행동으로 옮겨지는 경향을 띤다는 것을 앞에서 살펴보았다. 군중은 어떤 이상에 대한 암시를 적절하게 받으면 그 이상을 위해 기꺼이 자신을 희생한다는 것도 보았다. 또 군중은 과격하고 극단적인 감정만 느끼며, 그들의 세계에서는 호감이 숭배를 받고 반감은 금세 증오로 바뀐다는 것도 보았다. 이 모든 일반적인 현상을 보면 군중의 확신이 어떤 성격을 띠는지 짐작해볼 수 있다.

군중의 확신을 자세히 분석해보면 종교 시대는 물론이고 지난 세기처럼 정치적 대격변기에도 언제나 특정한 형태를 띠었다. 나로서는 그 형태에 종교적 감정이란 이름보다 더 적합한 이름을 찾지 못할 것 같다.

종교적 감정의 특징은 무척 단순해서 우월해 보이는 자를 숭배하고, 그가 지닌 듯한 마법적인 힘을 두려워하며, 그의 명령을 맹목적으로 따르고, 그의 가르침에 반론을 제기하지 못하고, 가르침을 널리 전파하며, 가르침을 인정하지 않는 사람들을 모두 적으로 간주하는 경향이 있다. 그런 감정은 보이지 않는 신, 돌이나 나무로 만든 우상, 어떤 영웅이나 정치사상 등 어디에 적용되든 간에 앞에서 언급한 특징을 나타내는 순간 본질적으로 종교적인 성격을 가진다. 초자연적인 것과 경이로운 것도 마찬가지다. 군중은 자신들을 열광시키는 정치 구호를 외치고 승리를 거둔 지도자에게 무의식적으로 신비로운 힘을 부여한다.

우리가 어떤 신을 숭배할 때만 종교성을 갖는 건 아니다. 생각하고 행동하는 목적 그리고 기준이 된 대의나 인물을 위해 정신적 자원을 모두 투입하면서 개인의 의지를 접고 열정적으로 맹신하는 경우에도 종교성을 갖게 된다.

종교적 감정에는 편협성과 맹신이 필연적으로 수반된다. 지상이나 천상에서 행복을 누리는 비밀을 안다고 믿는 사람들은 이런 성향을 가질 수밖에 없다. 이 두 가지 특징은 특정한 확신에 사로잡힌 집단의 구성원 모두에게서 찾아볼 수 있다. 공포정치를 벌이던 자코뱅당은 종교재판을 시행하던 가톨릭교도만큼이나 종교적이었고 그들의 잔혹한 열정은 똑같은 근원에서 유래했다.

군중의 확신은 맹목적 순종과 야만적 편협성, 폭력적 수단을 써서라도 전파하려는 욕구를 가지며 이런 특성은 종교적 감정에도 내재한다. 이런 이유에서 군중의 모든 믿음은 종교적 형태를 띤다고 말할 수 있다. 군중이 찬양하는 영웅은 그들에게 신과 다를 바 없다. 예컨대 나폴레옹도 15년 동안 군중에게 신으로 추앙받았고 그처럼 완벽한 숭배자를 거느린 신은 없었다. 그리고 어떤 신도 나폴레옹만큼 추종자들을 쉽게 죽음으로 몰아넣지 않았다. 기독교나 다른 종교의 신들조차 자신이 사로잡은 영혼들에게 나폴레옹만큼 절대적인 영향력을 행사하지 못했을 것이다.

종교적 신앙이나 정치적 이념을 창시한 사람들은 군중에게 광신적 감정을 심어주었기 때문에 그런 업적을 남길 수 있었다. 광신적 감정에 사로잡히면 사람들은 누군가를 숭배하고 그에게 순종하는 것에서 행복을 찾으며 우상을 위해 기꺼이 목숨까지 바치려 한다. 이런 현상은 어느 시대나 다를 바 없었다. 역사학자 퓌스텔 드 쿨랑주[Fustel de Coulanges(1830-1889), 프랑스의 대표적인 역사가]는 로마의 속주 갈리아를 다룬 책에서, 로마제국을 유지한 비결은 결코 군사력이 아니라 신민(臣民)에게 심어준 종교적 동경심에 있었다고 정확히 지적했다. "백성들에게 그토록 미움을 받으면서도 5세기 동안이나 지속된 정부는 세계사에서 유례를 찾아볼 수 없을 것이다. … 로마제국이 고작 30개 군단으로 1억 명이나 되는 사람들을 억누르며 복종하게 만들었다는 사실을 설명하기란 쉽지 않다." 그 많은 사람이 로마의 명령을 따른 이유는 황제가 로마의 위엄을 상징하며 만장일치로 신처럼 숭배되었기 때문이다. 로마제국에는 가장 작은 촌락에도 황제를 섬기는 제단이 있었다. "당시 로마제국 전역에서 황제를 신으로 섬기는 새 종교가 생겨났다. 기독교 시대가 시작되기 수년 전, 60개 도시를 대표해 갈리아 전체가 리옹이라는 도시 근처에 아우구스투스 황제를 섬기는 제단을 공동으로 세웠다. … 갈리아의 도시국가들이 모여 선출한 사제는 각 지역의 주요 인사들이었다. … 그들이 로마 황제를 두려워하며 맹목적으로 순종해서 제단을 세웠다고 볼 수는 없다. 제국의 모든 민족이 노예로 살지는 않았으며 기독교 시대가 시작되고 나서 300년 동안은 더욱 그랬다. 결국 황제를 숭배한 자들은 신민이 아니라 로마 자체였다. 로마뿐만 아니라 갈리아와 스페인, 그리스, 아시아도 황제를 숭배했다."

오늘날에는 군중의 마음을 사로잡은 위인들의 제단을 세우는 대신 동상이나 초상화로 그들을 형상화한다. 이런 점에서 오늘날 위인을 추종하고 숭배하는 마음은 옛날 사람들이 그들을 대하던 마음과 크게 다르지 않다. 군중심리의 이런 핵심을 확실히 파악해야 역사철학을 조금이나마 이해하게 된다. 군중에게는 무엇보다도 신이 필요하다.

이런 현상이 이성의 시대가 완전히 몰아낸 과거의 미신에 불과하다고 생각해서는 안 된다. 이성과 벌이는 끝없는 싸움에서 감정이 완패한 적은 한 번도 없었다. 군중이 더는 신과 종교라는 단어를 듣고 싶어 하지 않지만 사실 그들은 무척 오랜 세월 동안 그 둘의 노예였다. 게다가 군중이 지난 100년보다 더 많이 물신(物神)을 섬긴 때가 없었고 과거의 신들을 기리는 동상과 제단을 그처럼 많이 세운 적도 없었다. 최근에 '불랑제 장군 지지 운동'으로 알려진 대중운동을 연구한 사람이라면 군중의 종교적 본능이 얼마나 쉽게 되살아날 수 있는지 보았을 것이다. 심지어 시골 여인숙에도 불랑제 장군 초상화가 걸려 있었다. 사람들은 불랑제 장군이 모든 불의와 악을 바로잡을 수 있다고 생각했다. 그가 원했다면 수많은 사람이 그를 위해 목숨을 내던졌을 것이다. 성정이 전설적인 평판을 받쳐줄 만큼 강인했더라면 그는 역사에서 중대한 자리를 차지했을 것이다!

그러니 군중에게 종교가 필요하다는 말은 새삼스레 반복할 필요조차 없다. 모든 정치적·종교적·사회적 신념은 반론의 여지를 용납하지 않는 종교적 형태를 띨 때 비로소 군중의 마음에 뿌리내릴 수 있기 때문이다. 무신론도 군중이 받아들이면 종교적 감정처럼 여지없이 편협성을 띠고 겉으로 볼 때도 금세 하나의 광적인 종교가 될 것이다. 실증주의를 추구하는 한 소수파의 변화 과정이 이를 입증하는 흥미로운 증거를 제공한다. 도스토옙스키의 소설 『카라마조프가의 형제들』에서 한 허무주의자에게 일어난 현상이 이 소수파에게도 일어났다. 어느 날 이성의 빛에 눈을 뜬 그는 교회 제단을 장식하고 있는 온갖 신과 성자의 형상을 부숴버리고 촛불도 껐다. 그러고는 한순간도 지체하지 않고 뷔히너[독일의 유명한 유물론 철학자 루트비히 뷔히너(Ludwig Büchner, 1824-1899)]와 몰레스호트[19세기 네덜란드의 자연과학적 유물론자이자 의사인 야코프 몰레스호트(Jacob Moleschott, 1822-1893)] 같은 무신론자들의 저서로 빈자리를 채운 후 경건한 마음으로 다시 촛불을 켰다. 그런데 그가 이처럼 신앙의 대상을 바꿨다고 해서 종교적 감정까지 달라졌다고 진정 말할 수 있을까?

거듭 말하지만 군중의 확신이 결국 취하게 되는 종교적 형태를 파악해야만 역사적으로 중요한 사건들을 제대로 이해할 수 있다. 박물학적 관점보다는 심리학적 관점에서 연구해야 할 사회현상도 적지 않다. 위대한 역사학자 이폴리트 텐조차 프랑스 대혁명을 박물학적 관점으로만 연구한 까닭에 그때 발생한 사건들의 실제 원인을 제대로 파악하지 못했다. 텐은 겉으로 드러난 사실들은 완벽하게 관찰했지만, 군중심리학을 연구하지 않았기 때문에 그 원인까지 거슬러 올라가 고찰하지는 못했다. 대혁명의 잔혹하고 무질서하며 흉포한 면에 경악한 그는 이 역사적 사건의 주인공들이 본능에 매몰된 채 미쳐 날뛰는 야만인 무리에 불과하다고 생각했다. 프랑스 대혁명의 폭력성과 대학살, 선동 욕구, 모든 군주에 대한 선전포고는 혁명이 군중의 정신에 새로운 종교적 신념으로 뿌리내리는 과정이었다고 생각해야 제대로 이해할 수 있다. 종교개혁, 성 바르톨로메오 축일의 학살, 종교재판, 공포정치는 새로운 믿음의 확립에 반대하는 사람들을 무자비하게 발본색원하고자 종교적 감정에 휩싸인 군중이 저질렀다는 점에서 동일한 유형의 현상이다. 종교재판은 자신의 믿음이 옳다고 진정으로 확신한 사람들이 저지른 행위였다. 그들이 다른 방법을 사용했다면 종교재판이란 이름을 얻지 못했을 것이다.

앞에서 언급한 사건들과 유사한 대격변은 군중의 영혼이 그것을 추동하는 경우에만 가능하다. 권력을 장악한 전제군주라도 그런 격변을 일으킬 수 없다. 성 바르톨로메오 축일의 학살을 어떤 왕 한 사람이 저지른 일이라고 말하는 역사학자가 있다면, 그는 왕의 심리뿐만 아니라 군중의 심리도 모른다는 걸 인정하는 셈이다. 그런 격변을 현실화할 수 있는 주체는 군중의 영혼뿐이다. 강력한 전제군주의 절대 권력도 기껏해야 그런 격변이 일어나는 순간을 조금 늦추거나 앞당기는 일만 할 수 있다. 왕들이 성 바르톨로메오 축일에 대학살을 저지르거나 종교전쟁을 일으킨 게 아니듯이 공포정치도 로베스피에르나 당통[프랑스 대혁명기의 정치가 조르주 당통(Georges Danton, 1759-1794)], 생쥐스트[프랑스 대혁명기의 정치가이자 로베스피에르의 오른팔로 불렸던 루이 앙투안 드 생쥐스트(Louis Antoine de Saint-Just, 1767-1794)]가 저지른 게 아니었다. 그런 사건들 뒤에는 항상 군중의 영혼이 있을 뿐 지배자의 권력은 존재하지 않았다.

2부

군중의 의견과 신념

Les opinions et les croyances

des foules

1장

군중의 의견과 신념에
영향을 주는 간접 요인

군중이 신념을 갖는 데 필요한 요인 — 정교한 사전 준비가 있어야 군중에게 신념을 심을 수 있다 — 군중에게 신념을 심기 위해 고려해야 하는 여러 요인

1. 민족

민족의 주된 역할 — 민족은 조상의 암시를 대변한다

2. 전통

전통은 민족혼의 결합체다 — 전통의 사회적 중요성 — 과거에는 필요했던 전통이 어째서 유해하게 변하는가 — 군중은 전통 사상을 가장 끈질기게 고수하는 집단이다

3. 시간

시간의 속성을 미루어 볼 때 신념은 확립된 후 소멸하기 시작

한다 ─ 시간 덕분에 무질서가 끝나고 질서가 시작될 수 있다

4. 정치제도와 사회제도

제도의 역할에 대한 그릇된 생각 ─ 제도의 영향은 극히 미미하다 ─ 제도는 원인이 아니라 결과다 ─ 군중은 자신들에게 최적으로 보이는 제도를 선택할 수 없다 ─ 제도는 다른 것들을 하나의 이름으로 묶는 분류표다 ─ 제도는 어떻게 만들어지는가 ─ 어떤 민족에게는 중앙집권제처럼 이론상 나쁜 제도가 필요하다

5. 학습과 교육

교육이 군중에 미치는 영향에 대한 현재의 잘못된 생각 ─ 통계 지표 ─ 라틴계 교육방식의 부정적 역할 ─ 교육의 영향 ─ 여러 민족 사례

1부에서는 군중의 정신 구조를 살펴보았다. 군중이 느끼고 생각하며 추론하는 방법을 알게 되었을 것이다. 이제부터는 군중의 의견과 신념이 어떻게 형성되고 확립되는지 살펴보자.

군중의 의견과 신념을 결정하는 요인은 두 유형, 즉 간접 요인과 직접 요인이다.

간접 요인은 군중이 어떤 확신은 받아들이지만 어떤 확신은 그들의 정신에 스며들지 못하도록 차단하게 만든다. 결과적으로 놀라운 힘을 발휘하지만 겉보기에는 자연발생을 하듯 새로운 사상이 갑자기 잉태되는 환경을 조성하기도 한다. 군중 속에서 어떤

사상이 때로는 느닷없이 생겨나 행동으로 옮겨진다. 그런 현상은 겉으로 드러나는 결과에 불과하므로 사전에 이면에서 오랫동안 이루어진 작업이 무엇인지 알아내야 한다.

사전 작업이 없었다면 아무런 결과도 기대할 수 없겠지만, 직접 요인은 그런 오랜 작업에 더해져 군중을 적극적으로 설득한다. 달리 말해, 잉태된 사상을 구체화하고 그 사상이 온갖 결과를 내놓을 수 있게 해준다. 군중을 갑자기 흥분시키며 자극하는 결의도 직접 요인에서 비롯된다. 폭동을 일으키고 파업을 결정하도록 하는 것도 직접 요인이다. 절대다수가 한 사람에게 권력을 몰아주거나 정부를 전복하게 만들기도 한다.

역사적으로 모든 중대한 사건에서 간접 요인과 직접 요인이 연쇄작용을 일으켰으며 이는 우리도 확인할 수 있는 내용이다. 가장 인상적인 사건 중 하나인 프랑스 대혁명을 예로 들어보자. 대혁명의 간접 요인으로는 철학자의 글, 귀족의 수탈, 과학 사상의 발달 등이 있다. 이런 준비 과정을 거친 군중의 정신은 이후 웅변가의 연설이나 왕당파가 내놓은 무의미한 개혁안에 대한 저항 같은 직접 요인에 쉽게 고무되었다.

간접 요인 중에는 군중의 신념과 의견의 기저에 존재하는 일반적인 요인도 포함된다. 이를테면 민족과 전통, 시간, 제도, 교육이 그것이다.

이제부터 다양한 요인들의 역할을 하나씩 살펴보자.

1. 민족

민족은 중요성에서 다른 모든 요인을 크게 능가하므로 가장 먼저 다루는 게 맞다. 그러나 이 주제는 내가 쓴 다른 책에서 충분히 다루었기 때문에 여기서 다시 언급할 필요는 없을 것 같다. 특히 앞서 발표한 책에서는 역사적 민족이라는 개념을 정의하고, 일단 형성된 민족의 기질이 유전법칙의 결과로 강력한 힘을 갖게 되는 과정을 살펴보았다. 그러면서 민족의 신념과 제도, 예술 등 문명을 구성하는 모든 요소는 민족혼의 외적 표현에 불과하다는 점도 지적했다. 이어서 민족의 역량은 근본적인 변화가 없으면 다른 민족에게 이식될 수 없다는 점도 보여주었다.[6] 어떤 시기의 환경과 상황, 사건은 그 시기의 사회적 암시[군중심리에 따라 무비판적으로 받아들이는 암시 또는 집단의 성원에게서 받는 암시]를 대변하기 때문에 상당한 영향력을 가질 수 있지만, 그런 암시들이 민족적 암시, 즉 조상에게 물려받은 암시와 상반된다면 언제나 일시적인 영향력으로 그친다.

이 책 곳곳에서 나는 기회가 될 때마다 민족의 영향력을 다

---

6 이는 여전히 무척 새로운 주장이고, 이를 고려하지 않으면 역사를 전혀 이해할 수 없기 때문에 나는 이 주장을 입증하는 데 『민족 진화의 심리학적 법칙』에서 여러 장을 할애했다. 이 책에서도 언어와 종교, 예술, 요컨대 문화를 구성하는 요소들이 그럴듯한 겉모습을 가졌지만 어떤 경우에도 원형대로 다른 민족에게 전해질 수 없음을 볼 것이다.

시 언급하며, 그것이 군중 정신의 고유한 특징에 영향을 미칠 정도로 강력하다는 사실을 보여주려 한다. 따라서 나라마다 군중은 신념과 행동에서 상당한 차이를 보이며 같은 식으로 영향을 받지 않는다는 결론을 내릴 수 있다.

2. 전통

전통은 과거의 사상과 욕구와 감정을 대변한다. 전통은 민족의 고유한 정신이 결합해서 이룬 조직체이며 그 무게는 우리를 내리누른다.

생명체의 진화에 과거가 크나큰 영향을 준다는 것이 발생학에서 입증된 이후로 생물학에도 변화가 있었다. 이런 기본 개념이 널리 퍼지면 역사학도 적잖이 달라질 것이다. 그러나 이 개념은 아직 충분히 확산되지 않아 많은 정치인이 여전히 지난 세기 이론가들의 사상, 즉 사회는 과거와 단절하고 이성의 빛만을 기준으로 완전히 탈바꿈할 수 있다는 생각에 머물러 있다.

민족은 과거가 빚어낸 유기체다. 따라서 모든 유기체가 그렇듯이 과거로부터 물려받은 여러 특성이 서서히 축적되어야만 바뀔 수 있다.

사람들을 특정한 방향으로 인도하는 것, 특히 군중을 이룬 사람들을 이끌어나가는 것은 전통이다. 앞에서 거듭 말했듯이, 우리가 쉽게 바꿀 수 있는 것은 전통의 명칭과 외적 형태 정도에 불과하다.

이런 상황을 안타까워할 필요는 없다. 전통이 없으면 민족혼도 없고 문명도 형성될 수 없다. 게다가 인간이 살아가기 시작한 이후로 인간은 우선 전통의 관계망을 구축하고, 다음으로 그 유익한 효과가 사라지면 폐기해버리는 것에 주된 관심을 기울였다. 전통이 없으면 문명도 없다. 전통을 천천히 폐기하지 않으면 진보도 이룰 수 없다. 안정과 변화 사이에서 적절히 균형을 잡기란 쉽지 않다. 아니, 사실은 엄청나게 어렵다. 어떤 민족이 여러 세대를 지나는 동안 관습을 요지부동으로 유지하면 더는 변화하지 못하고 중국처럼 개선을 모색할 능력까지 상실한다. 이런 경우에는 폭력 혁명이 일어나도 소용없다. 끊어진 사슬 조각들을 다시 모아 맞추듯 과거가 아무런 변화 없이 그 영향력을 회복하든지, 사슬이 여전히 끊어진 상태로 남아 있다가 곧바로 쇠퇴하기 시작할 것이기 때문이다.

그러므로 어느 민족이나 과거 제도를 보존하면서 거의 감지하지 못할 정도로 조금씩 바뀌어가는 것을 염원한다. 하지만 이런 이상을 실현하기는 쉽지 않다. 고대 로마인과 근대 영국인만 그런 이상에 가까이 간 듯하다.

전통 사상을 끈덕지게 고집하며 변화를 완강히 반대하는 집단은 누가 뭐라 해도 군중, 특히 특권 계급에 속한 군중이다. 군중의 보수적 성향에 대해서는 이미 앞에서 강조했고, 지극히 과격한 반란도 결국 명칭을 바꾸는 선에서 막을 내린다는 걸 입증했다. 18세기 말에 교회가 파괴되고 성직자들이 추방되거나 단두대에서 처형되는 등 가톨릭교회가 전반적으로 박해받는 모습을 보면서 많은 사람이 이제 낡은 종교 사상은 완전히 힘을 잃었다고 생각했을 것이다. 하지만 수년이 지나지 않아 대다수의 요구에 못이겨 종교적 전통이 회복되었다.[7]

잠시 모습을 감추었던 과거의 낡은 전통이 그 영향력을 되찾은 것이다.

전통이 군중의 정신에 미치는 힘을 이만큼 잘 보여주는 사례도 없다. 우리 정신을 지속적으로 지배하는 것은 신전에 세운 무시무시한 우상도 아니고, 왕궁에서 군림하는 포학한 전제군주도 아니다. 우상이나 군주는 한순간에 제거될 수 있다. 그러나 우리 정신 속에 군림하는 보이지 않는 지배자들은 어떤 저항에도 흔들리지 않는다. 그들은 다만 오랜 시간이 흐르면서 서서히 쇠약해질 뿐이다.

7　이폴리트 텐이 인용한 앙투안 프랑수아 푸르크루아[Antoine François Fourcroy, 1755-1809]는 국민공회 의원을 지낸 화학자이며 그의 보고서는 이런 관점에서 무척 명확하다. "주일을 지키고 교회에 출석하는 사람들을 어디서나 볼 수 있다는 사실은 프랑스인 대다수가 옛 관습으로 돌아가기를 바라고 있다는 증거다. 이런 전국적인 추세를 억누르기에는 이미 때가 늦었다. … 국민 대부분이 종교와 예배, 성직자를 필요로 한다. 나 자신도 그렇게 배웠지만, 교육이 충분히 확산되면 종교적 편견을 타파할 수 있을 것이란 생각은 일부 현대 철학자들의 오류다. 종교야말로 불행한 사람들 다수에게 위안의 근원이다. … 따라서 대다수 국민에게 성직자와 제단, 예배를 허용해야 한다."

3. 시간

생물학적 문제는 물론이고 사회적 문제에서 가장 강력한 요인 중 하나가 시간이다. 시간은 단 하나의 진정한 창조자인 동시에 절대적 파괴자다. 모래알로 산을 만들고 지질 시대의 하찮은 세포를 존엄한 인간으로까지 진화시킨 것도 시간이다. '오랜 시간'이 개입하면 어떤 현상이라도 바꿀 수 있다. 시간만 충분하다면 개미가 몽블랑산을 평평하게 깎을 수 있다는 격언도 빈말이 아니다. 시간을 마음대로 조종하는 마법의 힘을 가졌다면 신자들이 오직 신만 지녔다고 믿는 권한까지 얻게 될 것이다.

하지만 여기서는 군중의 의견 형성에 시간이 미치는 영향만 다루려 한다. 그 영향은 실로 엄청나다. 민족처럼 거대한 힘은 시간 아래에 있으며 시간 없이는 형성될 수 없다. 시간이 모든 신념을 만들어내고, 키우고, 없앤다. 모든 신념은 시간의 도움으로 힘을 얻고, 시간의 개입으로 힘을 상실한다.

특히 시간이 존재하기 때문에 군중의 의견과 신념이 형성되어간다. 달리 말해, 시간은 군중의 의견과 신념이 잉태되는 토양을 마련한다. 그래서 시대마다 생겨나는 사상이 다르다. 시간이 신념과 사고의 잔재를 엄청나게 축적해놓으면 그 위에서 한 시대의 사상이 잉태되기 때문이다. 사상은 아무렇게나 생기지 않는다. 하나하나가 오랜 과거에 그 뿌리를 두고 있다. 어떤 사상이 꽃을 피운다는 건 시간이 그 사상의 개화 준비를 끝냈다는 뜻이다. 따라서 어떤 사상의 기원을 이해하려면 항상 시간을 거슬러 올라가야 한다. 요컨대 사상은 과거의 딸이고 미래의 어머니지만 언제나 시간에 매여 있다.

따라서 시간이 우리의 진정한 지배자다. 모든 것이 변하는 걸 보려면 시간이 흐르도록 내버려두기만 하면 된다. 오늘날 우리는 군중의 위협적인 열망을 걱정하고 그 열망에서 예상되는 파괴와 격변을 떠올리며 불안해한다. 시간만이 그 균형을 회복시킬 수 있을 것이다. 역사학자 에르네스트 라비스[Ernest Lavisse(1842-1922), 프랑스의 역사가로 내셔널리즘에 기초한 역사 서술과 교육을 주장했다]는 정확히 지적했다. "하루아침에 세워지는 체제는 없다. 정치조직과 사회조직은 완성되기까지 오랜 시간이 요구되는 작품이다. 봉건제는 오랫동안 고유한 형태 없이 혼란스러운 상태로 있다가 일정한 규칙을 찾아냈다. 절대군주제도 오랜 시간이 흐른 후에야 정상적인 통치 수단을 찾아냈고, 그런 기다림의 시절에는 크나큰 혼란이 있었다."

4. 정치제도와 사회제도

제도가 사회의 결함을 개선할 수 있고, 완전한 체제와 정부가 들어서면 국민도 발전하며, 법령으로 사회를 바꿔갈 수 있다는 생각은 지금도 여전히 널리 퍼져 있다. 사람들은 프랑스 대혁명을 출발점으로 이런 생각을 하기 시작했고, 현재의 사회 이론도 이런 생각에 기반을 두고 있다.

그 후로 이런 생각을 부정할 만한 경험을 많이 했지만 이 위험한 망상에 타격을 주지는 못했다. 철학자와 역사학자가 이런 생각의 불합리함을 증명하려고 애썼으나 소용없었다. 그런데 제도가 사상과 감정과 관습의 소산이며 법률을 개정해도 바뀌지 않는다는 것을 입증하기는 어렵지 않았다. 눈동자나 머리카락 색을 마음대로 정할 수 없듯이 제도도 마음대로 선택하지 못한다. 제도와 정부는 민족의 산물이다. 한 시대의 창조자가 아니라 그 시대의 피조물이다. 민족은 어떤 시대에 그들이 부리는 변덕에 맞추어 통치 체제를 선택하지 않는다. 오직 그들이 민족성이 요구하는 방향으로 선택한다. 하나의 정치 체제가 형성되려면 수 세기가 걸리고, 그 체제를 변경하는 데도 수 세기가 필요하다. 제도는 그 자체로 덕성이 없다. 제도 자체는 좋은 것도 나쁜 것도 아니다. 특정한 시기에 특정한 국민에게 좋은 제도가 다른 시기와 다른 민족에게는 가증한 것이 될 수 있다.

게다가 어떤 민족도 자신들의 제도를 실제로 바꾸지 못한다. 폭력 혁명을 대가로 치르면 제도의 명칭은 바꿀 수 있을지 몰라도 근본까지 달라지지는 않는다. 명칭은 공허한 이름표에 불과해서 사건의 본질까지 파고들려는 역사학자라면 크게 관심을 가질 필요가 없다. 예컨대 현재 세계에서 가장 민주적인 국가는 입헌군주제를 채택하고 있는 영국이다.[8] 반면에 가장 폭압적인 독재정치

---

8   미국의 가장 진보적인 공화주의자들도 인정하는 바다. 영국 월간지 『리

로 많은 국민이 탄압받는 국가는 공화제를 채택하고 있는 중남미의 스페인계 공화국들이다. 결국 한 민족의 운명을 결정하는 건 민족의 특성이지 정치 체제가 아니다. 나는 앞서 발간한 책『민족 진화의 심리학적 법칙』에서 명확한 사례를 기반으로 이런 관점을 확립해보려 애썼다.

따라서 하나부터 열까지 완벽한 제도를 만들겠다고 시간을 허비하는 것은 무지한 수사학자의 쓸데없는 고생이고 유치하기 짝이 없는 헛수고다. 필요성과 시간이란 두 요인이 작동하도록 내 버려두는 지혜를 발휘한다면 두 요인이 제도를 다듬어가는 책임을 맡을 것이다. 영국의 위대한 역사학자 토머스 매콜리[Thomas Macaulay(1800-1859), 영국의 역사가이자 정치가]는 모든 라틴계 국가의 정치인들이 명심해야 할 구절을 제시하면서 앵글로색슨족이 그렇게 했다고 가르쳐주었다. 매콜리는 순수이성의 관점에서 보면 부조리와 모순으로 뒤범벅되어 혼란스럽게 보이더라도 그런 법이 제공할 수 있는 이점을 제시한 후, 유럽과 중남미의 라틴계 국가들이 채택했지만 국민의 격렬한 반발에 사라져버린 여러 제

뷰 오브 리뷰』(1894년 12월호)에 따르면, 미국에서 발행되는『포럼』도 이 같은 견해를 단호히 표명했다. 그 구절을 인용하면 다음과 같다. "귀족정치를 치열하게 비난하는 사람들도 오늘날 영국이 세계에서 가장 민주적이고, 개인의 권리를 가장 존중하며, 개인이 자유를 가장 많이 누리는 나라라는 사실을 망각해서는 안 된다."

도를 영국과 비교하고, 영국의 제도는 사변적 추론이 아니라 즉각적 필요에 따라 서서히 변해왔다는 걸 보여주었다. "균형은 신경 쓰지 말고, 유용성을 더 고려하라. 변칙이란 이유만으로 변칙을 배제하지 말라. 불편을 느낄 정도가 아니라면 개혁을 꾀하지 말고, 개혁하더라도 불편을 없애는 정도로만 개혁하라. 개선해야 할 특정 부분을 넘어서는 제안은 하지 말라. 이것이 존[영국을 지배한 군주(재위 1199-1216)로서 영국 헌법의 기초로 여겨지는 마그나카르타에 서명했다]의 시대부터 빅토리아 시대까지 의회에서 열린 250차례의 숙의에서 지킨 규칙들이다."

　　법과 제도가 해당 민족의 욕구를 얼마나 표현하고 있는지 보려면, 그런 이유에서 급격히 바뀔 수 없다는 것을 보려면, 각 민족의 법과 제도를 하나씩 따져봐야 할 것이다. 예컨대 중앙집권제의 이점과 단점에 대해 철학적으로 지루하게 나열할 수도 있다. 그러나 다양한 민족으로 구성된 어떤 국민이 천 년을 노력한 끝에 점진적으로 중앙집권제를 이루어냈다는 걸 알게 된다면, 또 과거의 모든 제도를 깨부수겠다는 목표를 내세운 대규모 혁명이 중앙집권제를 받아들이는 데서 그치지 않고 더욱 강화했다는 사실을 확인한다면, 우리는 중앙집권제가 절박한 필요를 채우기 위한 필연적 결과였으며 국가의 존재 조건 자체였음을 인정하게 될 것이다. 또한 중앙집권 체제를 무너뜨리자고 말하는 정치인들의 뒤떨어진 지적 수준을 불쌍히 여기게 될 것이다. 어쩌다가 중앙집권 체제를 무너뜨리는 데 성공하더라도 곧바로 끔찍한 내전이 이어질 것이고,[9] 내전의 결과로 과거보다 훨씬 더 억압적인 중앙집권 체제가 등장할 것이다.

지금까지 살펴본 바에 따르면, 군중의 정신에 깊이 영향을 미치는 수단을 제도에서 찾아서는 안 된다는 결론을 내릴 수 있다. 미국 같은 나라는 민주적 제도를 활용해 크게 번영하고 있는 반면 중남미의 스페인계 공화국들은 거의 같은 제도를 갖추고도 무정부 상태에서 신음하고 있다. 따라서 제도는 미국의 번영과 무관한 만큼이나 스페인계 공화국들의 쇠퇴와도 무관하다. 민족은 각자의 고유한 특성에 지배를 받기 때문에 그 특성에 맞지 않게 만든 제도는 빌린 옷과 다름없고 임시방편의 눈속임에 불과하다. 물론 성자의 유물처럼 행복을 가져다줄 초자연적 능력이 있다는 제도를 강요하기 위해 참혹한 전쟁과 폭력 혁명이 과거에 일어났고 앞으로도 일어날 것이다. 어떤 의미에서는 제도가 그런 격변을 일

9　오늘날 프랑스에서 여러 당파를 갈라놓는 종교적·정치적 갈등의 주된 원인은 민족 문제다. 프랑스 대혁명 시기에 뚜렷이 나타났던 분리주의 경향은 보불전쟁이 끝날 즈음 다시 고개를 들기 시작했다. 요즘의 갈등과 과거의 분리주의 경향을 비교하면, 프랑스 영토에서 살아가는 여러 민족이 아직 전혀 융합되지 않았음을 알 수 있다. 프랑스 대혁명 당시의 강력한 중앙집권화와 과거의 교구를 인위적으로 통합해 행정구역으로 재편성하는 작업은 분명 유용한 시도였다. 오늘날 생각이 짧고 앞날을 생각하지 않는 사람들이 떠벌리는 지방분권화가 시작된다면, 곧바로 끔찍한 유혈 사태가 벌어질 것이다. 이런 사실을 간과하면 프랑스 역사를 완전히 망각한 것과 다름없다.

으키기 때문에 군중의 정신에 영향을 준다고 말할 수 있다. 그러나 엄격히 말해, 제도가 군중의 정신에 영향을 주는 것은 아니다. 모두가 알고 있듯이 승리하든 패배하든 제도 자체에는 어떤 효력도 없기 때문이다. 군중의 영혼에 영향을 주는 것은 환상과 언어이고, 특히 언어가 그러하다. 뒤에 가서 보겠지만, 비현실적이고 강렬한 언어에는 군중의 마음을 사로잡는 놀라운 힘이 있다.

5. 학습과 교육

한 시대를 지배하는 사상은 그리 많지 않지만 그 힘이 대단하다는 사실을 앞에서 보았다. 때로는 순전한 착각에 불과하더라도, 오늘날 그런 사상 중 첫손에 꼽히는 주장은 교육이 인간을 크게 변화시킬 수 있다는 것이다. 구체적으로 말하면, 교육을 통해 인간이 향상되고 심지어 평등해질 수 있다는 사상이다. 이런 주장은 끊임없이 제기되었고, 마침내 민주주의의 확고한 정설 중 하나가 되었다. 과거에 교회 교리를 공격하는 게 어려웠던 만큼 이제는 민주주의의 정설을 건드리기가 쉽지 않다.

그러나 많은 점에서 그렇듯이 여기서도 민주주의 사상은 심리학 및 경험의 결과와 크게 충돌했다. 허버트 스펜서를 비롯해 여러 뛰어난 철학자들은 인간이 교육을 받는다고 도덕 수준이 더 높아지거나 행복해지는 건 아니며, 교육이 인간의 본능과 유전으로 물려받은 열정을 바꾸지도 못한다는 것을 어렵지 않게 증명해 보였다. 게다가 교육이 잘못된 방향으로 이루어지면 유익보다 해

악을 더 끼친다는 점도 입증했다. 통계학자들도 교육이 보편화되면서 범죄발생률이 증가했고, 우리 사회의 최대 적인 무정부주의자들이 학교에서 자주 상을 받는다는 자료를 제시하며 이런 주장을 뒷받침한다. 저명한 치안판사 아돌프 기요가 최근 저작에서 제시한 자료에 따르면, 현재 문맹인 범죄자가 천여 명인 데 비해 교육받은 범죄자는 3천여 명에 달하며, 최근 50년 동안 범죄자 수가 인구 10만 명당 227명에서 552명으로 133퍼센트나 증가했다. 기요는 프랑스에서 도제식 교육기관을 대신해 설립된 무상 의무교육기관에 다니는 청소년들의 범죄율이 특히 증가했다는 동료 판사들과 의견을 같이했다.

잘 짜인 교육이 도덕성을 갖추게 하지는 못하더라도 직업적 능력을 키우는 데 무척 유용하고 실질적인 결과를 거둘 수 있는 것만큼은 분명하다. 그런데 지금까지 누구도 이런 의견을 제시하지 않았다. 특히 라틴계 국가는 25년 전부터 무척 잘못된 원칙에 근거해 교육을 시행해왔다. 뛰어난 학자들이 지적했지만 그들은 이 통탄할 만한 잘못을 답습하고 있다. 개인적으로 나는 여러 권의 저서에서 프랑스의 현재 교육제도가 다수의 학습자를 사회의 적으로 전락시키고, 가장 나쁜 형태의 사회주의 신봉자를 대거 키워낸다고 지적했다.[10]

---

10   내 책 『사회주의의 심리학』과 『교육의 심리학』을 참조하라.

정확히 말해, 라틴식이라고 불러도 되는 이런 교육제도는 근본적으로 잘못된 심리학 지식, 즉 교과서를 암기하면 지능을 높일 수 있다는 주장에 기반을 둔 것이 가장 큰 문제다. 이때부터 학생들 사이에 교과서를 암기하려는 경쟁이 벌어졌다. 초등학교에 입학해서 박사학위를 받거나 교수 자격을 얻을 때까지 청년들은 책을 암기하는 데 열중할 뿐 스스로 판단하거나 자주적으로 행동하지 않는다. 그런 청년에게 교육이란 암기하고 순종하는 게 전부다. 전직 교육부 장관 쥘 시몽[Jules Simon(1814-1896)]은 말했다. "현재 교육은 수업 듣기, 문법이나 요약문 암기하기, 충실히 복습하기, 열심히 모방하기로 이루어져 있다. 이런 방식은 암묵적으로 교사의 무오류성을 인정하지만, 결국에는 우리를 위축시키고 무력하게 만드는 괴상망측한 교육법이다."

이런 교육이 그저 쓸모없기만 하다면, 초등학교에서 반드시 배우도록 정해져 있는 많은 과목 대신 프랑크 왕국 클로타르 왕가의 가계도나 네우스트리아(프랑스 북서부 지역)와 아우스트라시아(프랑스 북동부 지역)의 다툼, 동물 분류법 등을 배우는 불쌍한 아이들을 동정하는 데서 그칠 수 있다. 그러나 이런 교육은 무척 위험하기도 하다. 그런 교육을 받은 학생은 자신이 태어난 환경을 극도로 혐오하며 거기서 벗어나려는 강렬한 욕망을 갖게 되기 때문이다. 노동자는 계속해서 노동자로 남기를 원하지 않고, 농부도 더는 농사를 지으려 하지 않는다. 중위계층에서도 최하층에 속한 사람들은 자기 아들이 가질 수 있는 직업은 오직 국가에서 월급을 받는 공무원밖에 없다고 생각할 것이다. 학교는 학생들에게 인생을 살아가도록 준비시키는 대신 오직 공무원이 되는 데 필요한 교육만 시킨다. 인생의 진로를 스스로 결정하거나 창의성을 발휘하지 않더라도 공무원 시험에 합격할 수 있기 때문이다. 현재 교육제도는 자신의 운명에 불만을 품고 언제라도 반란을 일으킬 준비가 되어 있는 프롤레타리아가 사회계층 맨 아래쪽에 형성되도록 만든다. 한편, 사회계층 상부에는 모든 것을 의심하면서도 쉽게 믿는 경박한 부르주아가 위치하게 한다. 그들은 복지국가라는 약속을 맹목적으로 신뢰하면서도 끊임없이 조롱하고, 순전히 자기들이 잘못한 일에 정부를 탓하면서도 정작 당국의 개입이 없으면 아무 일도 시작하지 못한다.

국가는 교과서를 기준으로 각종 자격증 취득자들을 배출하지만, 그중 일부만을 활용할 뿐 나머지는 실업상태로 방치한다. 그 결과 국가는 전자를 먹여 살리는 데 급급해 후자를 사회의 적으로 만든다. 사회계층 사다리의 꼭대기부터 바닥까지, 말단 서기에서 대학 교수와 도지사에 이르기까지 자격증을 가진 엄청난 수가 일자리를 구하려고 몰려든다. 기업가는 식민지에 파견할 직원을 구하기 힘들다고 하소연하지만, 말단 공무원직에는 지원자가 수천 명에 이른다. 교원자격증이 있어도 발령받지 못한 예비 교사가 센 구(區)에만 2만 명에 달하지만, 그들은 농사를 짓거나 공장에서 일하는 것을 창피하게 생각하며 생계를 책임지라고 국가에 요구한다. 채용 인원은 정해져 있기에 불평불만자가 많을 수밖에 없다. 이런 사람들은 지도자가 누구건, 추구하는 목적이 무엇이건 상관없이 어떤 혁명이라도 받아들일 준비가 되어 있다. 결국 지식을 습득했더라도 일자리를 구하지 못하는 상황으로 평범한 사람은 확실하게 폭도가 된다.[11]

이런 흐름을 되돌리기에는 너무 늦었다. 우리를 가르치는 최후의 교육자인 경험만이 우리의 잘못을 깨우쳐줄 것이다. 지긋지긋한 교과서와 측은한 경쟁시험을 실용적인 직업교육으로 대체함으로써 오늘날 젊은이들이 어떻게든 기피하려는 농촌이나 공장, 식민지 기업으로 그들을 유도할 필요가 있으며, 이 또한 경험으로 충분히 입증될 것이다.

요즘 모든 지식인이 한목소리로 요구하는 직업교육은 과거에 우리 조상이 받은 교육이었고, 오늘날 의지력과 진취성, 기업

11　이런 현상은 라틴계 국가에만 국한되지 않는다. 계급화가 확고한 관료체제로 운영되고, 프랑스처럼 두꺼운 교과서를 완벽하게 암송하는 시험이 관료가 되는 유일한 길인 중국에서도 이런 현상을 찾아볼 수 있다. 교육받은 실업자들은 오늘날 중국에서 국가적 재앙으로 여겨진다. 인도도 다를 바 없다. 영국은 인도에 학교를 세웠지만 자국민에게 하듯 인도인에게 교양을 가르치는 게 아니라 실용 지식을 가르치려는 목적이었다. 이후로 인도에는 '바부'라는 특수 계층이 형성되었다. 그들은 교육을 받았지만 일자리를 구할 수 없자 영국의 통치를 거부하는 적이 되었다. 취업 여부와 상관없이 영국이 실시한 교육으로 바부들의 도덕 수준은 크게 저하되었고, 이런 결과는 영국 교육이 낳은 역효과다. 이것은 내가 오래전에 발표한 『인도 문명』에서 역설했던 바고, 그 거대한 반도를 방문한 모든 작가들이 확인한 사실이다.

정신으로 세계를 지배하는 국가들이 그대로 유지하는 교육이기도 하다. 위대한 사상가 이폴리트 텐은 프랑스의 과거 교육방식이 오늘날 영국과 미국에서 실시하는 것과 거의 같다는 사실을 보여주었다. 또한 라틴계 국가와 앵글로색슨계 국가의 교육제도를 비교하며 두 교육방식이 가져온 결과까지 명확히 보여주었다. 이와 관련된 텐의 글은 뒤에서 직접 인용하겠다.

프랑스의 전통 교육방식이 설령 인생의 낙오자와 불평분자들밖에 양산하지 못하더라도, 많은 지식을 피상적으로 습득하고 수많은 교과서를 완벽하게 암기하여 지적 수준이 향상되기만 한다면, 그런 방식의 단점을 그대로 받아들이자는 데 동의하는 사람도 있을 것이다. 그러나 그런 방식으로 정말 지적 수준이 향상될까? 안타깝게도 그렇지 않다. 우리 삶에서 성공을 결정짓는 조건은 판단력과 경험, 진취성, 인격이지 책에 담긴 지식이 아니다. 책은 필요할 때 참조하는 사전과 같으므로 그 장황한 내용을 머릿속에 담아두는 건 그야말로 쓸데없는 일이다.

어떻게 하면 직업교육을 통해 전통적인 교육방식으로는 도달할 수 없는 단계까지 지적 수준을 높일 수 있을까? 그 방법을 이폴리트 텐이 확실하게 알려준다.

사상은 자연스럽고 정상적인 환경에서만 형성된다. 사상의 싹을 키워내는 것은 젊은이가 공장과 광산, 법원, 서재, 작업 현장, 병원에서 일하며 매일같이 받는 인상이다. 공구와 자재와 작업을 보면서, 고객과 노동자와 어울리며, 잘 만들거나 잘못 만든 제작품 혹은 큰돈이 들어가거나 고수익이 기대되는 일을 보고 매일 받는 인상에서 사상의 싹이 자랄 수 있다. 자신도 모르게 시각과 청각, 촉각, 심지어 후각으로 받아들인 미세하고 특별한 자각이 내면에서 은밀히 다듬어지고 정리되면, 머잖아 새로운 조합이나 단순화, 효율화, 개선 혹은 발명과 관련된 아이디어를 암시받는다. 요즘 프랑스 젊은이들은 소중한 경험의 기회, 즉 사회에 동화하는 데 필수적인 요소를 접할 기회를 상실한 채로 지낸다. 많은 것을 얻을 수 있는 나이에 일고여덟 해 동안 학교에 갇혀 지내며 인간과 사물을 직접적·개인적으로 경험하지 못한다. 인간과 사물을 정확하면서도 명확하게 파악하고 다루는 다양한 방법을 배울 기회를 빼앗기는 셈이다.

… 이 젊은이들은 십중팔구 그들의 삶에서 효과적이고 중요하며 결정적이기까지 한 적잖은 시간을 그렇게 헛되이 보낸다. 더구나 시험을 치른 젊은이의 절반 또는 3분의 2가 낙방한다. 시험에 합격해서 수료증이나 졸업장, 학위를 받은 젊은이 중 다시 절반 혹은 3분의 2가 탈진한다. 그들에게 주어지는 일이 너무 많기 때문이다. 어떤 날에는 두 시간 동안 꼬박 책상 의자에 앉아 있거나 칠판 앞에 선 채 인류가 쌓아온 많은 학문을 저장한 살아 있는 지식창고가 되기를 강요당한다. 실제로 그들은 그날 두 시간 동안은 지식창고였다. 하지만 한

군중심리

달이 지나면 더는 지식창고가 아니다. 시험을 다시 치를 수조차 없다. 집어넣은 지식이 너무 많고 무거워 끊임없이 머릿속에서 빠져나가지만 새 지식이 빈자리를 채우지 않기 때문이다. 그래서 그들의 정신은 점점 활기를 잃고 성장의 동력마저 꺼진다. 겉으로는 완전히 성숙해 보여도 기력은 이미 쇠진했다. 이런 사람은 결혼해서 반듯한 생활은 할지 몰라도 좁은 사무실에 갇혀서 똑같은 삶을 되풀이하며 살아갈 것이다. 자기가 맡은 일은 잘 해내지만 그것이 전부다. 프랑스 교육이 거둔 평균적인 삶이 이런 식이다. 확실히 노력한 것에 비해 성과가 형편없다. 영국과 미국은 1789년 이전에 프랑스가 시행한 것과 같은 교육방식을 채택하고 있으며, 덕분에 노력에 상응하거나 그 이상의 결실을 얻고 있다.

뒤이어 텐은 프랑스와 앵글로색슨계 국가의 교육제도를 비교하면서 차이점을 보여준다. 프랑스에는 많은 특수학교가 있지만 앵글로색슨계 국가에는 없다. 앵글로색슨계 국가에서는 책보다는 구체적인 실습 위주로 교육이 이루어진다. 예컨대 기술자를 학교가 아니라 공장에서 양성한다. 그렇게 함으로써 각자 자신의 지능에 따라 직공이 될 수도 있고 감독이 될 수도 있으며, 적성에 맞으면 기술자가 될 수도 있다. 이런 교육방식은 열아홉이나 스무 살에 겨우 몇 시간 동안 치른 시험으로 인생의 진로를 결정하는 것보다 훨씬 더 민주적이고 유익하다.

병원이나 광산, 공장, 건축사무소, 법률사무소 등에 어릴 때 일찌감치 들어간 아이는 단계별로 실습하며 하나씩 배워간다. 서기가 법률사무소에서, 혹은 도제가 화가의 화실에서 실습하며 배우는 것과 같다. 그들은 실습에 들어가기 전에 먼저 일반적이고 개괄적인 강의를 들으면서 기본 지식을 갖춘 다음 관찰을 시작한다. 각자의 역량에 따라 자유 시간에 이런저런 기술 교육을 받고, 일상에서 경험한 것을 이론과 연계할 수도 있다. 이런 제도 아래서 그들의 실무 능력은 각자 역량이 허용하는 수준까지 발전할 수 있다. 향후에 맡게 될 업무와 지금부터 적응하고 싶은 특정 업무가 요구하는 방향으로 발전할 수도 있다. 영국과 미국에서는 이런 환경에서 젊은 이들이 일찍부터 자신의 능력을 한껏 끌어낸다. 그래서 25세, 때로는 더 어린 나이에 유능한 관리자가 되거나 자원과 자금이 뒷받침되면 직접 사업체를 운영하기도 한다. 요컨대 그들은 기계를 돌리는 하나의 톱니바퀴일 뿐만 아니라 엔진이기도 하다. 하지만 프랑스에서는 이와 상반된 교육방식이 우세해 세대가 거듭할수록 중국을 닮아가고 있다. 그 때문에 인적 자원의 낭비가 실로 막심하다.

위대한 철학자 이폴리트 텐은 라틴계 국가의 교육방식과 실생활 사이에 나타나는 괴리가 나날이 커져가는 것에 대해 다음과 같은 결론을 내렸다.

교육은 유년기, 청소년기, 청년기 세 단계로 이루어진다. 그런데 책상 앞에 앉아 교과서 위주로 이론 교육을 받는 기간이 더 길어졌다. 게다가 그 기간에 시험을 치르고 오로지 학위와 졸업장과 자격증을 따기 위해 최악의 방법이 동원되며, 반자연적이고 반사회적인 제도를 적용하면서 실용교육이 지나치게 늦추어졌다.

기숙사 제도와 비현실적인 훈련, 기계적 주입교육, 비효율적인 과로도 이 기간의 문제다. 교육이 끝나고 나서, 즉 학생이 성년이 되고 나서 맡게 될 직무는 전혀 고려하지 않는다. 학생이 조만간 뛰어들어야 할 현실 세계도, 그가 적응하든지 아니면 체념하고 순응해야 할 주변 사회도, 자신을 지키고 똑바로 서기 위해 미리 대비하고 훈련하고 단련해야 하는 인간의 갈등에 대해서도 전혀 가르치지 않는다. 이런 교육은 꼭 필요하고 다른 어떤 분야보다 중요하지만 프랑스 학생들은 제공받지 못한다. 오히려 정반대다. 프랑스 학교는 가까운 장래에 꼭 필요한 상식과 의지력, 용기를 학생들에게 가르치지 않고 도리어 부적격자를 키워낸다. 그래서 그들이 세상에 첫발을 내딛는 순간, 고통스러운 추락을 연이어 맛보기 십상이다. 그 결과 마음에 상처를 입으며 때로는 오랫동안 치유하지 않아 영원한 상처로 남기도 한다. 가혹하고 위험한 시련이다.

도덕적·정신적 균형이 무너져 회복되지 못할 수도 있다. 뼈에 사무치게 실망하고 크게 좌절한 나머지 환멸이 밀어닥치

기도 한다.[12]

그런데 지금까지 언급한 교육 문제는 군중심리와 동떨어진 주제가 아닐까? 결코 그렇지 않다. 오늘 군중 사이에서 싹트고 내일 활짝 만개할 사상과 신념을 이해하려면 그 토양이 어떻게 준비되었는지를 알아야 한다. 한 나라의 젊은이들이 무슨 교육을 받는지 보면, 훗날 그 나라가 어떻게 변할지 예측할 수 있기 때문이다. 프랑스에서 현세대에게 시행하는 교육을 보면 지극히 암울한 미래를 예측할 수밖에 없다. 군중의 정신도 부분적으로 학습과 교육을 통해 개선되거나 악화된다. 따라서 현재의 교육제도가 어떻게 군중의 정신을 형성했는지, 무관심하고 중립적인 대중이 무슨 이유로 이상주의를 외치는 연설가들의 암시를 무작정 따르는 거대한 불만 세력이 되어가는지 보여줄 필요가 있다. 오늘날 불평분자와 무정부주의자를 양성하고 라틴계 국민이 장차 접어들 쇠락의 길을 닦는 곳은 다름 아닌 학교다.

---

12 텐, 『현대 체제』(*Le Regime moderne*) vol. ii., 1894. 텐이 거의 마지막으로 쓴 글로서 위대한 철학자의 오랜 경험이 훌륭하게 농축되어 있다. 안타깝게도 외국에 체류한 적이 없는 프랑스 대학 교수들은 이 글을 완전히 이해하지 못하는 듯하다. 교육은 국민의 정신에 조금이나마 영향을 미칠 수 있는 우리의 유일한 수단이다. 프랑스의 현재 교육제도가 프랑스의 급속한 쇠락을 재촉하는 위험 요인이며, 젊은이들의 기운을 북돋우기는커녕 억누르고 저하시킨다는 사실을 이해하는 사람이 프랑스에 거의 없다. 참으로 안타까울 따름이다.

2장

군중의 의견에 영향을 주는 직접 요인

1. 이미지, 단어, 경구

단어와 경구의 마법 같은 힘 — 단어의 힘은 단어에서 연상되는 이미지와 연관될 뿐 실제 의미와는 무관하다 — 그 이미지는 시대와 민족에 따라 다르다 — 단어의 마모 — 자주 사용하는 단어의 의미가 크게 달라진 몇 가지 예 — 옛것을 가리키는 명칭이 군중에게 부정적인 인상을 줄 때 새로운 명칭을 부여하는 정치의 효용성 — 민족에 따라 변하는 단어의 의미 — 민주주의는 유럽과 미국에서 의미가 다르다

2. 환상

환상의 중요성 — 모든 문명의 기저에서 발견되는 환상 — 환상의 사회적 필요성 — 군중은 언제나 진실보다는 환상을 더

좋아한다

3. 경험

경험만이 군중의 정신에 필요한 진실을 심고 위험한 환상을 지울 수 있다 — 경험은 자주 되풀이되는 조건에서만 영향을 미친다 — 경험으로 군중을 설득하기 위해 치르는 대가

4. 이성

이성은 군중에 아무런 영향을 미치지 못한다 — 군중의 무의식적 감정에 영향을 미쳐야 군중에게도 영향을 미칠 수 있다 — 역사에서 논리의 역할 — 일어날 법하지 않은 사건들의 비밀스러운 원인

앞 장에서 군중의 정신에 특별한 감수성을 부여함으로써 군중에게 어떤 감정이나 사상을 떠오르게 하는 간접적이고 예비적인 요인들을 살펴보았다. 이제는 즉시 영향을 미치는 요인들을 살펴보자. 아울러 그 요인들을 어떻게 다루어야 완벽한 효과를 거둘 수 있는지도 따져보겠다.

1부에서 우리는 집단의 감정과 사상, 이성적 추론에 대해 알아보았다. 여기서 얻은 지식을 바탕으로 군중의 정신에 깊은 인상을 주는 방법을 끌어낼 수 있을 것이다. 우리는 무엇이 군중의 상상력을 자극하는지, 특히 이미지 형태로 주어지는 암시의 힘과 전염이 얼마나 강력한지 알고 있다. 그러나 암시는 무척 다양한 기원에서 비롯되기 때문에 군중의 정신에 영향을 줄 수 있는 요인도

무척 다양할 수 있다. 따라서 그 요인들을 하나씩 살펴볼 필요가 있고, 이는 무익한 접근법이 아니다. 어찌 보면 군중은 옛날 우화에 나오는 스핑크스와 약간 비슷하다. 군중심리가 우리에게 제기하는 문제를 해결하든지, 그렇지 않으면 체념하고 그 문제에 잡아먹혀야 한다.

1. 이미지, 단어, 경구

앞에서 살펴본 바에 따르면 군중의 상상력은 특히 이미지에 지대한 영향을 받는다. 그런 이미지가 항상 주변에 있는 것은 아니지만 단어와 경구를 적절히 사용하면 군중의 상상력을 자극하는 이미지를 언제라도 만들어낼 수 있다. 이는 옛날 마법사들의 주문처럼 신비로운 힘을 갖는다. 단어와 경구는 군중의 머릿속에 끔찍한 폭풍을 일으킬 수 있고 그것을 잠잠케 할 수도 있다. 지금까지 단어와 경구의 힘에 희생된 사람들의 뼈를 쌓아 올린다면, 쿠푸[이집트의 왕으로 기제에 세계 최대 피라미드를 쌓았다]의 피라미드보다 더 높은 구조물을 쌓을 수 있을 것이다.

단어의 힘은 단어에서 연상되는 이미지와 관계가 있을 뿐 단어의 실제 의미와는 무관하다. 때로는 의미를 규정하기 힘든 단어가 막강한 영향력을 발휘할 때도 있다. 대표적인 예는 민주주의와 사회주의, 평등, 자유 등이다. 이 단어들은 의미가 매우 모호해 그 뜻을 정확히 규정해서 담으려면 두꺼운 책 몇 권으로도 부족하다. 하지만 그 단어들이 마치 모든 문제의 해결책이라도 되는 것처럼 그 짧은 음절에 마법 같은 힘이 더해진 것은 분명하다. 다양한 무의식적 열망과 그런 열망이 실현되기를 바라는 소망이 그 단어들에 결합되어 있다.

이성과 논증으로는 단어나 경구에 맞설 수 없다. 특정한 단어를 군중 앞에서 엄숙하게 발설하면 군중은 경건한 표정을 짓고 고개를 조아린다. 많은 사람이 이런 현상을 자연의 힘이나 초자연적 마력이라고 여긴다. 군중은 그 단어와 경구를 들으며 장엄하고 모호한 이미지를 떠올리지만, 그런 모호함이 군중을 현혹하고 단어에 신비로운 힘을 더한다. 장엄하고 모호한 이미지는 성막 뒤에 감추어져 있어 신자들이 부들부들 떨며 다가가는 신상(神像)에 비교할 만하다.

단어에서 연상되는 이미지는 실제 의미와 무관하기 때문에 동일한 경구에 사용되더라도 시대와 민족에 따라 달라진다. 어떤 단어에는 특정한 이미지가 일시적으로 고정된다. 따라서 그 단어는 이미지를 연상하게 해주는 초인종에 불과하다.

모든 단어와 경구에 이미지를 떠오르게 하는 힘이 있는 것은 아니다. 한때 이미지를 떠오르게 했지만 이제는 힘을 상실해서 더는 군중에게 아무것도 일깨워주지 못할 수 있다. 그런 단어와 경구는 공허한 소리가 되어 그 단어를 사용하는 사람이 생각하지 않아도 되는 데에만 쓰인다. 젊은 시절에 경구와 그럴듯한 표현을 조금만 익혀두면 상황에 따라 피곤하게 깊이 생각하지 않고도 그때그때 꺼내 쓸 수 있는 무기를 보유한 셈이 된다.

언어를 면밀히 분석해보면 그것을 구성하는 단어들이 시대가 바뀌어도 매우 천천히 변한다는 것을 알 수 있다. 그러나 그 단어가 떠올려주는 이미지와 그 이미지에 부여되는 의미는 끊임없이 변한다. 따라서 내가 다른 책을 통해 결론을 냈듯이 더는 사용되지 않는 언어를 완벽하게 번역하기란 불가능하다. 프랑스어를 라틴어나 그리스어, 산스크리트어로 번역할 때, 혹은 2-3세기 전에 프랑스어로 쓰인 책을 이해하려고 할 때, 우리는 어떻게 하는가? 현대를 살아가는 우리 뇌 속에 저장된 이미지와 사상을 먼 옛날 우리와 다른 조건에서 생활한 민족의 정신 속에 있던 완전히 다른 개념과 이미지로 바꿀 뿐이다. 프랑스 대혁명에 참여한 사람들은 자기들이 고대 그리스인과 로마인을 모방한다고 믿었다. 그러나 그들이 기껏 한 일이라고는 고대인이 사용하던 단어에 당시에는 없던 의미를 부여한 게 전부다. 그것이 아니라면 대체 무엇이란 말인가? 고대 그리스에서 실시했던 제도와 오늘날 그와 관련된 단어가 가리키는 제도 사이에는 어떤 유사성이 있을까? 본질적으로 고대 그리스에서 공화제는 노예들을 철저히 예속하며 지배하던 군소 독재자들이 주권을 가지고 통치하는 귀족 제도였다. 이런 지방자치적 귀족 제도는 노예제에 기반을 두었기 때문에 노예 없이는 존재할 수 없었을 것이다.

사상의 자유가 가능하다는 걸 생각조차 할 수 없고, 도시국가의 신과 법과 관습에 이의를 제기하는 것보다 더 크고 이례적인 중죄가 없는 시대에 사용하던 '자유'라는 단어의 뜻은 오늘날 우리가 이해하는 개념과 유사했을까? '조국'이란 단어도 마찬가지다. 그리스는 경쟁하며 끝없이 전쟁하던 도시국가들로 이루어져 있었다. 그런 상황에서 아테네인과 스파르타인이 생각하는 조국은 당시의 그리스를 뜻하는 개념이 아니었을 것이다. 결국 아테네나 스파르타를 숭배하는 의미가 아니면 달리 무엇이겠는가?

고대 갈리아는 경쟁 관계에 있던 여러 부족과 종족으로 나뉘어 있었고, 부족마다 사용하는 언어와 믿는 종교가 달랐다. 따라서 카이사르는 적대 관계에 있던 부족들 중에서 쉽게 동맹을 구할 수 있었다. 이런 고대 갈리아인들에게 '조국'은 무엇을 의미했을까? 갈리아를 정치적·종교적으로 통일해서 하나의 국가로 만든 주역은 로마였다. 멀리 거슬러 올라갈 것도 없이 두 세기만 뒤로 돌아가보자. 대(大) 콩데 공작[le Grand Condé(1621-1686), 제4대 콩데 공작이자 프랑스 부르봉 왕가의 방계 왕족으로 17세기 프랑스 귀족사회를 주도하던 인물 중 하나]을 비롯한 친왕[황제의 아들이나 형제]들이 외국과 동맹을 맺고 프랑스 군주에 저항했을 때, 그들이 인식한 조국이란 단어가 오늘날의 의미와 같았을까? 도의를 따른다고 생각하며 프랑스와 싸운 망명자들에게도 조국의 의미는 지금과 다르지 않았을까? 그들의 관점에서 봉건법은 봉신(封臣)을 땅이 아니라 영주에 묶어두었기 때문에 영주가 있는 곳이 그들에게는 진정한 조국이었다.

이렇게 시대가 바뀌면서 의미가 크게 달라진 까닭에 오랜 노력이 있어야 과거의 뜻을 제대로 이해할 수 있는 단어가 많다. 왕

군중심리

과 왕족 같은 단어가 먼 옛날에 어떤 의미로 쓰였는지 이해하기 위해서는 당연히 독서를 많이 해야 한다. 하물며 한층 복잡한 단어는 어떻겠는가?

이렇듯 단어는 시대와 민족에 따라 변하기 때문에 불안정하고 일시적인 의미밖에 갖지 못한다. 결국 단어를 사용해 군중에게 영향을 주려면 사용하려는 단어가 그 시점에서 군중에게 어떤 의미를 갖는지 알아야 한다. 그 단어가 과거에 지녔던 의미나 다른 정신 구조를 지닌 개인들에게 어떤 의미로 받아들여질 수 있는지는 중요하지 않다.

따라서 정치적 격변이나 신념의 변화가 있고 난 뒤 군중이 어떤 단어에 담긴 이미지에 깊은 반감을 품게 되었을 때, 진정한 정치인이라면 가장 먼저 그 단어부터 다른 것으로 바꾸어야 한다. 물론 이때 사물이나 사건 자체까지 건드릴 필요는 없다. 그것은 오랜 옛날부터 물려받은 정신 구조와 밀접한 관계가 있기 때문에 쉽게 바꿀 수도 없다.

현명한 토크빌[프랑스의 정치철학자이자 역사가인 알렉시 드 토크빌(Alexis de Tocquevill, 1805-1859)]이 오래전에 지적했듯이, 집정정부[프랑스 대혁명기에 나폴레옹의 쿠데타로 세워져 1799년부터 1804년까지 존립한 정부]와 제1제정[나폴레옹이 1804년에 수립해 1814년까지 존립한 정권]은 특히 과거의 제도들을 지칭하는 단어를 다른 것으로 바꾸는 데 주력했다. 다시 말해, 군중이 상상할 때 부정적인 이미지를 불러일으키는 단어들을 다른 것으로 교체했다.

그래서 인두세는 토지세로, 염세는 소비세로, 상납금은 간접세와 종합세로, 장인세와 동업조합세는 사업면허세로 바꾸었다.

따라서 정치인이 해야 하는 가장 기본적인 역할 중 하나는 군중이 싫어하는 옛 명칭을 대중적이거나 적어도 중립적인 단어로 바꾸는 것이다. 단어의 힘은 실로 대단해서 지극히 혐오스러운 대상도 신중히 선택한 새 명칭을 붙이면 군중이 받아들일 만한 게 된다. 이폴리트 텐이 정확히 지적했듯이, 자코뱅당은 당시 가장 인기 있는 두 단어인 '자유'와 '박애'를 들먹이며 "다오메 왕국[아프리카 서부에 있는 베냉공화국의 옛 이름]에서 벌어진 것에 맞먹는 폭정을 저질렀고, 종교재판소와 유사한 재판소를 설치했으며, 고대 멕시코에서 일어난 것과 같은 대학살을" 벌였다. 통치자도 변호사만큼이나 단어를 잘 다루어야 한다. 그런 기술을 습득하기 어려운 이유 중 하나는 한 사회 내에서도 동일한 단어가 사회 계층에 따라 다른 의미를 갖는 일이 많기 때문이다. 여러 사회 계층이 표면상 동일한 단어를 사용하더라도 실제로 그들은 같은 언어를 쓰고 있는 게 아니다.

앞의 예에서는 단어의 의미가 달라지는 주된 요인으로 시간을 제시했다. 그러나 민족이란 요인에 의해서도 단어의 의미가 달라진다. 같은 시대에 존재하며 비슷한 정도로 문명화되었더라도 민족이 다르면 동일한 단어를 완전히 다른 의미로 사용하는 경우가 많다. 여행을 많이 하지 않고서는 이런 차이를 알 수 없는데, 나는 이를 깊이 있게 분석할 만한 능력이 없으므로 군중이 자주 입에 담는 단어들이 민족에 따라 의미 차이가 크다는 사실만 짚고 넘어가겠다. 오늘날 빈번하게 사용되는 '민주주의'와 '사회주의' 같은 단어가 대표적인 예다.

실제로 두 단어에 담긴 뜻과 이미지는 라틴계와 앵글로색슨계의 머릿속에서 완전히 상반된다. 라틴계 민족에게 민주주의라는 단어는 개인의 의지와 창의성보다 국가로 대변되는 공동체의 이익을 우선시한다는 뜻이다. 국가가 모든 것을 주도하고 독점하고 관리해서 권력이 중앙정부로 집중되면, 결국 국가의 책임이 커진다. 따라서 급진주의자, 사회주의자, 군주주의자 등 모든 당파가 예외 없이 항상 국가에 도움을 청한다. 한편 앵글로색슨계 민족, 특히 미국에서는 민주주의라는 똑같은 단어가 개인의 의지를 크게 강조하며, 치안과 군대, 외교 분야를 제외하고는 국가의 개입을 최대한 배제한다. 심지어 교육 분야에서도 국가의 개입을 허용하지 않는다. 따라서 민주주의라는 단어가 어떤 민족에게는 개인의 의지와 창의성을 억누르는 국가의 우선권을 뜻하는 반면, 어떤 민족에게는 개인의 의지와 창의성을 지나칠 정도로 강조하고 국가를 철저히 배제하는 제도를 뜻한다.[13] 달리 말해, 한 단어가 민족에 따라 완전히 다른 의미를 가진다.

---

13 내 책 『민족 진화의 심리학적 법칙』에서 라틴계와 앵글로색슨계의 이상적 민주주의가 각각 어떻게 다른지 자세히 다루었다.

2. 환상

문명의 여명기부터 군중은 항상 환상의 영향을 받았다. 군중은 환상을 만들어낸 존재들을 숭배하기 위해 많은 신전과 제단과 조각상을 세웠다. 옛날에는 종교적으로, 오늘날에는 철학적·사회적으로 나타나는 이 경이로운 환상들은 지금까지 지구에서 꽃피워온 모든 문명의 맨 꼭대기에 존재해왔다. 바빌로니아와 이집트 신전들, 중세의 종교 건축물들이 환상을 명목으로 건축되었다. 1세기 전에 유럽 전역을 격변에 몰아넣었던 것도 환상이었고, 예술과 정치와 사회에 대한 우리의 견해 중에는 환상의 영향을 받지 않은 것이 단 하나도 없다. 간혹 우리는 섬뜩한 혼란을 겪고 나서 환상을 떨쳐내기도 하지만, 언제든 다시 환상의 지배를 받을 수밖에 없는 운명인 듯하다. 만약 환상이 없었다면 우리는 원시적 야만의 상태를 벗어나지 못했을 것이다. 이 말은 환상이 없다면 금세 다시 그런 상태로 떨어질 것이라는 뜻이다. 환상은 허망한 그림자인 게 분명하지만 우리의 꿈이 만들어낸 산물이기도 하다. 이런 환상이 있었던 까닭에 많은 민족이 아름다운 예술과 위대한 문명을 창조해낼 수 있었다.

한 작가는 환상에 대한 우리의 생각을 이렇게 요약한다. "종교적 영감을 받아 제작된 예술 작품과 기념물 모두를 박물관과 도서관에서 끄집어내 파괴하고 광장에 내던진다면 인간의 원대한 꿈이 이루어낸 흔적 중에서 무엇이 남을까? 신과 영웅, 더 나아가 시인이 존재하는 이유는 인간에게 조금이나마 희망과 환상을 주기 위해서다. 희망도 없고 환상도 없다면 인간은 존재할 수 없기 때문이다. 지난 50년 동안 과학이 이런 역할을 맡은 듯했다. 그러나 과학은 섣불리 약속하지 않고 거짓말에도 능숙하지 못한 까닭에 이상을 갈망하는 인간의 마음을 채워주지 못했다."

지난 세기의 철학자들은 우리 조상이 오랜 세월 동안 종교와 정치와 사회에서 삶의 버팀목으로 삼아온 환상을 깨뜨리는 데 혼신의 힘을 다했다. 그런 환상이 깨지면서 희망과 인종의 원천이 말라버렸다. 그렇게 환상이 사라진 다음 그들은 보지도 듣지도 않는 자연의 힘을 찾아냈다. 그 힘은 약자에게도 가혹하며 동정이란 것을 모른다.

철학은 그동안 눈에 띄게 발전해왔지만 군중의 마음을 사로잡을 만한 이상을 아직 내놓지 못했다. 그러나 군중은 어떤 대가를 치르더라도 환상을 원하기 때문에 벌레가 불빛으로 모여들듯이 환상을 보여주는 연설가들에게 본능적으로 끌린다. 민족이 진화하는 주된 요인은 진실이 아니라 오류였다. 오늘날에도 사회주의가 강력한 영향력을 발휘하는 이유는 그것이 여전히 살아 있는 유일한 환상이기 때문이다. 모든 것이 과학적으로 증명되고 있는 지금도 사회주의는 계속 성장하고 있다. 사회주의는 대담하게도 행복을 약속하기 때문에 현실을 잘 모르는 사람들에게 지지를 받는다. 바로 여기에 사회주의의 주된 힘이 있다. 오늘날 사회주의의 환상은 과거가 쌓아온 모든 잔재 위에 군림하면서 미래까지 지배하려고 한다. 군중은 예부터 진실을 갈망한 적이 없다. 군중은 불편한 진실을 외면하고 오류가 마음에 들면 그것을 신격화한다. 군중의 마음에 환상을 심을 줄 아는 사람은 쉽게 그들의 지배자가 되지만, 군중을 환상에서 깨어나게 하는 사람은 언제나 그들의 제물이 된다.

3. 경험

경험은 군중의 정신에 진실을 확고히 심어주고, 지나치게 위험해진 환상을 걷어낼 수 있는 거의 유일한 방법이다. 하지만 그런 효과를 거두려면 많은 사람이 같은 일을 경험해야 하고, 그런 일이 자주 반복되어야 한다. 한 세대가 겪은 경험은 일반적으로 다음 세대에 쓸모가 없다. 그래서 증명 자료로 인용되는 역사적 사실들은 별로 도움이 되지 않는다. 경험이 약간이나마 영향력을 행사하고 군중의 정신에 뿌리내린 오류에 얼마간이라도 타격을 주려면 대대로 어느 정도까지 반복되어야 하는지를 증명하는 것이 바로 역사적 사실의 유일한 쓰임새다.

우리 세기와 이전 세기, 즉 19세기와 18세기는 십중팔구 미래의 역사학자들에게 흥미로운 경험의 시대로 기록될 것이다. 어느 시대도 이처럼 많은 사건을 경험한 적이 없기 때문이다.

가장 중대한 경험은 프랑스 대혁명이었다. 20년 동안 수백만 명이 죽고 유럽 전역이 뒤흔들린 후에야 사람들은 순수이성만으로는 한 사회를 철저히 쇄신할 수 없다는 걸 깨달았다. 또 50년 동안 두 번의 치명적인 파멸을 경험한 후에야 독재자는 자신을 찬양하는 국민에게 큰 희생을 치르게 한다는 걸 입증했다. 더할 나위 없이 확실한 경험이었지만 국민들은 그것만으로 충분히 납득하지 못한 듯하다. 대혁명으로 300만 명이 희생되었고, 외세의 침략을 받았다. 두 번의 파멸을 경험하면서 영토 일부를 빼앗겼고 상비군의 필요성을 깨달았다. 얼마 전에는 또 한 번 치명적인 경험을 할 뻔했고 언젠가는 다시 그런 일을 겪게 될 것이 분명하다. 보불전쟁이 발발한 1870년 이전 프랑스에서는 독일 군대에 대해 규모는 크나 위험하지 않은 국민군이라고 가르쳤다. 하지만 끔찍한 전쟁을 겪으며 값비싼 대가를 치른 후에야 실제로는 그렇지 않다는 걸 프랑스 국민이 모두 인정하게 되었다.[14] 또 보호무역을 채택한 국가가 오히려 국민에게 몹쓸 짓을 한 것이라는 사실을 인정하

---

14 이때 군중의 의견은 외견상 유사한 관계가 있다는 이유만으로 다른 것들을 짝 짓는 방식으로 형성된다. 이 방식의 메커니즘에 대해서는 앞에서 이미 언급했다. 당시 프랑스 국민군은 군사훈련을 받지 않고 온순한 상점 주인들로 구성되었다. 그래서 진짜 군대로 여겨지지 않았다. 이들과 비슷한 명칭을 가진 군대는 사람들에게 같은 이미지를 연상시켰으며 위험하지 않다고 여겨졌다. 일반화의 오류가 흔히 그렇듯이 지도자들도 군중과 똑같은 오류를 범했다. 1867년 12월 31일, 한 정치인이 의회 연설에서, 프로이센 군대의 규모는 프랑스와 거의 비슷하며 정규군 외에 보유한 군대도 프랑스 국민군과 유사해서 경계할 필요가 없다고 판단된다는 군중의 의견을 그대로 되풀이했다. 이 연설은 에밀 올리비에[Émile Ollivier, 1825-1913]가 최근에 발표한 책에 인용되었다. 내 생각에 이 문제의 정치인은 군중의 의견을 뒤쫓기만 할 뿐 주도한 적 없는 티에르 씨인 듯하다. 이 정치인의 판단은 철도가 미래에 쓸모없을 것이라는 그의 예견만큼이나 부정확했다.

보불전쟁 당시 프랑스군(위)과 프로이센군(아래)

보불전쟁은 1870년부터 1871년까지 프로이센과 프랑스가 에스파냐 국왕의 선출 문제를 둘러싸고 벌인 전쟁이다. 전쟁에서 승리하고 독일을 통일한 프로이센은 프랑스의 베르사유 궁전에서 독일 제국을 선포했다.

려면 적어도 20년은 더 처참한 경험을 해야 할지도 모른다. 이런 사례라면 얼마든지 나열할 수 있다.

4. 이성

군중의 정신에 깊은 인상을 남기는 요인을 나열할 때, 군중이 이성에 별다른 영향을 받지 않는다는 걸 안다면 이성을 전혀 언급하지 않더라도 상관없을 것이다.

앞에서 보았듯이 군중은 이성적 추론에 영향을 받지 않고, 생각들을 대략적으로 짝 지은 결과만 이해할 수 있을 뿐이다. 따라서 군중에게 깊은 인상을 주는 방법을 아는 연설가는 감정에 호소할 뿐 이성에 호소하지 않는다. 논리 법칙은 군중에게 아무런 영향을 주지 못하기 때문이다.[15] 군중을 설득하려면 먼저 군중에게

---

15 파리가 프로이센군에게 포위되었을 당시, 프랑스 육군원수 V가 프랑스 정부가 들어서 있던 루브르 궁전으로 호송되는 장면을 목격한 날, 나는 군중을 감동시키는 기술을 처음 보았고, 군중에게 논리의 법칙은 설득력이 없다는 걸 알았다. 분노한 군중은 V가 파리 방어를 위한 요새의 설계도를 프로이센군에게 팔아넘기려 했다며 그를 즉시 처형하라고 요구했다. 그러나 정부관리 가운데 저명한 웅변가 G. P.가 군중 앞에 나서서 연설을 시작했다. 나는 그 사람이라면 V가 요새를 설계한 사람들 중 한 명이며, 그 설계도는 이미 어느 서점에서나 판매되는 것이라고 말하면서 군중의 요구가 부당함을 지적할 것이라고 기대했다. 하지만 놀랍게도 그는 정반대로 연설했다. 하기야 그때만 해도 나는 애송이에 불과했다. 그는 V에게 다가서며 소리쳤다. "정의의 재판이 열리고 준엄한 판결이 날 겁니다. 국방부가 여러분 대신 수사를 하도록 맡겨봅시다. 그동안 우리는 저 범인을 가두어두겠습니다." 군중은 그 연설에 만족한 듯 곧

자극이 될 만한 감정을 철저히 파악하고, 그 감정을 공유하는 척한 다음, 기초적인 연상 작용으로 잘 암시된 이미지를 환기하며 그들의 감정을 원하는 방향으로 유도해가야 한다. 필요하다면 뒤로 물러서기도 하고, 특히 군중의 변덕스러운 감정을 매 순간 간파해야 한다. 군중에게 어떤 효과를 발휘하는지 보면서 연설을 계속 수정해야 하기 때문에 미리 준비한 원고가 처음부터 무용지물이 되기도 한다. 이런 경우에도 연설가가 원고에 써놓은 대로 자신의 생각을 나열할 뿐 청중의 생각을 고려하지 않는다면, 그 사실만으로도 그는 군중에게 아무런 영향을 미치지 못한다.

논리적인 사람은 논리 정연한 논증에 익숙하기 때문에 군중에게 연설할 때 같은 방식으로 군중을 설득하려 하지만, 그런 논증이 아무런 효과가 없다는 데 매번 깜짝 놀란다. 한 논리학자는 이렇게 말했다. "삼단논법에 근거한, 다시 말해 항등식의 조합으로 도출되는 보통의 수학적 결과는 필연성을 가지고 있다. 항등식의 삼단논법을 따를 수 있다면 무생물조차 그 필연성에 동의할 것이다." 맞는 말이다. 그러나 군중은 무생물과 마찬가지로 항등식의 삼단논법을 따라가지 못하고 이해하지도 못한다. 원시인의 정

진정하고 해산했다. 15분 후 V는 귀가할 수 있었다. 당시 젊은이였던 나는 논리적으로 설명해야 설득력이 있다고 생각했지만, 만약 G. P.가 분노한 군중을 논리로 설득하려 했다면 V는 틀림없이 그 자리에서 군중에게 찢겨 죽었을 것이다.

신 수준을 지닌 사람, 예컨대 야만인이나 어린아이를 이성적 추론으로 설득해보라. 그러면 논리적 논증의 힘이 얼마나 미약한지 실감할 것이다.

그렇다고 감정에 맞설 때 이성적 추론이 얼마나 무력한지 알아보겠다며 원시인 같은 이를 상대로 실험해볼 필요는 없다. 지극히 간단한 논리에도 어긋나는 종교적 미신이 얼마나 오랫동안 우리와 함께했는지 기억하는 것만으로도 충분하다. 거의 2천 년간 가장 명석하다는 사람들도 교리 앞에 허리를 굽혔고, 비교적 최근에 와서야 종교적 가르침이 과연 진실한지 의문을 제기하기 시작했다. 중세와 르네상스 시대에는 계몽된 지식인이 많았다. 하지만 그들 중 이성적 추론으로 미신의 유치한 면을 폭로하거나 악마의 소행이라든가 마법사를 불태워 죽여야 한다는 주장에 약하게라도 의심을 표한 사람은 없었다.

이성으로는 군중을 끌어갈 수 없다는 사실을 안타까워해야 하는 걸까? 감히 그렇다고 단언할 수는 없다. 인간이 이성적으로만 판단하고 행동했다면, 환상에 사로잡혀 열정적이고 대담하게 문명의 길로 인류를 끌어가지는 못했을 것이다. 우리를 끌어가는 무의식의 산물인 환상은 우리에게 꼭 필요하다. 어떤 민족이든 그들의 정신에는 운명을 결정짓는 법칙이 있고, 그들은 본능에 따라 불가항력적으로 그 법칙을 따른다. 때로는 지극히 비이성적인 충동을 따르는 것처럼 보이기도 한다. 그 결과 마침내 도토리가 참나무가 되고, 혜성이 궤도를 그리며 운행하도록 작용하는 것과 비숫한 신비로운 힘을 모든 민족이 따르는 듯하다.

그런 힘을 조금이라고 느끼고 싶다면 민족이 변화되는 전체 과정에서 그 힘을 추적해야 한다. 간혹가다 불쑥 변화가 나타나는 독립된 사건들에서만 그 힘을 추적한다면, 역사는 있을 법하지 않은 우연에 좌우된다고 여길 수 있다. 예컨대 갈릴리의 한 무지한 목수가 2천여 년 동안 전지전능한 신이 될 수 있었고, 그의 이름으로 중요한 문명들이 건설된 것은 도저히 있을 법하지 않은 사건이 된다. 또 사막의 소수 아랍 부족이 고대 그리스·로마의 영토 대부분을 정복하고, 알렉산드로스 대왕보다 더 큰 제국을 세운 것도 있을 법하지 않은 사건이 되고 만다. 역사가 길고 철저한 계급 사회였던 유럽에서 무명의 포병 장교가 많은 민족과 군주를 지배한 것도 있을 법하지 않은 사건이 된다.

그러니 이성은 철학자에게 맡기고, 인간을 다스리는 데 이성이 지나치게 개입하도록 하지는 말자. 지금까지 모든 문명을 일으킨 주된 원천이었던 명예와 희생정신, 신앙, 영예, 조국애 같은 감정은 이성에 비례하지 않으며 오히려 이성의 뜻에 반해 생겨난 것이었다.

3장

군중의 지도자와 그들의 설득 수단

1. 군중의 지도자

군중의 일원인 개인은 본능적으로 지도자에게 복종하려는 욕구가 있다 — 지도자의 심리 — 지도자만이 군중에게 믿음을 주고 군중을 조직할 수 있다 — 지도자의 불가피한 독재 — 지도자의 유형별 분류 — 의지의 역할

2. 지도자의 행동 방법

확언, 반복, 전염 — 이 방법의 역할 — 전염은 어떻게 사회의 하위계층에서 상위계층으로 확산되는가 — 군중의 의견은 곧 전체 여론이 된다

3. 위신

위신의 정의와 분류 — 획득한 위신과 개인의 위신 — 다양한

사례 — 위신은 어떻게 사라지는가

이제 우리는 군중의 정신 구조를 알았고, 군중의 정신에 깊은 인상을 줄 수 있는 동기가 무엇인지도 이해하게 되었다. 남은 과제는 그 동기를 어떻게 적용하고, 누가 유용하게 사용할 수 있는지 살펴보는 것이다.

1. 군중의 지도자

동물이든 인간이든 상당수의 살아 있는 존재가 모이면 그들은 본능에 따라 우두머리의 권위 아래로 들어간다.

인간 군중의 경우, 실제 우두머리는 대체로 앞장서는 사람에 불과하지만, 그는 그런 위치에서도 중요한 역할을 한다. 그의 의지를 중심으로 군중의 의견이 형성되고 하나가 된다. 지도자는 이질적인 개인들로 이루어진 군중을 조직하는 제1요인이고, 그들이 여러 파벌로 조직되도록 디딤돌을 놓는다. 그때까지 지도자가 군중을 이끈다. 군중은 주인 없이는 아무것도 하지 못하는 노예 무리와 다를 바 없다.

군중의 지도자도 처음에는 지도를 받는 군중의 일원으로 시작하는 경우가 대부분이다. 그는 어떤 사상에 정신을 빼앗긴 후 사상의 신봉자가 된다. 그 사상에 사로잡혀 거기에만 몰두하고 상반되는 의견은 모두 오류나 미신으로 여긴다. 예컨대 로베스피에르는 루소[프랑스의 철학자이자 교육학자이며 음악가 겸 음악 평론가인

장 자크 루소(Jean Jacques Rousseau, 1712-1778)]의 철학에 흠뻑 빠진 나머지 그의 사상을 널리 알리려고 종교재판에서 사용한 폭력적인 방법을 동원했다.

군중의 지도자는 대부분 사상가가 아니라 행동가다. 미래를 내다보는 혜안이 없고, 앞으로 갖출 가능성도 무척 낮다. 혜안은 대부분 의심과 신중함으로 이어지기 때문이다. 그들 중에는 병적으로 신경증 환자나 성마른 사람, 광기가 폭발할 지경에 다다른 반쯤 미친 사람이 많다. 그들이 옹호하는 사상이나 추구하는 목적이 아무리 불합리하더라도 그들의 확신 앞에서는 이성적 추론이 힘을 잃는다. 경멸과 학대를 받아도 그들은 아랑곳하지 않고 오히려 더욱더 흥분할 뿐이다. 그들은 개인과 가족의 이익 등 모든 것을 희생할 수 있다. 자기보존 본능마저 완전히 말살시킨 그들이 바라는 유일한 보상은 순교자가 되는 것이다. 그들이 품고 있는 강력한 신념이 그들의 발언에 암시적인 힘을 부여한다. 군중은 자신들에게 감동을 주는 강력한 의지를 지닌 사람의 말에 항상 귀 기울일 준비가 되어 있다. 군중으로 모인 개인은 의지력을 완전히 상실한 채, 자신이 잃어버린 의지력을 여전히 갖고 있는 사람에게 본능적으로 의지한다.

민족에게 지도자가 부재했던 적은 없다. 그러나 모든 지도자가 추종자를 거느릴 만큼 강력한 확신에 불타는 것은 아니다. 오히려 말재주를 부리며 개인의 이익만을 추구하고 저급한 본능을 부추기며 군중을 설득하려는 웅변가에 불과한 경우가 많다. 그래서 그들이 미치는 영향은 상당하지만 항상 일시적으로 끝난다. 군중의 영혼을 뒤흔들어놓았던 위대한 신념가들, 예컨대 은둔자 피에르, 루터, 사보나롤라 등을 추종한 사람들, 프랑스 대혁명을 일으킨 사람들은 먼저 스스로 어떤 확신에 사로잡힌 뒤 군중의 마음을 사로잡을 수 있었다. 그제야 그들은 '신념'이라는 강력한 힘을 군중의 영혼에 심어줄 수 있는데, 그런 신념은 인간을 그가 꾸는 꿈의 완전한 노예로 만든다.

종교적 신념이든, 정치적 신념이든, 사회적 신념이든, 일에 대한 신념이든, 사람에 대한 신념이든, 사상에 대한 신념이든 신앙에 가까운 믿음을 불러일으키는 것이 위대한 지도자의 역할이었다. 그래서 지도자의 영향력은 항상 막강하다. 인간은 많은 힘을 지니고 있지만, 그중에서 가장 강력한 것은 신념이다. 복음서가 믿음에 산을 옮길 만한 힘이 있다고 말한 이유도 여기에 있다. 사람에게 믿음을 부여하면 그의 힘이 열 배는 더 커진다. 역사적으로 위대한 사건은 자신에 대한 강력한 믿음 말고는 내세울 것 없는 무명의 신념가에 의해 일어났다. 세계를 지배한 거대 종교를 세우고 지구 반대편까지 광대한 제국을 건설한 사람은 학자나 철학자가 아니었고 회의론자는 더더욱 아니었다.

지금 인용한 사례에는 항상 위대한 지도자가 있었다. 그러나 이런 지도자는 매우 드물어 역사에서 쉽게 그 수를 헤아릴 수 있을 정도다. 강력한 지도자부터 시작해, 담배연기 자욱한 선술집에서 자신도 제대로 이해하지 못하는 경구를 쉴 새 없이 떠벌리고 이대로만 한다면 모든 꿈과 소망을 틀림없이 이룰 수 있다고 주장하며 동료들의 마음을 서서히 사로잡는 노동자에 이르기까지, 모든 유형의 최고 지점에는 항상 이런 지도자가 있다.

사회의 최상층에서 최하층에 이르는 모든 계층에서 개인이 독립된 상태를 벗어나면 곧 어떤 지도자의 영향 아래로 들어간다. 사람들은 자신의 전문 분야가 아닌 문제에 대해 대부분 합리적이고 명확한 의견을 내놓지 못한다. 특히 군중 속에 있을 때 그렇다. 혼자 책임 있게 행동하지 못한다. 그들에게는 인도자 역할을 할 지도자가 필요하다. 부득이한 경우에는, 충분하지 않더라도, 독자를 위해 여론을 조성하고 이성적 추론이 필요 없는 상투적 경구를 제공하는 정기간행물이 인도자 역할을 대신할 수 있다.

지도자는 독재적인 권위를 행사하며, 그래야 권위를 인정받는다. 앞에서 몇 번이고 말했듯이 지도자가 자신의 권위를 뒷받침할 만한 수단이 전혀 없더라도 거칠기 짝이 없는 노동자들에게 복종을 이끌어내기는 무척 쉽다. 예컨대 노동 시간과 임금 인상률을 정하고, 파업 여부를 결정하며, 파업을 정한 시간에 시작해서 끝내도록 하면 된다.

오늘날 공권력이 도전받고 약해짐에 따라 점점 군중 지도자가 공권력을 대신하는 추세다. 군중은 정부에 복종할 때보다 새 지배자들의 독재적 횡포를 더욱 순순히 따른다. 어떤 사고로 지도자가 사라지고 즉시 새 지도자로 대체되지 않으면 군중은 응집력도 저항력도 없는 집단으로 되돌아간다. 예컨대 파리의 승합마차

마부들이 파업을 벌였을 때, 그들을 이끌던 지도자 두 사람을 체포하자마자 파업은 즉시 중단되었다. 결국 군중의 영혼을 지배하는 것은 자유를 향한 욕구가 아니라 예속에서 벗어나지 않으려는 욕구다. 군중은 예속된 상태를 갈망하기 때문에 지도자를 자처하는 사람에게 본능적으로 순응한다.

군중의 지도자는 두 부류로 명확히 구분할 수 있다. 하나는 역동적이고 강하지만 일시적인 의지를 가진 부류이고, 다른 하나는 강하면서도 지속적인 의지를 가진 부류다. 물론 두 번째 부류에 속한 지도자가 첫 번째보다 훨씬 드물다. 첫 번째 부류는 난폭하고 용감하며 대담해서 기습 공격을 주도하고, 위험을 무릅쓴 채 군중을 이끌 뿐 아니라 신병을 영웅으로 만드는 데 뛰어나다. 제1제정 시대의 네[나폴레옹이 처음 임명한 18명의 프랑스 육군원수 중 한 명인 미셀 네(Michel Ney, 1769-1815)]와 뮈라[나폴레옹의 최측근 중 한 명으로 나폴레옹과 친인척이었으며, 나폴리 왕국의 국왕으로 재임했던 조아킴 뮈라(Joachim Murat, 1767-1815)]가 이 부류에 속한 지도자였다. 우리 시대의 사례로는 가리발디[이탈리아 통일의 영웅이자 혁명가, 군인, 정치가인 주세페 가리발디(Giuseppe Garibaldi, 1807-1882)]가 있다. 가리발디는 특별한 재능은 없지만 잘 훈련된 군대가 지키던 나폴리 왕국을 소수 병력으로 점령할 만큼 정력적이고 모험심 많은 지도자였다.

그러나 이런 부류의 지도자는 아무리 강력한 힘을 가졌더라도 그 힘이 일시적이어서 힘을 일으킨 자극보다 역동적인 상태를 오래 지속하지 못한다. 내가 앞서 언급한 지도자들처럼 강력한 힘을 발휘한 영웅들도 일상으로 돌아가면 놀랄 만큼 유약한 면을 보인다. 혼란스러운 상황에서 다른 사람들을 능숙하게 이끌던 사람이 단순한 상황에서 제대로 생각하거나 처신하지 못하는 것이다. 그들은 누군가에게 지도를 받고 끊임없이 자극을 받는 조건, 즉 그들보다 우월한 사람 또는 사상이 있어 명확히 규정된 행동 지침을 따르는 조건에서만 능력을 발휘하는 부류의 지도자다.

한편 두 번째 부류의 지도자, 즉 지속적인 의지를 가진 지도자는 화려하지는 않아도 훨씬 큰 영향력을 갖는다. 이런 유형의 지도자로는 종교를 창시하거나 위대한 업적을 남긴 사람들, 예컨대 사도 바울, 마호메트, 크리스토퍼 콜럼버스, 수에즈 운하를 계획하고 건설한 레셉스[페르디낭 마리 드 레셉스(Ferdinand Marie de Lesseps, 1805-1894)]가 있다. 그들이 지적인지 아니면 편협한지는 크게 중요하지 않다. 결국에는 세상이 그들 편이기 때문이다. 그들의 집요하고 지속적인 의지는 다른 사람에게서 찾아보기 어렵고, 무엇보다 모든 것을 구부러뜨릴 정도로 강력하다. 그 강력하고 지속적인 의지가 무엇을 해낼 수 있을지는 아무도 정확히 모른다. 자연도, 신도, 인간도 그런 의지를 꺾지 못한다.

강력하고 지속적인 의지로 무슨 일을 할 수 있는지 보여준 최근의 인물은 바로 세계를 둘로 갈라놓은 레셉스다. 그는 지난 3천 년 동안 위대한 군주들이 시도했지만 실패한 과업[수에즈 운하 건설]을 성취해냈다. 나중에 그는 비슷한 사업[파나마 운하 건설]을

1869년 11월 17일 수에즈 운하 개통을 그린 잡지 삽화(1869년)

이집트의 동북부의 수에즈 운하는 지중해와 홍해를 잇는 수평식 운하로 아시아와 유럽을 연결하는 최단 항로다.

추진했지만 실패하고 말았다. 결국 그에게도 노년이 찾아왔고 나이 앞에서는 의지를 비롯해 모든 것이 사그라들고 말았다.

의지만으로 해낼 수 있는 일이 무엇인지 보여주고자 한다면, 수에즈 운하를 파기 위해 극복해야 했던 난관의 역사를 자세히 소개하는 것으로 충분하다고 본다. 당시 현장을 직접 목격한 의사 카잘리스는 레셉스가 직접 들려준 위대한 사업의 전말을 다음과 같이 명료하게 요약했다. "그는 날짜까지 정확히 기억하는 일화들을 차례로 언급하면서 운하에 관해 굉장한 이야기를 들려주었다. 그가 극복해야 했던 난관, 불가능을 가능으로 바꾼 일, 온갖

군중심리

반대와 음모, 좌절과 불운, 실패에 대해 말하면서도 그는 결코 낙담하거나 포기하지 않았다고 덧붙였다. 영국은 끊임없이 그를 비방하며 공격했고, 이집트와 프랑스는 우유부단하게 머뭇거렸으며, 프랑스 영사는 공사 초기 단계부터 다른 누구보다 심하게 반대했고, 특히 식수를 공급하지 않음으로써 노동자들이 갈증에 지쳐 공사를 거부하게 만들려는 시도까지 했다고 회상했다. 해군성과 토목 기술자 등 경험과 학식을 겸비한 이들은 당연히 운하 건설을 반대하며 과학적 지식을 토대로 마치 개기일식을 예측하듯이 모월 모일 모시에 재난이 일어날 것이라고 장담했다."

이런 위대한 지도자의 삶을 이야기하는 책에는 많은 이름이 담기지는 않을 것이다. 그러나 그 이름들은 모든 문명과 역사에서 가장 중요한 사건들과 밀접한 관계가 있다.

2. 지도자의 행동 방법: 확언, 반복, 전염

군중을 자극해 곧바로 어떤 행동을 취하게 하려면, 예컨대 왕궁을 약탈하거나 목숨을 걸고 진지 또는 바리케이드를 지키게 하려면 신속한 암시로 군중에게 영향을 주어야 한다. 암시를 할 때는 사례를 제시하는 것이 가장 효과적이다. 이런 목적을 달성하려면 군중이 어떤 상황에 놓였을 때 암시를 받을 준비가 되어 있어야 하고, 특히 군중을 이끄는 지도자는 내가 뒤에서 '위신'이라고 부르는 자질을 갖추어야 한다.

그러나 현대의 사회주의 이론 같은 사상이나 신념을 군중의 머릿속에 심어주어야 할 때, 지도자마다 사용하는 방법이 다르다. 그들은 가장 확실한 세 가지 방법, 즉 확언과 반복과 전염을 즐겨 쓴다. 이 방법들은 상당히 느리게 영향을 주지만, 일단 효과가 나타나면 아주 오래 지속된다.

이성적 추론과 증거가 완전히 배제된 순전한 확언은 군중의 머릿속에 특정 사상을 심는 가장 확실한 방법 중 하나다. 확언이 간결할수록 증거와 증명이 들어설 틈은 줄어들지만 권위는 오히려 커진다. 모든 시대의 경전과 법전은 항상 간결한 확언으로 쓰였다. 정치적 대의를 옹호해야 하는 정치인과 광고로 많은 상품을 팔아야 하는 기업인은 확언의 중요성을 잘 알고 있다.

하지만 확언은 끊임없이 반복되는 경우에만 실제로 영향력을 갖는다. 그것도 가능하면 같은 표현으로 반복해야 한다. 나폴레옹은 정말 중요한 수사법은 오직 반복이라고 말했다. 확언된 것은 반복으로 군중의 머릿속에 뿌리내리고, 군중은 그것을 결국 증명된 진실로 받아들인다.

반복이 이성적인 사람들에게도 강력한 영향을 미친다는 걸 고려하면 군중에게 어떤 영향을 미칠는지는 짐작하고도 남는다. 반복되는 이야기는 우리 행동의 동기가 생성되는 무의식 깊은 곳에 자리를 잡는데, 반복의 힘은 여기서 비롯된다. 상당한 시간이 지나면 우리는 누가 그런 확언을 반복했는지 잊어버리고 결국 그 확언을 믿게 된다. 광고의 놀라운 힘도 여기서 비롯된다. X 상표의 초콜릿이 최고라는 광고를 백 번, 천 번 반복해서 읽다 보면 어디를 가든 그 광고가 들리는 듯하고, 결국에는 그 말이 사실이라고 확신하게 된다. 다른 예로 Y 상표의 밀가루가 고질병에 특효약이라는 광고를 천 번 정도 읽었다고 치자. 그럴 경우 우리도 언젠가 같은 병에 걸리면 그 밀가루를 치료제로 써보고 싶은 마음이 들기 마련이다. 또 A는 지독한 불한당이고, B는 정직하기 이를 데 없는 사람이란 기사를 같은 신문에서 항상 읽는다면, 두 인물을 정반대로 평가하는 다른 신문을 읽지 않는 한 그 기사가 진실이라고 믿게 될 것이다. 확언과 반복은 군중에게 강력한 영향력을 발휘하며, 둘은 우열을 가리기 어렵다.

　확언이 충분히 반복되고 그 과정에서 의견이 일치될 때, 이른바 여론의 흐름이 형성되면 전염이란 강력한 메커니즘이 개입한다. 경쟁 기업을 모두 합병할 수 있을 만큼 돈이 많은 유명 금융 기업에서 실제로 이런 현상이 일어났다. 사상과 감정, 정서, 신념은 군중 안에서 병원균만큼이나 강력한 힘으로 다른 사람에게 전염된다. 이런 현상은 무척 자연스러운 것이라서 무리를 이룬 동물의 세계에서도 찾아볼 수 있다. 마구간의 말 한 마리가 못된 짓을 습관적으로 반복하면 나머지 말들도 금세 흉내를 낸다. 몇몇 양이 두려움에 사로잡혀 무질서하게 행동하면 혼란이 양 떼 전체로 확산된다. 인간도 모든 감정은 군중 사이에 신속히 전염된다. 그런 이유로 별안간 공포에 사로잡히는 것이다. 광기 같은 정신장애도 전염성을 띤다. 정신병 전문의가 정신이상에 시달릴 확률이 높다는 건 널리 알려진 사실이다. 최근에는 광장공포증을 비롯해 다양한 형태의 광기가 인간에게서 동물에게로 전염된다는 연구 결과가 인용되기도 했다.

여러 사람이 같은 시간, 같은 장소에 있어야만 전염이 되는 것은 아니다. 모든 사람의 생각을 한 방향으로 향하게 하고 군중의 고유한 특성을 부여하는 사건에 영향을 받으면 먼 거리에서도 전염될 수 있다. 특히 내가 앞에서 언급한 간접 요인들에 군중의 정신이 영향을 받으면 전염은 더욱 멀리까지 확산된다. 1848년 2월 파리에서 시작된 혁명의 불길이 유럽 전역으로 급속히 퍼지며 여러 왕정을 뒤흔들어놓은 것이 대표적인 예다.

사람들은 모방이 사회현상에 큰 영향을 끼친다고 생각하지만, 엄격히 말해 그것은 전염의 결과다. 모방의 영향에 관해서는 다른 책에서 다루었기 때문에, 여기서는 내가 이미 15년 전에 말했고, 이후로 많은 저자가 최근까지의 저작에서 자세히 설명한 글을 재인용하는 것으로 만족하려 한다.

동물과 마찬가지로 인간도 모방하는 성향을 타고났다. 인간에게 모방이란 하나의 욕구다. 물론 따라 하기가 아주 쉬워야 한다는 조건이 붙는다. 모방 욕구 때문에 이른바 '유행'이란 것의 영향력이 더욱 강해진다. 여론이든, 사상이든, 문학 운동이든, 혹은 단순한 이상이든 얼마나 많은 사람이 그 영향을 거스를 수 있을까? 군중을 이끄는 수단은 이성적 논증이 아니라 본보기다. 어느 시대에나 대중에게 지대한 영향을 끼치는 소수의 개인이 있고, 대중은 무의식적으로 그들을 모방한다. 하지만 개개인이 기존 관념에서 너무 많이 벗어나도 안 된다. 그러면 모방하기가 무척 어려워질 것이고, 그 결과 그들의 영향력도 사라지기 때문이다. 그래서 시대를 지나치게 앞서간 사람은 대체로 그 시대에 아무런 영향을 미치지 못한다. 예컨대 유럽인이 유럽 문명의 온갖 이점을 가졌음에도 동양인에게 별다른 영향을 미치지 못한 이유가 바로 이것이다. 유럽인과 동양인은 달라도 너무 달랐다.

과거와 상호모방이란 이중 요인 때문에 결국 같은 국가에서 같은 시대를 살아가는 모든 사람이 비슷해진다. 그런 영향에서 벗어났을 법한 사람들, 예컨대 철학자, 학자, 문학가의 경우에도 생각과 글쓰기 방식이 너무 비슷해서 그들이 어느 시대에 속해 있는지 금세 파악할 수 있을 정도다. 그래서 어떤 사람과 오랫동안 이야기를 나누지 않아도 그가 무슨 책을 읽고 있는지, 직업이 무엇인지, 어떤 환경에서 살아가는지 알 수 있다.[16]

전염은 그 힘이 무척 강력해서 개인에게 특정한 의견뿐 아니라 감정까지 받아들이도록 강요한다. 발표 당시에는 대수롭지 않

---

16 귀스타브 르 봉, 『인간과 사회』, 제2권, p. 116. 1881.

게 여겨진 작품을 수년 후에는, 과거에 누구보다 앞장서서 비판했던 사람들까지 나서서 칭찬하는 경우가 비일비재하다. 예컨대 《탄호이저》[독일의 바그너가 작곡한 오페라]가 그랬다. 이런 현상의 원인도 결국 전염이다.

군중의 의견과 신념은 이성적 추론이 아니라 전염으로 퍼져나간다. 현재 노동자들이 가지고 있는 개념은 확언과 반복, 전염을 통해 견고해진다. 어느 시대에나 군중의 신념은 거의 이런 식으로 형성되었다. 르낭[프랑스의 언어학자, 철학자, 종교사가인 에르네스트 르낭(Ernest Renan, 1823-1892)]은 기독교를 세운 사람들을 가리켜 "선술집을 돌아다니며 자신들의 사상을 퍼뜨리는 사회주의 노동자들"이라 했고 이는 적확한 비유였다. 볼테르는 오래전 기독교에 대해서 이렇게 지적했다. "100년이 넘도록 가장 비천한 하층민들만 기독교를 받아들였다."

방금 인용한 것과 유사한 사례들에서 보듯이 전염은 민중계급에서 확산된 다음 사회의 상위계층으로 올라간다. 요즘 사회주의 이념의 확산에서 이런 현상이 눈에 띈다. 요컨대 사회주의의 첫 희생자가 될지도 모를 사람들이 사회주의 이념을 받아들이기 시작했다. 전염 메커니즘은 워낙 강력해서 한번 전염되면 개인의 이익조차 고려하지 않게 된다.

민중 사이에서 우세해진 여론이 설령 그 자체에 부조리한 면이 있더라도 상위계층에 매우 강력하게 이식되는 이유가 여기 있다. 군중의 신념은 상대적으로 상위 사상에서 기원하기 때문에 하위계층이 이처럼 상위계층에 영향을 미친다는 점이 흥미롭게 느껴진다. 더구나 그 상위 사상은 군중의 신념이 생겨난 환경에 별 영향을 미치지도 않는 것이었다. 그런 사상에 사로잡힌 군중 지도자들은 그것을 독점하고 왜곡하여 파벌을 만들며, 그 파벌은 다시 그 사상을 왜곡해서 군중에게 퍼뜨린다. 그러면 군중은 그 사상을 받아들이고 더 많이 왜곡한다.

이렇게 군중의 진실이 된 사상은 이른바 그 근원지로 거슬러 올라가 사회의 상위계층에 영향을 미친다. 결국 세계를 이끌고 가는 것은 인간의 지성이다. 그러나 지성은 너무 멀리서부터 세계를 끌고 간다. 사상을 만들어낸 철학자가 흙으로 돌아가고 오랜 세월이 지난 후에야 그 사상이 내가 방금 설명했던 장구한 과정을 거쳐 승리를 거두게 된다는 뜻이다.

3. 위신

확언과 반복, 전염을 통해 확산된 사상은 결국 '위신'이라는 신비한 힘을 얻어서 강력해진다. 세계를 지배하는 사상이든 인간이든 지금까지 모든 지배자는 '위신'이라는 단어에 담긴 거역할 수 없는 힘을 기반으로 권위를 인정받았다.

우리는 그 단어의 의미를 알지만, 단어의 쓰임이 워낙 다양해서 뜻을 정의하기가 쉽지 않다. 위신에는 감탄이나 두려움 같은 감정이 포함될 수 있다. 그래서 간혹 그런 감정이 위신의 근거가 되기도 하지만, 위신은 그것 없이도 완벽하게 존재할 수 있다. 예컨대 알렉산드로스와 카이사르, 마호메트, 석가모니는 최고의 위신을 지녔지만 이미 죽은 사람들이므로 우리는 그들을 두려워하지 않는다. 한편 인도의 지하 신전을 장식하고 있는 괴기스러운 신상들처럼 우리가 감탄하지는 않지만 상당한 위신을 지닌 존재들이 있다.

엄격히 말해, 위신은 어떤 개인이나 작품 혹은 사상이 우리 정신에 작용하는 일종의 지배력이다. 위신이라는 지배력이 우리의 비판 능력을 마비시키고 우리 정신을 감동과 존경심으로 채운다. 모든 감정이 그렇듯 그런 감정이 생긴 이유를 설명하기는 어렵지만, 그것은 최면에 걸린 사람이 겪는 황홀감과 같은 종류임이 분명하다. 위신에서 가장 강력한 지배력이 나온다. 위신이 없다면 신도, 왕도, 여성도 결코 군림하지 못할 것이다.

위신에는 다양한 유형이 있지만 크게 '획득한 위신'과 '타고난 위신'으로 나눌 수 있다. 획득한 위신은 이름과 재산과 명성이 부여한다. 이것은 타고난 위신과 무관할 수 있다. 반면에 타고난 위신은 명예 혹은 재산 같은 것과 공존하거나 그것들에 의해 강화될 수도 있지만, 그것들 없이도 완벽하게 존재할 수 있다.

우리는 획득한 위신, 즉 인위적인 위신을 훨씬 많이 접한다. 높은 지위에 오르거나 상당한 재산을 소유하거나 작위를 받으면 개인의 가치가 보잘것없더라도 위신을 얻는다. 제복을 입은 군인, 법복을 입은 판사는 항상 위신을 누린다. 그래서 파스칼은 판사에게 법복과 가발이 필요하다고 말했고, 이는 매우 적확한 지적이었다. 판사가 법복과 가발을 착용하지 않으면 그들의 권위가 4분의 3은 줄어들 것이다. 아무리 완고한 사회주의자라도 군주나 후작 앞에서는 움찔하면서 온순해진다. 그런 직위에 있으면 장사꾼에게 원하는 걸 빼내기도 쉽다.[17]

내가 지금까지 말한 위신은 사람이 행사하는 것이다. 그런데 여론이나 문학작품, 예술품 등도 위신을 행사할 수 있다. 이런 위신은 대부분 반복적으로 축적된 결과에 불과하다. 역사, 특히 문학이나 예술의 역사는 진실 여부를 아무도 검증하지 않으려 하는 동일한 판단의 반복에 불과한 터라 결국 모두가 학교에서 배운 내용을 그대로 반복한다. 그리하여 누구도 감히 손댈 수 없는 이름

---

17 작위와 훈장과 제복이 군중에게 미치는 영향은 모든 나라에서 확인할 수 있다. 심지어 개인의 독립심이 가장 발달한 나라에서도 목격할 수 있다. 이런 맥락에서 한 여행자가 최근 영국의 일부 저명인사들이 누리는 위신에 대해 쓴 구절을 인용해보겠다. "상대적으로 합리적인 영국인도 귀족을 보거나 직접 만나면 뭔가에 취한 듯이 독특한 반응을 보이는 걸 여러 상황에서 목격했다. 그 귀족이 신분을 뒷받침하는 재력까지 있다면 영국인들은 그를 더욱 사랑하고, 마법에라도 걸린 듯이 그와 관련된 모든 일을 참고 견딘다. 그가 가까이 다가오면 얼굴을 붉히고, 행여 말이라도 걸어주면 기쁨을 참느라 얼굴이 더욱 붉어지면서 두 눈이 평소와 다르게 유난히 반짝인다. 스페인 사람이 선천적으로 춤을 좋아하고, 독일 사람이 음악을 좋아하며, 프랑스 사람이 혁명적 기질을 타고났다면, 영국인의 피에는 귀족에 대한 선망이 있는 듯하다. 말(馬)이나 셰익스피어를 향한 열정도 귀족을 향한 애착만큼 열렬하지 않고, 거기서 느끼는 만족감이나 자부심도 그 정도로 중요하지는 않다. 귀족 계급에 관한 책이 상당히 많이 판매되고, 어디서든 모든 사람의 손에 그 책이 성경처럼 들려 있다."

과 사건을 나열한다. 현대의 독자가 호메로스의 작품을 읽으려면 지겹기가 이를 데 없을 것이다. 그러나 누가 감히 그렇게 말할 수 있겠는가? 오늘날 파르테논 신전은 폐허와 다를 바가 없어 아무런 흥미를 일으키지 못한다. 그러나 엄청난 위신이 부여된 까닭에 우리 눈에 그것은 실제 모습이 아니라 역사적 기억이 더해진 모습으로 보인다. 사물을 있는 그대로 보지 못하게 하고 우리의 모든 판단력을 마비시키는 것이 위신의 속성이다. 군중에게는 항상, 개인에게는 대체로 모든 주제에 대한 기존의 의견이 필요하다. 이런 의견의 성공 여부는 그것이 맞느냐 혹은 틀리느냐와 무관하다. 다만 그 위신에 따라 달라진다.

이제부터는 타고난 위신에 대해 알아보자. 타고난 위신은 인위적 위신, 즉 지금까지 다룬 '획득한 위신'과는 본질상 다르다. 타고난 위신은 소수만이 가진 능력으로서 어떤 직위나 권위와 무관하고, 비록 주변 사람들을 지배할 만한 수단이 없더라도 그들을 자석처럼 끌어당기는 매력을 발산한다. 타고난 위신을 지닌 사람은 주변 사람들이 그의 사상과 감정을 인정하게 만들고, 맹수가 조련사에게 순종하듯이 그의 말을 고분고분 따른다.

석가모니와 예수, 마호메트, 잔 다르크, 나폴레옹 같은 군중의 위대한 지도자는 이런 유형의 위신을 타고났으며, 덕분에 세상에서 인정받을 수 있었다. 신과 영웅과 교리는 사람들에게 인정을 요구할 뿐 반론을 허용하지 않는다. 반론이 제기되어 논의하는 순간, 위신은 사라진다.

방금 인용했던 위대한 인물들은 유명해지기 훨씬 전부터 사람들을 매혹하는 힘이 있었고, 그런 힘이 없었다면 유명해지지도 못했을 것이다. 예컨대 나폴레옹은 권력의 정점에 올랐을 때, 그 자리에 있다는 사실만으로도 엄청난 위신을 누렸다. 그러나 아무런 권력도 없고 전혀 알려지지 않은 장교였을 때도 그런 위신을 이미 어느 정도 보여주었다. 예를 들어, 무명 장교 나폴레옹이 후원자의 도움을 받아 이탈리아 원정군의 총사령관으로 부임했을 때였다. 장군들은 총재정부[1795년부터 1799년 나폴레옹의 쿠데타가 일어나기까지 존재한 프랑스 정부]가 파견한 젊은 불청객을 맞이해야 하는 상황이 그리 달갑지 않았다. 그러나 첫 만남에서 별다른 대화를 나누지 않았고 특별한 몸짓이나 위협이 전혀 없었는데도 미래의 황제와 눈이 마주치자 그들은 온순한 양이 되었다. 역사학자 이폴리트 텐은 당시 사람들의 기억을 모아 나폴레옹과 장군들이 처음 만난 장면을 재밌게 전해주었다.

용맹하고 거친 군인으로 큰 키와 대담성을 자랑스럽게 여기는 오주로[샤를 피에르 프랑수아 오주로(Charles Pierre François Augereau, 1757-1816)] 장군을 비롯해 사단장들이 사령부에 도착했다. 그들은 파리에서 파견된 벼락출세한 애송이를 달가워하지 않았고 반감까지 품었다. 나폴레옹의 인사 기록을 읽어본 오주로 장군은 모욕감을 느꼈고 그의 지휘를 받고 싶지 않은 마음이 더 커졌다. 그 내용은 이랬다. "폴 바라스에게 총애를 받음, 방데미에르 반란［총재정부에 불만을 품은 왕당파가 일으킨 반란］을 진압함, 시가전에 능한 장군. 항상 혼자 사색하는 습관 때문에 곰처럼 보임, 볼품없는 외모, 수학자 또는 몽상가라는 평판." 사단장들이 사령부에 들어갔지만 나폴레옹은 한참이나 나타나지 않고 그들을 기다리게 했다. 마침내 그가 칼을 차고 군모를 쓴 채 나타나 병력 배치를 설명하고 지시를 내린 후 그들을 돌려보냈다. 그동안 오주로 장군은 한마디도 하지 못했다. 사령부 밖으로 나와서야 그는 정신을 차리고 평소처럼 욕설을 내뱉을 수 있었다. 그는 그 키 작고 볼품없는 장군에게 두려움을 느꼈다는 걸 인정했고, 옆에 있던 마세나［앙드레 마세나(André Masséna, 1758-1817)］도 그의 말에 동의했다. 오주로 장군은 왜 자기가 첫 만남부터 그에게 압도되었는지 도저히 알 수 없었다.

명성을 얻은 후 나폴레옹의 위신은 공적이 쌓이면서 더욱 높아졌고, 적어도 그를 신봉하는 자들에게는 신에 버금가는 경지까지 올랐다. 오주로보다 더 난폭하고 힘이 넘치던 방담［도미니크 방담(Dominique Vandamme, 1770-1830)］ 장군은 1815년의 어느 날 도르나노 원수와 함께 튀일리 궁전의 계단을 오르며 나폴레옹에 대해 이렇게 말했다.

장군님, 저는 그 괴물 같은 사내에게 꼼짝할 수 없습니다. 그 이유를 도무지 모르겠습니다. 저는 신도, 악마도 무섭지 않습니다. 그런데 그에게만 다가가면 어린아이처럼 온몸이 떨립니다. 그의 명령이라면 저는 바늘귀를 통과해 불구덩이에라도 뛰어들 겁니다.

나폴레옹은 주변 누구에게나 이런 매력을 발산하며 그들의 마음을 사로잡았다.[18]

다부[루이 다부(Louis Davout, 1770-1823)] 장군은 나폴레옹에 대한 자신과 마레[위그 베르나르 마레(Hugues-Bernard Maret, 1763-1839)]의 충성심을 비교하며 이렇게 말했다. "황제께서 우리 두 사람에게 '임무를 완수하려면 파리를 섬멸하면서 누구도 파리에서 빠져나가거나 도망치지 못하도록 하는 게 중요하다'라고 말씀하

---

18   자신의 매력을 충분히 인식하고 있던 나폴레옹은 주변의 저명인사를 마부보다 못하게 취급하면 자신의 위신을 더할 수 있다는 것도 알았다. 그들 중에는 유럽을 공포에 몰아넣었던 유명한 국민공회 의원들도 있었다. 이에 관한 일화는 아주 많다. 어느 날 나폴레옹은 최고행정재판소에서 자크 뷔뇨[Jacques Beugnot, 1761-1835]를 무지렁이 하인 다루듯이 거칠고 무례하게 대했다. 그런 방식이 효과가 있자 나폴레옹은 뷔뇨에게 다가가 소리쳤다. "멍청한 놈, 이제 정신을 차렸나?" 그러자 군악대장만큼이나 키가 큰 뷔뇨가 허리를 숙였고, 키 작은 나폴레옹은 손을 들어 그의 귀를 잡아당겼다. 뷔뇨는 그것이 "감격스럽게도 은혜를 베풀고 인간미 있는 친근함을 드러내는 주인의 행위"라고 썼다. 이런 사례들은 위신이 사람을 얼마나 비굴하게 만들 수 있는지 여실히 보여준다. 이를 통해 우리는 독재자가 왜 주변 사람들을 지독히 무시하며 그저 총알받이로 취급하는지 이해할 수 있다.

엘바섬에서 돌아온 나폴레옹(샤를 드 스투벵, 1818년)

1815년 2월 26일 엘바섬을 탈출한 나폴레옹은 3월 1일 칸에 도착했다. 루이 18세는 나폴레옹을 막기 위해 토벌군을 보냈지만 그들은 왕의 명령을 어기고 나폴레옹에게로 돌아섰다.

시면, 마레가 분명 비밀을 지킬 것이라고 믿는다. 하지만 그는 가족을 파리 밖으로 피신시키느라 비밀을 누설할 위험이 있다. 나라면 아내와 자식들을 파리에 남겨두겠지만."

　나폴레옹이 엘바섬에서 돌아온 경이로운 사건, 즉 그의 폭정에 지쳤을 법한 국가의 조직된 세력에 맞서 한 인간이 혼자 프랑스를 순식간에 재정복한 엄청난 사건을 이해하려면, 그의 매력에 내재한 놀라운 힘을 기억해야 한다. 나폴레옹은 자신을 찾아온 장군들을 물끄러미 바라보았을 뿐인데, 그를 생포하겠다고 맹세까지 한 장군들은 예외 없이 그에게 무릎을 꿇었다.

훗날 영국의 가넷 울슬리 장군은 이렇게 썼다. "나폴레옹은 그의 왕국이었던 작은 엘바섬에서 탈옥수처럼 빠져나와 거의 홀몸으로 프랑스에 상륙한 뒤, 피 한 방울 흘리지 않고 몇 주 만에, 당시 합법적 군주 치하에 있던 프랑스의 모든 권력 조직을 뒤엎었다. 이처럼 개인의 영향력을 놀랍게 보여준 사람이 또 있었던가? 그는 마지막 원정에 나서서 처음부터 끝까지 동맹국들에게 영향력을 행사하며 자신의 결정을 따르게 했고, 급기야 그들을 섬멸 직전까지 몰아가지 않았던가."

나폴레옹이 죽은 후에도 그의 위신은 지속되었으며 오히려 더 커졌다. 무명의 조카까지 프랑스 황제로 만들 정도였다. 오늘날 그의 전설이 부활하는 것을 보면 그가 남긴 그림자가 얼마나 짙은지 실감할 수 있다. 충분한 위신을 갖추고, 위신을 뒷받침하는 재능을 타고난 사람은 다른 사람들을 괴롭히고 수백만 명씩 학살하며 침략을 거듭하는 행위를 해도 용납되는 듯하다.

물론 여기서 내가 제시한 위신의 사례는 극히 예외적인 것이다. 그러나 세계적인 종교, 위대한 이념, 대제국의 탄생을 이해하는 데도 위신을 언급할 필요가 있다. 위신이 군중에게 아무런 영향도 미치지 않는다면, 그런 것들이 어떻게 탄생할 수 있었는지 이해하기 어려울 것이다.

그러나 위신이 꼭 개인의 영향력이라든지 군사적 영예, 종교적 두려움 때문에 생겨나는 것은 아니다. 상대적으로 평범한 것에서 기원했더라도 그 위신이 한층 더 클 수 있다. 현시대, 즉 19세기에서도 여러 사례를 찾을 수 있다. 후손들이 대대로 기억할 만한 가장 인상적인 사례로 레셉스의 이야기가 회자될 것이다. 그는 두 대륙을 갈라놓아 지구 표면과 국가 사이의 무역을 바꾼 장본인이다. 그에게는 엄청난 의지력뿐만 아니라 주변 사람들의 마음을 사로잡는 매력이 있었고 그는 이를 토대로 사업에 성공했다. 그가 반대하는 사람들 앞에 모습을 드러내기만 해도 그들의 목소리는 잠잠해졌다. 그는 길게 말하지도 않았다. 반대자들조차 그의 매력에 반해 친구가 되었다. 특히 영국인들이 그가 추진한 일에 극렬히 반대했다. 그러나 그가 영국에 나타나자 모두가 그의 계획에 찬성하는 쪽으로 돌아섰다. 훗날 그가 사우샘프턴을 지나갈 때는 종을 울리며 그를 환영했고, 지금 영국에서는 그의 동상을 세우려는 운동이 일어나고 있다. 사람이든 사물이든 모든 장애물을 극복하고 난 뒤, 그는 수에즈 운하를 건설할 때 겪은 어려움을 까맣게 잊은 듯 파나마에서 똑같은 일을 다시 시작하려 했다. 그때에도 똑같은 방법을 동원했다. 그러나 그는 이미 나이가 들었고, 산을 들어서 옮길 수 있다는 신념도 더 높은 산 앞에서 무너지고 말았다. 산들이 막아섰고, 연이은 재앙으로 그를 눈부시게 에워싸던 영광의 후광마저 사그라졌다. 그의 삶은 위신이 어떻게 커지고 사라질 수 있는가를 가르쳐준다. 한때 인류의 역사를 수놓은 유명한 인물들만큼이나 위대하다는 평가를 받았지만 조국의 판사들은 그를 비열한 범죄자로 낙인찍었다. 그가 죽은 뒤 그의 관은 무심한 군중 사이를 외롭게 지나가야 했다. 외국의 군주들만이 그를 인류의 역사에서 잊지 말아야 할 위대한 인물 중 한 명이라고 칭송하면서 그를 추모하고 그에게 경의를 표했다.[19]

---

19 오스트리아 빈에서 발행되는 잡지 『신자유 언론』에 레셉스의 운명을 다룬 기사가 실렸다. 심리학적으로 무척 타당하게 접근한 그 기사를 여기서 인용해보겠다.

"페르디낭 드 레셉스가 유죄 판결을 받은 후로는 우리가 크리스토퍼 콜럼버스의 서글픈 최후를 놀라워할 이유도 사라진 듯하다. 레셉스가 사기꾼이라면 세상의 모든 숭고한 환상은 범죄가 될 것이다. 고대인이라면 레셉스의 기념물에 영예의 관을 씌우고 올림포스 신전 한가운데서 신의 술을 대접했을 것이다. 그가 지구의 얼굴을 바꾸었고 신의 창조물을 완벽하게 다듬는 위업을 완수했기 때문이다. 고등법원 판사는 레셉스에게 유죄를 선고하여 역사에 이름을 남기게 되었다. 동시대 사람들에게 긍지를 더해주는 삶을 살아온 노인에게 죄수복을 입히기 위해 자신이 속한 시대의 품격을 떨어뜨리는 걸 마다하지 않은 자의 이름을 사람들이 계속 묻게 될 테니 말이다.

역경을 이겨낸 위대한 업적에 대해 관료들이 싫어하는 분야에서는 이제부터 불굴의 정의라는 말을 입에 올리지 마라. 국민에게는 개인의 안위를 따지지 않으며 자신을 믿고 모든 역경을 이겨내는 대담한 사람들이 필요하다. 세상에 영향을 미치려는 사람은 신중할 수 없다. 신중하면 활동 반경을 넓힐 수 없기 때문이다.

… 페르디낭 드 레셉스는 수에즈에서 승리의 환희를 누렸고 파나마에서는 좌절의 쓰라림을 겪어야 했다. 레셉스가 두 바다를 잇는 데 성공했을 때 군주들과 여러 국가가 그에게 경의를 표했다. 그러나 이번에 그는 거대한 바위산에 막혀 실패했으며 비열한 사기꾼이 되고 말았다. … 이번 판결에서는 사회계급 간의 투쟁이 엿보인다. 불만에 찬 관료들과 피고용인들은 앞서가려는 이들에게 형법으로 보복하고 … 현대의 입법자들은 천재들의 위대한 사상을 곤혹스러워하며, 대중은 그런 사상을 더욱더 이해하지 못한다. 그러니 스탠리는 살인자요, 레셉스는 사기꾼이라고 판결하는 것이 법관에게는 어려운 일도 아니다."

그러나 지금까지 언급한 여러 사례는 극단적인 경우다. 위신의 심리학을 세밀하게 정립하려면, 종교와 제국의 창시자부터 시작해 새 옷이나 장식물로 이웃의 마음을 사로잡으려는 평범한 개인에 이르기까지 스펙트럼의 양 끝 사이에서 위 사례들의 적절한 위치를 찾아야 할 것이다.

이 스펙트럼의 양 끝 사이에는 문명을 구성하는 다양한 요소들, 예컨대 과학과 예술, 문학 등과 관련된 온갖 형태의 위신이 놓일 수 있고, 위신이 설득에 가장 필요한 요소라는 것도 확인할 수 있을 것이다. 의식적이든 그렇지 않든 간에 위신을 지닌 사람과 사상은 전염을 통해 즉시 모방되며, 감각하고 생각하는 특정한 표현 방식을 한 세대 전체에 강요한다. 게다가 모방은 대부분 무의식적으로 이루어지고 이 때문에 점점 완벽해진다. 현대 화가들은 몇몇 원초주의[14-15세기 르네상스 직전의 화풍] 화가들의 흐릿한 색조와 경직된 자세를 다시 그려내고 있지만, 그런 영감을 어디서 받았는지는 잘 모른다. 그들은 자신이 성실히 고민해서 창조해낸 화풍이라 믿겠지만, 탁월한 대가가 그 화풍을 되살려내지 않았다면 지금도 사람들은 그 화풍이 유치하고 열등하다고 생각할 것이다. 또 다른 저명한 대가를 따르며 캔버스를 보랏빛 음영으로 채우는 화가들도 있다. 그들의 눈에 50년 전보다 더 많은 보랏빛이 자연에서 보이는 것은 아니지만, 이상하게 보이더라도 차마 무시할 수 없는 위신을 획득한 화가에게 개인적이고 특별한 인상과 영향을 받은 결과다. 문명의 모든 요소에서 이런 사례들을 쉽게 찾

군중심리

을 수 있다.

　따라서 위신이 탄생하는 데 많은 요인이 개입할 수 있음을 본다. 물론 시대를 불문하고 가장 중요한 요인 중 하나는 성공이다. 성공한 사람과 인정받은 사상은 그 사실 자체로 더는 반론이 제기되지 않는다. 성공이 위신의 주된 토대 중 하나라는 증거는 성공의 빛이 퇴색하면 뒤이어 위신도 사라진다는 것이다. 어제까지 군중에게 찬양받던 영웅도 실패하면 곧바로 야유를 받는다. 위신이 클수록 이런 반동은 더욱 크고 강력해질 것이다. 이렇게 영웅이 몰락하면 군중은 그를 자신들과 동등한 존재라 생각하며, 자신들이 이제는 인정하지 않는 우월함 앞에서 한때 고개를 숙였다는 사실에 복수한다. 로베스피에르는 동료들을 비롯해 동시대의 많은 프랑스인을 단두대에 세웠다[루이 16세의 처형에 찬성했던 로베스피에르는 이후 범죄자뿐만 아니라 자신에게 반대하는 사람들까지 무자비하게 단두대에서 처형했다]. 그때 그에게는 범접할 수 없는 위신이 있었다. 그러나 몇몇 지지자가 그에게 등을 돌리고 권력을 박탈하면서 그의 위신은 급전직하로 추락했고, 군중은 단두대로 향하는 그를 뒤쫓으며 전날까지 그의 희생자들에게 퍼부었던 저주를 그대로 그에게 쏟아냈다. 신도들이 예전에 섬기던 신들의 동상을 깨부수는 이유도 이런 분노에 있다.

　위신은 실패의 위협을 받으면 순식간에 사라진다. 위신은 이의 제기로도 퇴색되지만 그 속도가 느리다. 하지만 결과는 확실하다. 이의가 제기되는 순간부터 위신은 더 이상 위신이 아니다. 오

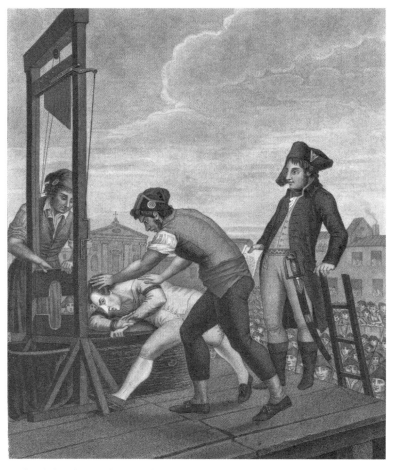

로베스피에르의 죽음(자코모 알리프란디, 1799년)

막시밀리앙 로베스피에르(1758~1794)는 프랑스 대혁명 때 자코뱅당의 지도자로 왕정을 폐지하고, 1793년 6월 독재 체제를 수립하여 공포 정치를 행했다. 결국 1794년 테르미도르의 쿠데타로 권력을 잃었고, 단두대에서 백성에게 조롱을 받으며 처형당했다.

군중심리

랫동안 위신을 누려온 신과 인간의 공통점이 있다면 결코 반론을 용납하지 않는다는 것이다. 군중에게 찬양을 받으려면 항상 그들과 일정한 거리를 두어야 한다.

4장

군중의 신념과 의견의 가변 한계

1. 불변의 신념

일반적 신념의 불변성 ― 신념이 문명의 방향을 결정한다 ―
신념을 뿌리 뽑기는 어렵다 ― 편협함은 어떤 점에서 민족에
게 미덕이 되는가 ― 철학적 부조리가 일반적 신념의 확산에
걸림돌이 되지는 않는다

2. 군중의 가변적 의견

일반적 신념에서 비롯되지 않은 의견의 극단적 유동성 ― 한
세기 안에 일어난 사상과 신념의 외적 변화 ― 이런 변화의
현실적 한계 ― 변화에 영향을 받는 요소들 ― 일반적 신념이
사라지고 언론이 대폭 확산하면서 오늘날 여론은 더욱 쉽게
변한다 ― 대부분의 주제에 대한 군중의 의견은 어떤 식으로

무관심에 가까워지는가 — 정부는 옛날처럼 여론을 원하는 방향으로 끌고 가지 못한다 — 오늘날 의견의 세분화가 독재를 막는다

1. 불변의 신념

생명체의 해부학적 특성과 심리학적 특성 사이에는 유사성이 있다. 해부학적 특성 중에는 전혀 변하지 않은 것이나 거의 변하지 않는 요소들이 있어 그것이 바뀌려면 지질시대처럼 장구한 시간이 필요하다. 이렇게 변하지 않는 고정된 것 외에 극단적으로 바뀌는 특성도 있다. 이런 특성들은 환경에 따라, 혹은 사육사와 원예가의 능력에 따라 쉽게 바뀌는데 관찰력이 좋지 않은 사람은 근본적인 특성을 알아보지 못할 정도로 변화한다.

도덕적 특성에서도 같은 현상을 볼 수 있다. 한 민족의 좀처럼 변하지 않는 심리적 요소들 옆에는 가변적이고 변덕스러운 요소들이 있기 마련이다. 그래서 어떤 민족의 신념과 의견을 연구해 보면, 바위를 뒤덮은 모래알처럼 유동적인 의견들이 확고히 고정된 토대를 뒤덮고 있음을 어김없이 확인할 수 있다.

따라서 군중의 신념과 의견은 두 부류로 뚜렷이 구분된다. 첫째 부류는 수 세기 동안 지속되고 문명 전체가 근거로 삼고 있는 원대한 신념이다. 예컨대 과거에는 봉건주의, 기독교 사상, 종교개혁 사상이 있었고, 오늘날에는 민족주의 원칙과 민주주의 사상, 사회주의 사상이 대표적이다. 둘째 부류는 일시적이고 유동적인

의견이다. 물론 이런 의견도 각 시대에 명멸하는 보편적 이해에서 파생한다. 예컨대 특정한 순간에 예술과 문학을 주도하는 이론들, 구체적으로 말해 낭만주의, 자연주의, 신비주의 등을 탄생시킨 이론들이 여기에 속한다. 이런 이론은 대체로 유행처럼 피상적이며 순식간에 변한다. 비유하자면 깊은 호수의 수면에 끊임없이 나타났다가 사라지는 잔물결과 같다.

일반화되는 원대한 신념은 수가 무척 적다. 모든 민족의 역사에서는 그런 신념들의 흥망성쇠가 하나의 정점을 형성하고 문명의 진정한 골격을 이룬다.

군중에게 일시적인 의견을 심기는 쉽지만 지속적인 신념을 심기는 어렵다. 또 지속적인 신념이 한번 심기면 제거하기가 몹시 어렵다. 대개는 폭력 혁명을 대가로 치러야 바꿀 수 있다. 신념이 군중의 영혼에 영향력을 거의 상실해야 혁명도 그런 힘을 발휘한다. 그때 혁명은 이미 거의 폐기되었지만 습관의 명에 때문에 완전히 없애지 못한 것을 최종적으로 쓸어버린다. 요컨대 혁명이 시작되면 신념은 종말을 향해 치닫는다.

원대한 신념에 죽음의 낙인이 찍히는 날이 언제인지는 쉽게 알 수 있다. 신념의 가치를 의심하기 시작하는 날이다. 모든 일반적 신념은 허구나 다름없어 의문을 제기하지 않는다는 조건에서만 존속된다.

그러나 어떤 신념이 크게 흔들리더라도 그 신념에서 잉태된 제도들은 본연의 힘을 유지하다가 서서히 사라진다. 마침내 신념이 그 힘을 완전히 상실하면 그동안 지탱해왔던 모든 것도 곧바로 무너진다. 지금까지 어떤 민족이든 신념이 바뀌는 즉시 그들의 문명을 구성하는 모든 요소도 바뀌었다.

민족은 모두가 받아들일 만큼 새롭고 일반적인 신념을 찾아낼 때까지 문명의 요소들을 바꿔간다. 그때까지 그들은 지독한 혼란기를 겪어야 한다. 일반적 신념은 사상의 방향을 결정한다는 점에서 문명을 떠받치는 기둥이다. 그것만이 믿음을 불러일으키고 의무감을 형성한다.

예부터 민족들은 일반적 신념을 획득하는 게 유익하다고 생각했고, 그런 신념이 사라지면 그들에게 몰락의 시간이 왔음을 본능적으로 알았다. 로마인들은 로마를 광적으로 숭배했고, 그것을 신념으로 삼아 세계의 지배자가 되었다. 그러나 그 신념이 사그라졌을 때 로마도 몰락의 길에 들어설 수밖에 없었다. 로마 문명을 파괴한 야만인들은 공통된 신념을 획득한 후에야 어느 정도 연대하며 혼란기에서 벗어날 수 있었다.

민족들이 항상 자신들의 확신을 편협할 정도로 지킨 데는 다 그럴 만한 이유가 있다. 이런 편협함은 철학적 관점에서는 비판받아야 마땅하지만 민족이 생존하려면 반드시 갖춰야 할 미덕이었다. 중세 시대에는 일반적 신념을 지키기 위해서 곳곳에 화형대가 세워졌고, 수많은 발명가와 혁신가가 고통스러운 죽음만 겨우 면한 채 절망 속에서 살아가야 했다. 일반적 신념을 지키기 위해 세계는 수없이 전복되었고, 무수히 많은 사람이 전쟁터에서 죽었으며, 앞으로도 죽어갈 것이다.

일반적 신념을 정립하는 데는 크나큰 어려움이 있다. 그러나 완전히 자리를 잡으면 오랫동안 무엇에도 꺾이지 않는 힘을 갖게 된다. 그 신념은 철학적으로 오류가 있더라도 가장 명석한 사람조차 받아들이게 만든다. 자세히 검토해보면, 유럽 민족들은 1,500년 전부터 몰록[고대 암몬족의 신]의 전설만큼이나 야만적인 종교 전설을 당연한 진실로 여기지 않았던가?[20] 피조물 하나가 자기가 말하는 명령을 따르지 않았다는 이유로 자기 아들에게 무시무시한 형벌을 내려 복수하는 신의 전설에 담긴 끔찍한 부조리를 오랫동안 아무도 인식하지 못했다. 갈릴레오, 뉴턴, 라이프니츠 같은 뛰어난 천재들도 그런 교리에 반론을 제기할 수 있다는 생각을 단 한순간도 하지 않았다. 이런 현상보다 일반적 신념의 강력한 최면 효과를 입증해주는 것이 없고, 인간 정신의 치욕스러운 한계를 잘 드러내는 것도 없다.

새로운 신념이 군중의 정신에 뿌리내리면 군중의 관습과 예술과 행위가 그 영향을 받아 변한다. 신념이 군중에게 미치는 지배력은 거의 절대적이다. 행동가들은 그 신념을 실천하려는 생각

---

20 철학적인 관점에서 '야만적'이라는 말이다. 실제로 그 '야만인'들은 완전히 새로운 문명을 세웠고, 꿈과 희망으로 가득한 낙원에 대한 환상을 사람들에게 1,500년 동안 지속해서 심어주었다. 인류는 그 낙원의 존재를 더는 믿지 않을 것이다.

에 여념이 없고, 입법자들은 그것을 적용하려고만 하며, 철학자와 예술가와 작가는 그것을 다양한 형태로 표현하는 데만 열중한다.

기본적인 신념에서 일시적이고 부수적인 사상이 생겨날 수 있지만 그런 사상조차 출발점인 신념의 흔적을 띠기 마련이다. 이집트 문명, 중세의 유럽 문명, 아랍의 이슬람 문명은 극소수의 종교적 신념의 산물이고, 그 신념은 이들 문명의 지극히 작은 요소에도 흔적을 남겼기 때문에 우리는 그것을 즉시 알아볼 수 있다.

이처럼 일반적 신념으로 인해 각 시대 사람들은 전통과 의견, 관습이란 울타리에 에워싸이고, 그 울타리를 벗어나지 못해 서로 비슷해진다. 특히 우리는 신념과 그 신념에서 파생된 관습에 지배를 받는다. 신념과 관습은 우리 삶의 지극히 사소한 행동까지 지배하기 때문에 독립심이 강한 사람도 그 영향에서 벗어날 생각을 하지 못한다. 우리 정신에 무의식적으로 발휘되는 지배력이야말로 진정한 폭정이다. 그런 폭정에는 맞서 싸울 수 없기 때문이다. 티베리우스[로마제국의 제2대 황제], 칭기즈 칸, 나폴레옹도 분명 무서운 폭군이었지만, 모세나 석가모니, 예수, 마호메트, 루터 역시 무덤 속에 있으면서도 인간의 정신을 훨씬 더 강력하게 지배하고 있다. 음모는 폭군을 무너뜨릴 수 있지만 확고히 정립된 신념에 대해서는 무슨 일을 할 수 있겠는가? 프랑스 대혁명은 가톨릭교에 맞서 처절한 투쟁을 벌인 탓에 군중의 명백한 지지를 받았고, 종교재판소만큼이나 무자비하면서 파괴적인 수단을 휘둘렀지만 결국 실패하고 말았다. 인류 역사를 수놓았던 폭군들도 결국에는 죽은 사람의 망령이거나 인간이 만들어낸 환상에 불과했다. 여기에는 어떤 예외도 없다.

일반적 신념에 흔히 내재한 철학적 부조리가 그 신념이 승리하는 데 걸림돌이 된 적은 없었다. 오히려 신념에 수수께끼 같은 부조리가 포함되어 있어야만 승리가 가능한 듯 보인다. 따라서 사회주의자들의 신념에도 명백한 약점이 있지만 그런 결함이 군중의 정신을 지배하는 데 방해가 되지는 않는다. 사회주의 이념이 다른 모든 종교적 신념에 비해 뒤떨어진다는 사실은 다음과 같이 생각해보면 쉽게 이해된다. 종교가 약속하는 행복이란 이상은 내세에서만 실현되는 것이기 때문에 누구도 그 같은 이상이 실현되지 않았다고 항의할 수 없다. 반면에 사회주의가 약속하는 행복은 이 땅에서 실현되어야 하는 것이다. 그런데 이상을 실현하려고 시도하자마자 그것이 공허한 약속에 불과하다는 점이 드러나고, 그와 동시에 사회주의라는 새로운 신념도 완전히 위신을 잃고 말 것이다. 사회주의의 힘이 확대되더라도 승리를 거두고 이상이 실현되기 시작하는 날까지로 국한될 것이다. 그러므로 이전의 모든 종교가 그랬듯이 새 종교가 처음부터 파괴적으로 행동한다면 나중에 창조적인 역할을 해낼 수 없을 것이다.

2. 군중의 가변적 의견

지금까지 우리는 변하지 않는 신념의 힘을 살펴보았다. 그런 신념 위에는 끊임없이 명멸하는 의견과 사상과 생각으로 이루어진 층이 있다. 어떤 것은 하루 만에 사라지고, 아무리 중요한 것이라 해도 한 세대를 넘기는 경우가 극히 드물다. 앞에서 이미 지적했듯이 이런 의견이 겪는 변화는 실제적이라기보다 피상적인 경우가 많고, 언제나 민족의 특성에 영향을 받는다.

프랑스의 정치제도를 예로 들어보자. 겉으로는 대립하는 것처럼 보이는 여러 정파, 즉 왕당파와 급진파, 제정주의자와 사회주의자 등이 사실은 똑같은 이상을 목표로 내세우고 있으며, 그 이상은 프랑스인의 정신 구조와 관계가 있다. 다른 국가에서 유사한 이름으로 내세우는 이상은 이것과 완전히 다르기 때문이다. 따라서 사태의 본질을 변화시키는 것은 그에 대한 의견에 붙이는 이름도 아니고 거짓으로 적응하는 것도 아니다. 프랑스 대혁명에 가담한 부르주아지들은 라틴 문학의 영향을 받아서 로마 공화국에 시선을 고정한 채 로마법뿐만 아니라 집정관의 권위를 상징하던 휘장 및 로마인들이 입던 토가까지 받아들였다. 이처럼 그들의 제도와 전례를 모방하려고 애썼지만 역사의 강력한 암시 아래 있었기 때문에 로마인이 되지는 못했다. 철학자의 역할은 이런 표면적인 변화에서도 과거의 신념 중에서 잔존하는 것을 찾아내고, 끊임없이 요동치는 의견들 속에서도 무엇이 일반적 신념과 민족의 영혼에 의해 결정되는지 구분하는 것이다.

이런 철학적 기준이 없으면 군중이 정치적·종교적 신념을 빈번하게 제멋대로 바꾼다고 오해할 수 있다. 정치와 종교, 예술, 문학 등 모든 분야의 역사는 지금껏 그런 일이 실제로 많았다는 것을 입증하는 듯하다.

프랑스 역사에서 1790년부터 1820년까지 비교적 짧은 기간인 30년, 이른바 한 세대로 여겨지는 시간을 예로 들어 설명해보자. 이 기간에 프랑스 군중은 처음에 왕정주의자였다가 혁명을 지지했고, 그 후에는 제정주의자가 되었고, 다시 왕정주의자로 돌아섰다. 종교와 관련해서는 같은 기간에 가톨릭교도에서 무신론자로, 다시 이신론자를 거쳐 가장 극단적인 형태의 가톨릭교도로 되돌아갔다. 이런 변화는 군중뿐만 아니라 군중을 이끌던 지도층에서도 일어났다. 놀랍게도 군주들을 공공연히 적으로 대하고 신도 지배자도 원하지 않던 국민공회 위원들이 나폴레옹의 온순한 종복이 되었다가 루이 18세 때는 양초를 경건히 들고 예배 행렬에 참여하지 않았던가.

이후로 70년이 흐르는 동안에도 군중의 의견에는 많은 변화가 있었다. 19세기 초 '불신의 알비온'[영국을 경멸적으로 지칭하는 표현]은 나폴레옹의 후계자가 통치하던 프랑스의 동맹국이 되었으며, 프랑스에게 두 번이나 침략을 당했고 프랑스군이 퇴각하는 것을 보며 환호하던 러시아도 느닷없이 우방이 되었다.

문학과 예술, 철학 분야에서는 의견이 변화되는 속도가 한층 더 빨랐다. 낭만주의와 자연주의와 신비주의 등이 차례로 나타났다가 사라졌다. 어제까지 찬사를 받던 미술가와 작가가 다음 날에는 철저히 무시당했다.

그런데 겉보기에 무척 광범위하게 일어나는 이런 변화를 분석하면 어떤 결과를 얻게 될까? 민족의 감정과 일반적 신념에 상반되는 변화는 잠시뿐이고 물길이 바뀌었던 강은 곧바로 원래의 흐름을 되찾는다. 민족의 감정이나 일반적 신념과 아무런 관계가 없는 의견들은 안정을 찾지 못하고 순전히 우연에 좌우될 수밖에 없다. 달리 말해, 환경이 조금만 변해도 영향을 받는다. 암시와 전염이 낳은 변화는 하나같이 일시적이다. 바람이 불어 바닷가에 쌓이는 모래언덕만큼이나 빠르게 생겼다가 사라진다.

오늘날 군중의 의견은 과거 어느 때보다 유동적이고 변덕스러운 것 같다. 여기에는 세 가지 이유가 있다.

첫째, 과거의 신념이 점점 더 영향력을 상실하다 보니 옛날만큼 일시적 의견에 영향을 미치지 못하고, 이에 따라 방향을 제시하지도 못하기 때문이다. 일반적 신념이 약화되면 과거도, 미래도 없는 개별 의견이 무수히 생겨난다.

둘째, 군중의 힘은 점점 더 커지는 반면 그 힘을 억제하는 수단은 점점 줄어들어 군중 가운데서 보이던 사상의 유동성이 아무런 제약 없이 극단적으로 나타날 수 있기 때문이다.

끝으로, 최근 여론 매체가 급속히 증가해서 군중 앞에 상반된 의견들을 끊임없이 내놓기 때문이다. 각각의 의견이 야기하는 암시는 다른 암시 때문에 곧바로 소멸된다. 그 결과 어떤 의견도 확산되지 못하고 금세 사그라지는 운명을 맞이한다. 다시 말해, 어떤 의견이 충분히 퍼져나가 일반화되기 전에 소멸한다.

세계 역사상 가장 새롭고 특이한 현상인 현시대의 특징은 이

세 가지 이유에서 비롯된다. 이 지점에서 이제 정부에는 군중의 의견을 좌지우지할 힘이 없다는 걸 짐작할 수 있다.

옛날, 그다지 멀지 않은 과거에는 통치 행위 및 몇몇 작가와 극소수 신문의 영향력이 여론을 실질적으로 좌지우지했다. 하지만 오늘날 작가들은 일체의 영향력을 상실했고 신문은 여론을 반영할 뿐이다. 정치인도 여론을 이끌어가기는커녕 뒤쫓는 데 급급하다. 때로는 여론이 협박으로 돌변해 그들의 행동 노선까지 바꾸기 때문에 여론을 두려워한다.

따라서 군중의 의견은 정치의 향방을 결정하는 기준이 되어가고 있다. 최근에 러시아와 프랑스 사이에 체결된 정치 및 군사 동맹에서 보듯이 오늘날 군중의 의견은 국가 간의 동맹을 강제하기까지 한다. 요즈음 교황이나 국왕, 황제가 어떤 현안에 대한 자신의 견해를 군중의 판단에 맡기기 위해서 언론의 인터뷰 요청에 응하는 모습은 무척 흥미로운 현상이다. 옛날에 정치는 감정의 문제가 아니었다. 정치가 군중의 변덕스러운 충동을 기준으로 삼는 경향이 짙어가는 오늘날에도 과연 그렇게 말할 수 있을까? 군중은 이성에 영향을 받지 않고 오직 감정에 휘둘린다고 앞에서 말하지 않았던가.

한때 여론의 향방을 이끌던 언론도 이제는 정부처럼 군중의 힘을 인정하며 뒤로 물러섰다. 물론 언론은 지금도 상당한 힘을 갖고 있지만 그런 힘은 오직 군중의 의견과 그것의 끝없는 변화를 반영하기 때문에 얻을 수 있다. 단순한 정보 전달자로 전락한 언론은 어떤 사상이나 이념을 심어주던 역할을 포기했다. 이제는 대중의 생각이 어떻게 변하는지 충실히 추적하기에 바쁘다. 게다가 경쟁 환경에서 그렇게 하지 않으면 독자를 잃게 된다. 과거 세대가 마치 신의 목소리에 귀 기울이듯이 경건한 마음으로 읽던 『르 콩스티튀시오넬』, 『주르날 데 데바』, 『르 시에클』 같은 신문들을 보라. 예전에는 안정된 문체로 군중에게 영향력을 행사했지만, 이제는 사라지거나 흥미로운 소문과 사교계의 숙덕공론, 금융 광고 사이사이에 정보를 제공하는 종잇장이 되었다. 오늘날 기자에게 개인의 의견을 쓰도록 허용하는 신문이 있을까? 정보만 얻으려 하거나 재미만 추구할 뿐 충고를 받으면 무슨 음모가 있는 것은 아닌지 두려워하는 독자들이 그런 의견을 진지하게 받아들일까? 이제는 평론가들도 어떤 책이나 연극 공연을 세상에 알리는 데 별 도움이 되지 않는다. 성공을 방해할 수는 있어도 성공에 기여하지는 못한다. 신문사들도 평론이나 개인의 의견이 별로 쓸모없다는 걸 아주 잘 알고 있어서 문학 평론란을 조금씩 줄이고 도서 제목을 한두 줄로 소개하는 데 만족한다. 앞으로 20년 뒤에는 연극 평론도 똑같은 운명을 맞이할 것이다.

오늘날 여론의 흐름을 면밀히 주시하는 것이 신문과 정부의 주된 과제가 되었다. 어떤 사건이나 법안, 연설이 어떤 결과를 냈는지 정부와 신문은 항상 알고 있어야 한다. 이는 결코 쉽지 않은 일이다. 군중의 생각만큼 유동적이고 변화무쌍한 게 없기 때문이다. 또 군중이 열렬히 환호하던 것을 하루도 지나지 않아 격렬히 비난하는 것만큼 흔한 일도 없기 때문이다.

군중의 생각을 이끌어갈 만한 주체도 없고 일반적 신념도 완전히 무너진 까닭에 모든 확신이 완전히 붕괴되었다. 군중은 자신에게 직접 이익이 돌아오지 않는 일에 점점 무관심해지고 있다. 이제 사회주의 같은 이념도 광산이나 공장에서 일하는 노동자처럼 교육받지 못한 계층에게만 설득력이 있을 뿐이다. 프티부르주아, 즉 얼마간 교육받은 노동자는 회의에 빠지거나 좀처럼 자신의 의견을 정하지 못한다.

30년 전부터 놀라울 정도의 변화가 이런 방향으로 진행되어 왔다. 그리 멀지 않은 과거지만 지난 시대까지만 해도 군중의 의견에는 일반적인 방향이 있었다. 달리 말해, 어떤 기본 신념을 채택하느냐에 따라 의견이 결정되었다. 왕정주의자라는 사실 하나만으로 그는 역사나 그 밖의 학문에서 상당히 제한된 사상을 가질 수밖에 없었다. 한편 공화주의자는 그 사실 하나만으로 완전히 상반된 사상을 가질 수밖에 없었다. 왕정주의자는 인간이 원숭이의 후손이라고 생각하지 않았지만, 공화주의자는 인간이 원숭이의 후손이라고 생각했다. 프랑스 대혁명을 언급할 때마다 왕정주의자는 두려움에 떨었지만, 공화주의자는 경외감을 드러냈다. 로베스피에르와 마라[프랑스 혁명에서 급진적인 저널리스트이자 정치가로 잘 알려졌으며 내과 의사, 철학자, 정치 이론가, 과학자이기도 한 장 폴 마라(Jean-Paul Marat, 1743-1793)]처럼 경건한 표정을 지으며 입 밖에 내야 할 이름들이 있는가 하면, 카이사르나 아우구스투스, 나

군중심리

폴레옹처럼 욕하지 않고서는 언급할 수 없는 이름들도 있었다. 소르본 대학에서조차 역사를 이런 식으로 유치하게 해석하는 것이 일반적이었다.[21]

오늘날 모든 의견이 토론과 분석 앞에서 일체의 위신을 상실한다. 각 의견마다 관점이 급속히 흔들리며 군중을 열광케 하는 관점은 거의 남지 않는다. 게다가 현대인들은 날이 갈수록 무관심의 늪에 빠져들고 있다.

이렇게 의견이 전반적으로 쇠락하는 것을 지나치게 안타까워할 필요는 없다. 이런 현상이 해당 민족의 삶이 쇠퇴하는 징후일 수 있다는 주장을 부정할 수만은 없다. 혜안을 지닌 선지자, 사상가, 군중의 지도자는 부정적인 사람들이나 비판적인 사람들, 무관심한 사람들과 다른 힘을 가진 게 분명하다. 그러나 지금은 군중이 막대한 힘을 가졌기 때문에 단 하나의 의견이라도 충분히 위신을 얻어 군중에게 받아들여진다면, 그것은 얼마 지나지 않아 독

---

21 이런 관점에서 프랑스 교수들이 쓴 책들은 무척 흥미로우며, 프랑스 대학 교육이 비판 정신을 거의 키워주지 못한다는 걸 여실히 보여준다. 소르본 대학의 역사학 교수였고 교육부 장관을 역임한 이가 프랑스 대혁명에 대해 발췌한 구절을 예로 들어보겠다. "바스티유 감옥의 점령은 프랑스뿐만 아니라 유럽 전체의 역사에서 분수령이 된 사건으로 세계사의 새 시대를 열었다"(p. 91). "로베스피에르의 독재가 특히 여론과 설득, 도덕적 권위에 기반을 두었다는 걸 알면 놀라지 않을 수 없다. 결국 로베스피에르의 독재는 한 고결한 인간에게 부여된 일종의 교황직이었던 셈이다"(p. 220).

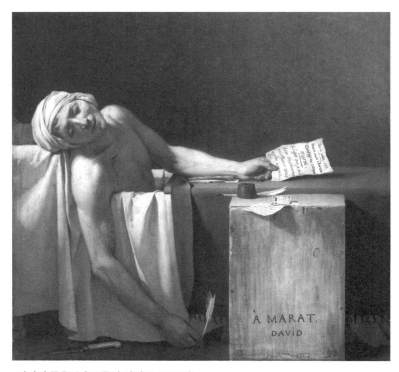

〈마라의 죽음〉(자크 루이 다비드, 1793년)

장 폴 마라(1743~1793)는 프랑스 대혁명 당시 급진적인 주장을 펴면서 민중의 정치 참여를 독려했다. 국민공회 지롱드당의 공격에 대항해 산악당의 중심인물이 되었으나, 산악당의 독재를 증오하는 반혁명파 여성에게 암살되었다.

재 권력을 갖게 되어 모두가 그 앞에 무릎을 꿇을 것이고 자유로운 토론의 시대가 오랫동안 중단되고 만다는 사실을 잊어서는 안 된다. 간혹 군중은 엘라가발루스[로마제국의 제23대 황제(재위 218-222)]나 티베리우스 시대에 그랬던 것처럼 온유한 지배자의 모습을 띤다. 그러나 다른 한편으로 종잡을 수 없는 변덕을 부리기도

군중심리

한다. 어떤 문명이 군중의 수중에 들어가면 그때부터 순전히 우연에 기대야 하기 때문에 그 문명은 오래 지속될 수 없다. 붕괴의 시간을 조금이나마 늦출 수 있는 요소가 있다면, 그것은 시시때때로 널뛰는 여론이나 일반적 신념에 대해 점점 커져가는 군중의 무관심일 것이다.

*Classification et description
des diverses catégories de foules*

1장

군중의 분류

군중의 일반적 구분 — 군중의 분류

1. 이질적 군중

이질적 군중은 어떻게 다른가 — 민족의 영향 — 민족정신이 강할수록 군중의 정신은 약해진다 — 민족정신은 문명의 상태를, 군중의 정신은 야만의 상태를 나타낸다

2. 동질적 군중

동질적 군중의 구분 — 파벌, 폐쇄집단, 사회계급

　지금까지 심리적 군중에게 공통으로 나타나는 일반적 특성을 훑어보았다. 이제 남은 과제는 적절한 자극을 받을 때 군중으로 바뀌는 집단의 성격에 따라 이런 일반적 특성에 더해지는 개별

적 특성을 찾아내는 것이다.

먼저, 군중을 어떻게 분류할 수 있는지 간략히 설명해보겠다.

첫째, 단순히 다수로 구성된 군중이 있다. 다양한 종족에 속한 개인들이 다수를 이룰 때 가장 열등한 형태의 군중이 형성된다. 이런 경우 다수를 이어주는 공통분모는 특정 지도자를 향한 존경심이 유일하다. 로마제국을 여러 세기 동안 수시로 침략했으며 다양한 종족으로 구성된 야만인들을 표본으로 들 수 있다.

이런 다수 위에는 여러 요인의 영향으로 공통의 특성을 얻어 한 민족을 이루어낸 다수가 또 있다. 그들은 때로 군중의 고유한 특성을 드러내지만, 대부분 민족의 특성에 가려진다.

이런 두 유형의 다수는 이 책에서 다룬 여러 요인에 영향을 받아 심리적 군중으로 조직될 수 있다. 이렇게 조직된 군중은 다음과 같이 분류할 수 있다.

A. 이질적 군중

1) 익명 군중(예: 거리의 군중)

2) 비익명 군중(예: 배심원단, 의회 등)

B. 동질적 군중

1) 파벌(정파, 종파 등)

2) 폐쇄집단(군대, 성직자, 노동자 등)

3) 사회계급(부르주아, 농민 등)

바루스 전투(오토 알베르트 코흐, 1909년)

서기 9년에 아르미니우스(독일 이름 헤르만)가 이끄는 게르만족 연합군은 독일 서부 노르트라인베스트팔렌주의 토이토부르크 숲에서 로마군과 싸워 큰 승리를 거두었다. 로마제국은 이처럼 다수로 구성된 군중인 이민족과 여러 차례 전투를 치렀다.

이 다양한 부류의 군중이 어떻게 다른지 간략히 살펴보자.

1. 이질적 군중

이 집단의 특성은 이미 앞에서 살펴보았다. 이질적 군중은 평범한 개인들로 구성되며 그들의 직업이나 지능은 중요하지 않다.

개인들이 군중의 일원이라는 사실만으로 그들의 집단 심리가 개인 심리와 본질적으로 다르고, 그들의 지능도 집단에 영향을 받는다는 사실을 이제 우리는 알고 있다. 앞에서 보았듯이 지능은 군중 속에서 아무런 역할을 하지 못한다. 무의식적 감정만이 그들에게 영향을 미친다.

민족이라는 기본 요인을 기준으로 이질적 군중을 다양하게 구분할 수 있다. 앞에서 민족의 역할에 대해 여러 차례 살펴보았고, 민족이 인간의 행동을 결정할 수 있는 가장 강력한 요인이라는 것도 확인했다. 민족은 군중의 특성에도 영향을 미친다. 따라서 평범한 개인이더라도 영국인이나 중국인처럼 한 민족으로 구성된 군중은, 역시 평범한 개인이지만 러시아인, 프랑스인, 스페인인 등 다양한 민족으로 구성된 군중과는 확연히 다를 것이다.

인간은 물려받은 정신 구조에 따라 느끼고 생각하는 방법이 다르다. 무척 드문 일이기는 하지만 어떤 환경에 의해 표면상 동일한 이해관계를 가진 다른 국적의 개인들이 결집해서 거의 동일한 비율로 구성된 군중을 이룰 때, 이런 차이가 확연히 드러난다. 사회주의자들이 각국의 노동자 대표들을 소집해 집회를 가지려고 했지만 이런 시도는 항상 격앙된 충돌로 끝났다. 라틴계 군중은 급진적이든 보수적이든 간에 자신들의 요구를 관철하는 과정에서 시종일관 국가의 개입을 호소할 것이다. 그들은 중앙집권화와 독재정권을 지지하는 경향이 있다. 반면 앵글로색슨계 군중은 국가에 의존하지 않고 개인의 진취성에 호소한다. 프랑스 군중이 무엇보다 평등에 무게를 둔다면 영국 군중은 자유를 강조한다. 결국 이런 민족 간의 차이 때문에 민족의 수만큼이나 다양한 사회주의와 민주주의가 존재한다.

따라서 민족정신이 군중의 정신을 완전히 지배한다고 말할 수 있다. 민족정신은 군중의 흔들림을 잡아주는 강력한 토대다. 민족정신이 강력할수록 군중의 열등한 특성이 덜 두드러진다는 사실을 기본 법칙으로 생각하자. 군중은 야만의 상태이고, 군중이 지배한다는 건 야만으로 회귀한다는 뜻이다. 하지만 견고하게 조직된 집단정신을 획득할 때, 민족은 군중의 무의식적인 힘에서 자유로워지고 야만 상태에서도 벗어날 수 있다.

민족이라는 기준 외에 이질적 군중을 분류하는 또 하나의 중요한 기준은 익명성이다. 구성원의 익명성 여부에 따라 그들은 거리의 군중과 같은 익명 군중과, 문제를 숙의하는 심의회나 배심원단과 같은 비익명 군중으로 구분된다. 전자는 책임감이 전혀 없는 반면 후자는 책임감이 상당하다. 이런 차이로 그들의 행동 방향도 크게 달라진다.

2. 동질적 군중

동질적 군중에는 파벌, 폐쇄집단, 사회계급이 있다.

파벌은 동질적 군중이 조직되는 첫 단계다. 한 파벌 안의 개인들은 교육 수준과 직업, 환경이 크게 다를 수 있지만 신념이라는 공통분모를 갖는다. 종파와 정파가 대표적이다.

폐쇄집단은 가장 높은 수준의 군중 조직이다. 파벌은 직업과 교육 수준, 환경이 다르더라도 공통된 신념으로 연결된 사람들로 구성되지만, 폐쇄집단은 직업이 동일하기 때문에 교육 수준과 환경이 엇비슷한 사람들로 구성된다. 군대와 성직자가 대표적이다.

사회계급은 파벌처럼 공통된 신념을 가졌거나 폐쇄집단의 구성원처럼 같은 직업에 종사하는 사람들이 아니라 이해관계와 생활 습관, 비슷한 교육 수준 등 다양한 이유로 연결된 개인들이 구성한다. 부르주아와 농민 등이 대표적이다.

파벌과 폐쇄집단과 사회계급으로 다시 분류되는 동질적 군중에 대해서는 다른 책에서 다시 연구하고, 여기서는 이질적 군중에 대해서만 살펴보려 한다. 이질적 군중에서도 전형으로 여겨지는 몇 가지 부류만 살펴보겠다.

2장

범죄자 군중

이른바 범죄자 군중 — 군중은 법적으로 범죄자일 수 있지만 심리적으로는 아니다 — 군중의 행위는 완전히 무의식적인 특성을 띤다 — 여러 사례 — 9월 학살을 저지른 자들의 심리 — 그들의 논리, 잔혹함, 도덕성

　일정 기간 자극을 받은 후 군중은 암시에 따라 조종되는 자동인형, 즉 의식이 없는 자동인형처럼 되기 때문에 어떤 경우에도 그들을 범죄자라고 규정하기는 어려워 보인다. 내가 '범죄자'라는 잘못된 표현을 쓰는 것은 최근의 심리학 연구에서 이 용어를 주로 사용하기 때문이다. 군중의 일부 행위는 그 자체로만 보면 분명 범죄에 해당한다. 그러나 그것은 호랑이가 새끼들이 어떤 힌두교

인을 괴롭히면서 장난치도록 내버려두었다가 마침내 그를 잡아 먹은 행위를 범죄로 보는 것과 맥락이 같다.

군중이 범죄를 저지르는 일반적인 이유는 강력한 암시에 있다. 이런 범죄에 가담한 개인들은 자신이 어떤 의무에 복종한 것이라고 확신한다. 이는 여느 범죄자의 경우와 전혀 다르다. 군중이 저지른 범죄의 역사는 이 같은 해석을 증명한다.

바스티유 요새 겸 감옥의 지휘관 드 로네[바스티유 습격이 있던 때 감옥 주둔군의 지휘관이었던 베르나르 르네 드 로네(Bernard-René de Launay, 1740-1789)]가 살해당한 일을 전형적인 예로 인용할 수 있다. 요새가 점령된 후 지휘관은 흥분한 군중에 에워싸여 무자비하게 폭행당했다. 목매달아 죽이자, 목을 베자, 말꼬리에 매달자는 주장이 빗발쳤다. 그는 몸부림치며 저항하다가 실수로 누군가를 발로 찼다. 발길질을 당한 사람이 그의 목을 베자고 제안하자 군중은 이에 환호했다.

> 그는 실직 상태의 요리사였고, 바스티유에서 무슨 일이 벌어지고 있는지 보려고 그곳에 간 구경꾼에 불과했다. 그래도 그는 전체 의견이 그랬기 때문에 그 행위를 애국이라 판단했고, 자기 손으로 이 괴물을 죽이면 훈장을 받을 자격이 있다는 생각도 했다. 그는 누군가에게 건네받은 칼로 지휘관의 목을 내리쳤다. 그러나 칼날이 무뎌서 목이 잘리지 않았다. 그는 주머니에서 검은 손잡이가 달린 작은 칼을 꺼냈다. (요리사여서

고깃덩이 다루는 법을 알았던 까닭에) 결국 그는 드 로네의 목을 자르는 데 성공했다.

여기서 우리가 앞에 언급한 메커니즘(집단으로 모여 있기 때문에 더욱 강력한 암시에 복종함, 자신의 행위가 마땅히 칭송받을 것이라는 살해자의 확신 그리고 모두가 한목소리로 호응해주었기에 더욱 당연시한 확신)이 명확히 드러난다. 이런 행동은 법적으로 범죄라고 간주할 수 있어도 심리학적으로는 아니다.

범죄를 저지르는 군중의 일반적 특성은 우리가 다른 유형의 군중에서 보았던 것과 조금도 다르지 않다. 구체적으로 말하자면, 암시에 잘 걸리고, 맹신하며, 변덕스럽고, 좋거나 나쁜 감정을 과장하고, 특정한 방식으로 도덕성을 드러낸다.

이런 특성은 프랑스 역사에서 가장 참혹한 기억인 9월 학살(1792년)에서도 찾아볼 수 있다. 당시의 군중은 성 바르톨로메오 축일의 학살을 저지른 군중과 많은 점에서 유사하다. 역사학자 이폴리트 텐이 자료를 근거로 9월 학살을 자세히 다루었다. 그의 연구를 기초 삼아 그 사건을 자세히 추적해보자.

누가 학살 명령을 내렸고, 누가 죄수들을 학살해서 감옥을 비우자고 제안했는지는 아직도 정확히 밝혀지지 않았다. 당통이었을 가능성이 크지만 전혀 다른 인물일 수도 있다. 누구인지는 중요하지 않다. 우리의 관심사는 오직 학살을 저지른 군중이 받은 강력한 암시이기 때문이다.

〈바스티유 습격〉(장 피에르 우엘, 1789년)

파리 동쪽 교외에 있는 바스티유는 백년전쟁 때 파리를 방어하기 위해 쌓은 성으로, 훗날 루이 13세가 감옥으로 개조해 정치범을 가두었다. 1789년 7월 14일에 파리 시민이 바스티유를 습격한 사건은 프랑스 대혁명의 발단이 되었다.

학살에 가담한 군중은 대략 300명이었고 이질적인 군중의 완벽한 전형이었다. 극소수의 건달을 제외하면 가게 점원, 구두 수선공, 자물쇠 제조공, 이발사, 석공, 사무원, 중개인 등 갖가지 직업에 종사하던 평범한 사람들로 구성되어 있었다. 암시에 걸린 그들은 앞서 언급한 요리사처럼 자신들이 애국을 한다고 확신했다. 그들은 판사와 사형집행인 역할을 동시에 했지만, 자신들이 범죄자라고 생각하지는 않았다.

자신들의 의무가 중요하다는 걸 깊이 의식한 그들은 일종의

군중심리

재판소를 설치했다. 그러자 곧바로 군중의 정신적 미숙함과 공정에 대한 낮은 인식이 여실하게 드러났다. 피고 수가 많았던 까닭에 귀족과 성직자, 관료, 왕의 시종, 즉 선량한 애국자가 보기에 직업 자체가 유죄의 증거인 사람들을 모조리 죽인다는 결정부터 내렸다. 이런 과정에서 특별한 판결이 필요하다는 반론은 없었다. 나머지 피고에 대해서는 외모와 평판에 따라 판결이 났다. 군중은 미숙한 양심의 가책을 이런 식으로 극복하며 학살을 합법적으로 실행할 수 있었고, 잔혹한 본능을 마음껏 발산했다. 잔혹함의 기원에 대해서는 앞에서도 살펴보았지만, 인간은 집단으로 있을 때 잔혹함이 항상 높은 수준까지 치닫는다. 하지만 잔혹한 본능이 극단으로 치달을 때 완전히 상반되는 감정이 동시에 표출되기도 한다. 이는 군중에게서 흔히 나타나는 현상이다.

> 그들은 파리 노동자들의 넘치는 동정심과 예민한 감수성을 가지고 있었다. 수도원[생제르맹 데 프레 수도원을 가리킨다. 프랑스 대혁명 기간에 감옥과 무기창고로 쓰였다]에 죄수들이 26시간 동안 물 한 방울 없이 방치되었다는 걸 알게 된 한 혁명당원은 태만한 간수를 처단하겠다며 그곳으로 달려갔다. 죄수들이 간수를 용서해달라고 간청하지 않았다면 그는 정말 간수를 죽였을 것이다. 감옥의 죄수 한 명이 (즉석 재판에서) 무죄를 선고받자 간수와 사형집행인 등 모두가 그를 얼싸안고 열렬히 손뼉을 치며 환호했다.

그러고 나서 다시 다른 죄수들을 학살하기 시작했다. 학살하는 동안에도 흥겨운 분위기는 계속되었다. 그들은 시체를 둘러싸고 춤추며 노래를 불렀다. 귀족들이 죽는 걸 보고 싶어 하는 '숙녀용' 긴 의자도 마련해두었다. 그들만의 고유한 공정성을 계속 보여주기도 했다. 수도원의 한 사형집행인이 뒤쪽에 멀리 떨어진 곳에 있는 여자들은 잘 보지 못하고 몇몇 참가자만 귀족을 때리는 즐거움을 맛본다고 불평하자, 그들은 그 지적이 타당하다고 생각하며 두 줄로 늘어선 학살자들 사이로 희생자가 천천히 지나가게 했다. 희생자에게 고통을 주는 시간을 늘리려고 학살자들에게 칼등으로만 희생자를 치게 하는 결정을 내렸다. 라포르스 감옥에서는 희생자를 완전히 발가벗겨 30분 동안 온몸을 난자한 다음 모두가 보는 앞에서 그의 배를 갈랐다.

한편 학살자들은 무척 양심적이었던지 앞에서 군중의 특징으로 언급했던 도덕성을 보여주었다. 그들은 희생자의 돈과 보석을 슬쩍하지 않고 혁명위원회의 책상 위에 가져다놓았다.

그들의 모든 행동을 보면 초보 단계의 이성적 추론이라는 군중의 특성을 항상 찾아볼 수 있다. 이렇게 1,200명에서 1,500명이 국가의 적으로 몰려 학살당했다. 그 후에 누군가 늙은 거지와 부랑자, 젊은 죄수처럼 밥만 축내고 아무런 쓸모가 없는 수감자들을 모아놓은 감옥을 비우는 게 좋겠다고 말했는데 그 제안은 즉시 받아들여졌다. 물론 그들 중에는 분명 국민의 적이 있었는데, 풍속을 해치는 자의 미망인인 들라뤼 부인이 대표적인 사례다. "그녀

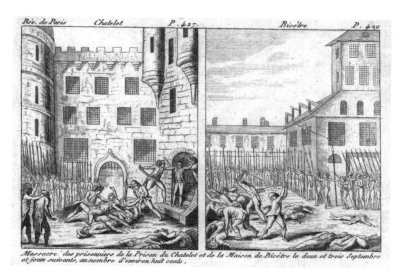

〈샤틀레 감옥과 비세트르 가문의 수감자들에 대한 학살〉(작자 미상, 1792년)

9월 학살은 1792년 9월 파리에서 수많은 반혁명파 용의자들을 숙청한 사건이다. 왕당파와 반혁명 세력이 음모를 꾸민다는 소문에 격분한 파리 시민은 감옥을 습격해서 죄수들을 학살했다.

는 감옥에 갇혀 지내는 현실에 화가 치밀었을 것이다. 할 수만 있다면 파리에 불이라도 질렀을 것이다. 그녀는 분명 그렇게 말했을 것이다. 아니, 실제로 그렇게 말했다. 그러니 그녀도 제거해야 마땅하다." 그럴듯한 추론이었다. 그리하여 모든 죄수가 한꺼번에 학살되었다. 그중에는 12세부터 17세까지의 청소년 50명도 포함되어 있었다. 그들도 훗날 국민의 적이 될 수 있으므로 죽여야 한다는 것이 이유였다.

　일주일에 걸쳐 모든 학살을 완결한 후에야 학살자들은 한숨

파리 코뮌 당시 시민군이 친 바리케이드(작자 미상, 1871년 3월 18일)

파리 코뮌은 1871년 프로이센·프랑스 전쟁에서 프랑스가 패하고 나폴레옹 3세의 제2제정이 몰락하는 과정에서 일어난 민중 봉기다. 그들이 세운 혁명 정부는 72일 동안 존속하면서 민주적인 개혁을 시도했지만 결국 정부군에 패하고 붕괴되었다.

을 돌리며 쉴 생각을 했다. 조국을 위해 열심히 일했다고 확신한 그들은 당국을 찾아가 적절한 포상을 요구했다. 그중에 가장 열성적이었던 사람은 훈장까지 요구하고 나섰다.

1871년 파리 코뮌의 역사에서도 이와 유사한 사례를 적잖게 볼 수 있다. 군중의 세력이 점점 커지고 권력 기관이 차례로 군중에 굴복하면 유사한 사례가 무수히 늘어날 수밖에 없다.

군중심리

3장

법정의 배심원단

배심원단 — 배심원단의 일반적 특징 — 통계 자료에 따르면, 배심원단의 구성 방식은 그들의 결정에 영향을 미치지 않는다 — 배심원단에게 어떻게 감동을 줄 수 있는가 — 저명한 변호사들의 설득 방법 — 배심원단이 관대하거나 준엄해지는 범죄의 성격 — 배심원 제도의 유용성과 배심원단을 사법관으로 대체할 때 예상되는 극단적 위험

여기서 모든 유형의 배심원단을 살펴볼 수는 없으므로 가장 중요한 중죄재판소의 배심원단만 살펴보자. 이들은 익명이 보장되지 않는 이질적 군중의 대표적인 예다. 배심원단에서도 우리는 피암시성, 무의식적 감정의 지배, 미약한 이성적 추론 능력, 지도

자의 영향 등을 확인할 수 있다. 배심원단을 분석하는 과정에서 군중심리학을 모르는 사람들이 흔히 범하는 오류를 흥미로운 사례와 함께 소개해보겠다.

첫째로, 배심원단은 최종 결정을 내릴 때 군중을 구성하는 다양한 개인들의 지적 수준이 별로 중요하지 않다는 명백한 증거를 보여준다. 심의회가 소집되어 전혀 전문적이지 않은 문제에 대한 의견을 제시할 때 구성원의 지적 수준은 아무런 역할도 하지 않는다. 학자나 예술가로 구성되었다고 해서 그들이 흔히 벌어지는 문제에 대해 석공이나 약제상의 모임과 확연히 다른 판단을 내리는 것도 아니다. 과거에 프랑스 행정부는 배심원단을 구성할 후보자를 신중하게 물색했고, 주로 교수나 공무원, 문인 등 양식을 갖춘 계층에서 배심원을 선발했다. 오늘날에는 대부분 소상인이나 소자본가, 임금 노동자 중에서 선발한다. 그런데 통계 자료에 따르면 배심원단이 어떻게 구성되더라도 그들의 평결은 동일했다. 이런 결과에 전문가들도 놀라움을 금치 못한다. 더구나 배심원 제도에 적대적인 사법관들도 배심원단의 평결이 정확하고 옳다는 걸 인정할 수밖에 없었다. 중죄재판소장을 지낸 글라주[아나톨 베라르데 글라주(Anatole Bérard des Glajeux, 1833-1912)]는 회고록에서 이 문제에 대한 자신의 생각을 피력했다.

오늘날 배심원 선발권은 실질적으로 시의원들에게 있다. 그들은 각자의 상황에 내재한 정치 문제와 선거구의 관심사에

군중심리

따라 자신에게 유리하도록 배심원을 선발하거나 배제한다. … 이렇게 선발된 대다수는 과거에 선발된 배심원보다 영향력이 떨어지는 상인이나 행정기관의 공무원이다. 일단 배심원을 맡게 되면 개인의 의견이나 직업은 중요하지 않다. 많은 배심원이 초심자다운 열의를 보였으며, 선의로 참여했다가 보잘것없는 상황에 놓이더라도 그들의 기백은 변하지 않았다. 배심원단의 판결은 한결같았다.

글라주의 글에서 결론은 정확하기 때문에 기억할 만하다. 하지만 설명 부분은 그다지 설득력이 없으므로 굳이 기억할 필요는 없다. 설명이 크게 와닿지 않는다고 놀랄 것도 없다. 판사뿐만 아니라 변호사도 군중심리학, 결국 배심원들의 심리를 잘 모르기 때문이다. 글라주의 언급에서도 그 증거를 찾을 수 있다. 중죄재판소에서 일하는 저명한 변호사 라쇼는 현명한 사람이 배심원단에 추천되면 어김없이 기피신청권을 사용했다. 그러나 지금까지 경험한 것만으로도 기피신청이 소용없다는 걸 알 수 있다. 오늘날 적어도 파리에서는 검찰관과 변호사 모두가 기피신청권을 완전히 포기한다는 것도 그 증거라고 할 수 있다. 글라주가 지적했듯이 배심원의 구성에 따라 평결은 달라지지 않았다. 더 좋아지지도 더 나빠지지도 않았다.

모든 군중이 그렇듯이 배심원들도 감정에 크게 영향을 받고 이성적 추론에는 별로 흔들리지 않는다. 어떤 변호사는 말한다.

"배심원들은 아이에게 젖을 물리는 여인이나 고아의 행렬을 보면 마음이 흔들린다." 글라주도 말했다. "예쁜 여성은 배심원단의 온정을 얻는 데 유리하다."

배심원들은 언젠가 자신들도 피해를 입을 수 있고 사회에 위협이 되는 범죄에는 준엄하지만, 이른바 치정 사건에는 무척 관대한 편이다. 미혼모의 유아 살해를 준엄하게 평결하는 경우도 극히 드물고, 한 여자가 자신을 버린 바람둥이 남자에게 황산을 뿌린 일을 엄중하게 평결하는 경우도 드물기는 마찬가지다. 그런 범죄가 사회에 별다른 위험이 되지 않고, 법이 버림받은 여성을 보호하지 않는 국가에서는 복수를 시도하는 여성의 범죄가 무책임한 바람둥이 남자에게 겁을 줄 수 있으므로 사회적으로 해롭기보다 유익하다는 걸 본능적으로 직감하기 때문이다.[22]

---

22 배심원들은 사회에 위험한 범죄와 그렇지 않은 범죄를 본능적으로 잘 구분한다. 그런 구분이 상당히 타당하다는 점을 말해두고 싶다. 형법의 목적은 위험한 범죄자로부터 사회를 보호하는 것이지 사회의 복수를 하는 것이 되어서는 안 된다. 그런데 프랑스 법전, 특히 프랑스 사법관의 정신은 과거 원시법의 징벌 정신에서 아직도 완전히 벗어나지 못해 '공소'[vindicte: '징벌'을 뜻하는 라틴어 vindicta에서 파생했다]라는 용어를 여전히 일상적으로 사용하고 있다. 프랑스에는 재범자인 경우에만 처벌하도록 규정한 법인 베랑제가 있지만, 사법관 대다수가 이 훌륭한 법을 적용하지 않고 있다는 증거는 많다. 통계에서도 보듯이, 초범자에게 형을 부과하면 그가 거의 다시 범죄를 저지른다는 사실을 모르는 사법관은 없을 것이다. 판사들은 범죄자를 풀어주면 사회가 그에게 복수하지 못했다고 생각하는 듯하다. 그래서 차라리 위험한 재범자를 키우는 쪽을 선택하는 게 아닐까 싶다.

군중심리

모든 군중이 그렇듯이 배심원단도 위신에 크게 영향을 받는다. 따라서 배심원단의 인적 구성이 아무리 민주적이더라도 그들에게 귀족적인 것을 좋아하는 성향이 있다는 글라주 소장의 지적은 적확하다. "이름과 출신, 상당한 재산, 명성, 저명한 변호사의 조력 등 피고를 돋보이고 빛나게 해주는 것은 피고의 입장에 큰 도움이 된다." 훌륭한 변호사라면 배심원들의 감정에 영향을 미치려고 애쓰되 논증은 극도로 자제해야 한다. 한마디로 군중을 상대할 때처럼 초보 수준의 논증만 사용해야 한다. 중죄재판소에서 승소하며 유명해진 한 영국 변호사는 배심원단을 상대하는 방법을 잘 보여주었다.

> 변호사는 변론하면서 배심원단을 유심히 관찰해야 한다. 유리한 순간이 오기 마련이다. 변호사는 직감과 경험으로 문장 하나하나, 단어 하나하나에 대한 반응을 배심원들의 표정에서 읽어내며 거기서 결론을 끌어내야 한다. 자신의 변론에 공감하는 배심원을 찾아내는 게 급선무다. 변호사는 짧은 시간 안에 그런 배심원의 마음을 확보하고, 그런 다음 자신의 변론에 동조하지 않는 듯한 배심원에게 눈길을 돌려 그가 왜 피고에게 적대적인지 알아내야 한다. 변호사의 업무 중에서 힘들고 까다로운 부분이다. 한 인간에게 유죄 선고를 하고 싶은 이유는 정의감 외에도 무수히 많을 수 있기 때문이다.

위의 글은 변론술의 목적을 훌륭하게 요약한 것으로, 미리 준비한 변론이 소용없는 이유를 알려준다. 그 이유를 굳이 반복해서 말하자면, 배심원들이 보이는 인상에 따라 사용할 표현을 순간순간 바꿔야 하기 때문이다.

변호사는 배심원단 전원을 자기편으로 끌어들일 필요가 없다. 배심원단의 전체 의견을 주도할 사람들만 설득하면 된다. 군중 안에는 다수에게 방향을 제시하는 소수가 있기 마련이다. 앞에서 인용한 변호사는 이렇게 말했다. "평결을 내릴 때는 배심원단을 끌어갈 한두 명의 힘 있는 인물만 있으면 충분하다는 걸 경험으로 알았다." 달리 말해, 능숙한 암시로 배심원 두세 명을 설득해야 한다는 뜻이다. 무엇보다 그들의 마음을 사로잡아야 한다. 그렇게 마음을 준 군중 속의 개인은 자신에게 제시된 이유들을 훌륭한 것으로 여기며 받아들이는 경향이 있다. 변호사 라쇼의 일화에서도 이런 사실을 확인할 수 있다.

중죄재판소에서 변론을 진행하는 동안, 라쇼는 배심원단에서 영향력 있지만 무뚝뚝하게 느껴지는 두세 명의 배심원에게서 시선을 떼지 않았다. 대체로 그는 이런 식으로 뻣뻣한 사람들의 마음을 얻는 데 성공했다. 그러나 한번은 어느 지방에서 변론할 때, 거의 45분 동안 집요하게 논증하며 한 배심원을 설득해보려 했지만 아무런 소득이 없었다. 둘째 줄 가장자리에 앉은 7번 배심원이었다. 상황은 절망적이었다. 라쇼는 열띤 변론을 하던 중에 갑자기 말을 멈추고 재판장을 돌아보며 말했다. "재판장님, 저 앞쪽의 커튼을 닫아주시겠습니까? 7번 배심원께서 햇빛 때문에 눈이 부신 모양입니다." 7번 배심원은 얼굴을 붉히며 미소를 지었고 고마움을 표시했다. 그리하여 라쇼는 변론에 승리했다.

근래 들어 저명한 작가를 비롯해 적잖은 작가들이 배심원 제도를 강력히 반대했다. 그러나 배심원 제도는 어떤 통제도 받지 않은 폐쇄집단이 흔히 범하는 오류를 방지하는 유일한 보호 장치라 할 수 있다.[23] 일부 작가는 배심원단이 식견을 갖춘 계층에서만 선발되기를 바랐다. 그러나 이미 입증되었듯이 배심원단이 식자

---

23 실제로 사법관은 행동에 어떤 제약도 받지 않는 유일한 행정직이다. 지금까지 적잖은 혁명이 있었지만 프랑스 민주주의에는 영국이 자랑스러워하는 인신보호청원 같은 제도가 없다. 프랑스는 모든 폭군을 몰아냈다. 그러나 도시마다 사법관 제도를 도입했고, 이제는 사법관이 자기 마음대로 시민의 명예와 자유를 좌지우지할 수 있다. 법과대학을 갓 졸업한 신참 예심판사가 중요한 지위에 있는 사람일지라도 혐의가 있다고 판단하면, 그 누구에게도 판단의 근거를 입증할 필요 없이 그를 감옥에 보낼 수 있는 막강한 권한을 갖는다. 예심판사는 그야말로 예심(豫審)한다는 핑계로 피의자를 6개월에서 1년까지 가두었다가 어떤 배상이나 변명 없이 풀어줄 수 있다. 지금 프랑스에서 발급하는 체포영장은 과거에 국왕이 발부하며 비판을 많이 받던 봉인장과 다르지 않다. 굳이 차이점을 찾자면, 국왕의 체포명령은 중요 인물에 국한된 반면, 요즘의 체포영장은 높은 식견이나 독자성을 갖추었다고 보기 어려운 평범한 시민들에게 발부된다는 점이다.

층으로만 구성되더라도 그 결정은 현재처럼 구성되는 배심원단의 결정과 다르지 않을 것이다.

한편 배심원이 오류를 범한다는 이유로 배심원 제도를 폐지하고, 결정권을 판사에게 맡기길 원하는 작가들도 있었다. 그러나 배심원이 범한다고 비판받는 오류를 판사들이 먼저 범할 수 있다는 걸 어떻게 망각하겠는가? 피고가 배심원단 앞에 선다는 건, 그가 여러 사법관, 즉 예심판사, 검사, 기소부에 의해 범인으로 지목되었음을 뜻한다. 그러니 피고가 배심원에게 판결을 받지 않고 사법관의 판단만 따라야 한다면, 무죄로 인정받을 수 있는 유일한 기회를 상실하는 게 아니겠는가? 배심원들이 범하는 오류는 언제나 사법관들이 이미 범한 오류다. 따라서 아무개 의사가 받은 유죄 판결처럼 터무니없는 사법적 오류를 따질 때는 사법관들만 비난해야 마땅하다.

백치나 다름없는 한 여인이 그 의사에게 30프랑을 주고 낙태 수술을 받았다고 주장하며 그를 고소했다. 지독히 편협한 예심판사는 여인의 고발을 곧이곧대로 믿고 문제의 의사를 기소했다. 대중의 분노가 폭발해 국가 원수가 즉시 그 의사를 특별사면하지 않았다면 그는 감옥에 갔을 것이다. 그 의사가 얼마나 신망 받는 인물인지 시민들이 한목소리로 주장해준 덕분에 황당무계한 사법적 오류가 분명히 드러났다. 사법관들은 오류를 인정했지만 배타적인 집단답게 특별사면을 막으려고 온갖 수단을 동원했다. 이해하기 힘든 세부적이고 기술적인 문제 앞에서 배심원들은 미묘한 문제를 다루는 데 능통한 사법관들이 사건을 치밀하게 심리했을 것으로 여기며 검찰관의 발언을 유심히 들을 수밖에 없다. 그렇다면 오류의 진짜 책임자는 누구겠는가? 배심원인가, 사법관인가? 우리는 배심원 제도를 소중히 간직해야 한다. 배심원단은 어떤 개인도 대신할 수 없는 유일한 형태의 군중일 수 있기 때문이다. 만인에게 평등해야 해서 원칙을 무조건 적용하고 개별 사안을 고려하지 않는 법의 경직성을 배심원 제도만이 완화할 수 있다. 판사는 동정심을 접어두고 법조문을 중시하기 때문에 직업상 엄격할 수밖에 없다. 그는 살인을 저지른 절도범이든, 바람둥이에게 버림받고 가난에 지쳐 아기를 살해한 여성이든 똑같은 판결을 내릴 가능성이 크다. 하지만 배심원단은 버림받은 여자의 죄보다 바람둥이 남자의 죄가 더 크다는 걸 본능적으로 느끼기 때문에, 남자가 법망을 빠져나간 마당에 여자도 관대한 조치를 받아 마땅하다고 생각한다.

　　나는 폐쇄집단의 심리도 알고, 또 다른 유형의 군중심리도 잘 알기 때문에 범죄를 저질렀다는 이유로 부당하게 기소되면 무슨 일이 있더라도 사법관보다 배심원에게 판결을 맡길 것이다. 배심원과 함께하면 무죄를 인정받을 가능성이 크지만 사법관에게 맡기면 정반대 결과를 얻을 확률이 높기 때문이다. 물론 군중의 힘도 두려워해야 하지만 배타적인 폐쇄집단의 힘은 더더욱 두려워해야 한다. 군중은 설득할 수 있어도 폐쇄집단은 절대 뜻을 굽히지 않기 때문이다.

—

유권자 군중

유권자 군중의 일반적 특징 — 유권자 군중을 어떻게 설득
할 수 있는가 — 후보자의 자질 — 위신의 필요성 — 노동자
와 농민이 자체 후보자를 선택하는 경우가 드문 이유 — 유권
자에게 미치는 단어와 경구의 영향 — 선거 유세의 일반 현상
— 유권자의 의견은 어떻게 형성되는가 — 위원회의 힘 — 위
원회는 가장 위험한 형태의 절대 권력이다 — 혁명위원회 —
보통선거는 심리적 가치는 낮지만 보통선거를 다른 것으로
대체할 수는 없다 — 제한된 시민계층에게만 투표권을 주는
데도 왜 투표 결과는 동일한가 — 각국에서 치르는 보통선거
의 의미

유권자 군중, 즉 공직자를 선출하는 책임을 부여받은 집단은 이질적 군중으로 분류된다. 그러나 명확히 규정된 역할, 즉 여러 후보 중에서 선택하는 역할만 행사하기 때문에 유권자 군중에게서는 앞서 언급한 특성 중 일부만 관찰할 수 있다.

유권자 군중은 미약한 이성적 추론 능력, 비판 정신 결여, 과민하고 지나치게 단순화하는 성향이 있다. 그들의 결정에서 지도자들의 영향을 확인할 수 있으며 앞에서 열거한 요인들, 즉 확언과 반복, 위신, 전염 같은 요인도 찾을 수 있다.

유권자들이 어떻게 설득되는지 살펴보자. 가장 성공한 방법을 보면 그들의 심리를 추론하기가 상대적으로 쉬울 것이다.

후보자가 갖추어야 할 첫 번째 조건은 위신이다. 개인의 위신은 재력이 주는 위신으로만 대신할 수 있다. 재능이나 천재성조차 성공 요인이 아니다.

후보자가 위신을 지녀야 할 필요성, 즉 사람들에게 반론의 여지를 주지 않고 자신의 의견을 받아들이게 할 수 있는 힘은 무척 중요하다. 과반수가 노동자와 농민으로 구성된 유권자들이 자신들을 대표하는 후보자를 선택하는 경우가 드문 이유는 그들의 신분에서 배출된 인물에게는 아무런 위신도 없다고 생각하기 때문이다. 설령 그들이 자기가 속한 신분에서 누군가를 선출한다면, 대체로 부차적인 이유가 있기 때문이다. 구체적으로 말해, 유권자가 매일같이 의존해야 하는 유력한 고용주나 뛰어난 인물에게 저항하기 위해서다. 그렇게 하면 잠시나마 그런 고용주의 지배자가 될 것이라는 환상을 품을 수 있기 때문이다.

후보자가 위신을 갖추었다고 해서 언제나 성공을 보장할 수 있는 것은 아니다. 유권자는 후보자가 자신의 욕망과 허영심을 채워주길 바란다. 그래서 후보자는 유권자에게 과도하게 아첨하고 실현 가능성이 없는 약속도 서슴지 말아야 한다. 만약 후보자가 노동자라면 고용주들을 지나치게 욕하거나 비난할 수 없을 것이다. 또한 상대 후보자는 최악의 망나니인데다가 숱한 범죄를 저질렀고 이런 사실을 모르는 사람이 없다는 것을 확언과 반복, 전염을 통해서 유권자들에게 널리 알려 그가 당선될 가능성을 차단해야 한다. 물론 증거까지 찾아 제시할 필요는 없다. 상대 후보자가 군중심리를 잘 모르는 사람이라면, 또 다른 확언으로 대응하지 않고 논증으로 자신의 정당함을 입증하려 애쓸 것이다. 그러면 그가 선거에서 이길 가능성은 완전히 사라진다.

문서화된 후보자의 공약은 나중에 정적들이 반박할 수 있으므로 지나치게 단정적이면 안 된다. 그러나 구두 공약은 크게 과장되어도 상관없다. 거창한 개혁을 거침없이 약속해도 괜찮다. 과장된 공약은 즉시 큰 효과를 발휘할 뿐 아니라 장래에 아무 책임도 지우지 않는다. 지속적으로 관찰한 바에 따르면, 유권자는 당선자가 박수를 받은 공약, 또 당선에 크게 기여했을 법한 공약을 얼마나 지켰는지 알려고 하지 않는다.

우리가 앞에서 언급한 설득의 요소들을 여기서도 찾을 수 있다. 우리는 군중을 설득하는 데 단어와 경구가 강력한 힘을 발휘한다는 것을 보았다. 단어와 경구의 힘은 선거전에서도 확인할 수 있는데, 이를 적절히 구사할 줄 아는 연설가는 군중을 원하는 방향으로 끌어간다. '추악한 자본', '비열한 착취자', '존경스러운 노동자', '부의 사회화' 등과 같은 표현은 약간은 진부하게 들려도 여전히 전과 같은 효과를 낸다. 그럼에도 해석의 여지가 많아 대중의 다양한 열망에 부응할 수 있는 새로운 경구를 찾아내는 후보자가 성공을 거둘 가능성이 높다. 1873년 스페인의 유혈 혁명[스페인의 왕정이 종식되고 제1공화국이 수립되게 한 혁명]은 이런 매혹적인 단어들로 시작되었다. 뜻이 복잡해서 누구나 나름대로 해석할 수 있는 단어들이었다. 당시의 한 작가는 그 혁명이 처음에 어떻게 일어났는지를 다음과 같이 이야기했다.

> 급진파는 중앙집권적인 공화국이 위장된 군주국가에 불과하다는 걸 알게 되었다. 의회는 급진파를 달래려고 만장일치로 연방공화국을 선언했지만, 이 선언에 찬성한 의원들은 정작 자신들이 무엇에 투표했는지 누구도 제대로 설명할 수 없었다. 그러나 '연방공화국'이란 용어가 모두를 매료시켰다. 환희와 열광이 뒤따랐다. 미덕과 행복의 세계가 지상에 세워지기라도 한 듯이 말이다. 한 공화주의자는 반대파가 자신을 연방주의자라고 부르는 것을 거부하자 심한 모욕이라도 받은 듯이 화를 냈다. 사람들은 길을 걷다가도 서로 마주치면 "연방공화국 만세!"라고 소리쳤다. 그 후에는 군인들의 불복종

스페인 제1공화국 출범을 풍자한 그림(토마스 페드로 페드렛, 1873년)

1873년에 국왕 아마데오 1세가 퇴위하자 의회는 스페인을 공화국으로 선포했다. 그러나 1873년 2월부터 11개월 동안 4명의 대통령이 통치할 정도로 혼란스러운 상태가 이어졌고, 결국 쿠데타가 일어나 제1공화국은 무너지고 말았다.

군중심리

과 자율을 찬양하는 목소리가 곳곳에서 들렸다. '연방공화국'이란 무엇인가? 어떤 사람들은 이를 미국 제도와 유사한 지방자치나 행정기관의 지방분권화로 이해했고, 다른 사람들은 모든 권력기관의 해산과 사회적 숙청이 대대적으로 시작되는 출발점이라 여겼다.

바르셀로나와 안달루시아의 사회주의자들은 최소의 행정 구역에 절대 주권을 부여해야 한다고 주장하며, 스페인을 1만 개의 자치도시로 분할해 자체적으로 법을 제정할 권한을 부여하는 동시에 군대와 경찰을 없애자는 제안도 했다. 오래지 않아 남부의 여러 지역에서 폭동이 일어나 이 도시에서 저 도시로, 이 마을에서 저 마을로 퍼져나갔다. 어느 마을에서는 자치를 선언하자마자 전화선과 철로를 파괴하며 인근 지역과 마드리드와의 모든 교류를 차단하고 나섰다. 아주 작은 마을까지 독립을 하겠다고 선언했다. 그 결과 연방주의는 폭력적인 지방분권주의로 바뀌어 방화와 학살이 자행되었고 스페인 곳곳에서 피로 물든 해방의 축제가 벌어졌다.

이성적 추론이 유권자의 심리에 어떤 영향을 미칠 수 있느냐는 문제는 선거 관련 집회에 대한 보고서를 읽고 나면 한 점의 의혹도 남지 않을 것이다. 선거 관련 집회에서는 확언과 비방, 때로는 주먹다짐까지 오가지만 이성적 대화는 전혀 없다. 깐깐한 유권자가 청중 모두를 즐겁게 해주겠다며 후보자에게 난감한 질문을 던지겠다고 공히 선언할 때 잠시 소란이 가라앉기는 한다. 그러나 반대자들이 만족스러워하는 순간은 그리 오래가지 않는다. 앞선 발언자의 목소리가 금세 반대파가 내지르는 아우성에 뒤덮이기 때문이다. 다음에 인용한 내용은 여러 일간지에 실린 수백 편의 유사한 기사들 중에서 고른 것으로 우리에게 군중 집회의 전형을 보여준다.

집회를 주최한 사람이 참석자들에게 의장을 선출하자고 제안하자 소동이 벌어졌다. 무정부주의자들은 책상을 치워버리려고 연단에 뛰어올랐다. 사회주의자들은 책상을 지키려고 안간힘을 다했다. 주먹질이 오갔고 서로 상대를 정부의 돈에 팔린 끄나풀이라고 비방했다. 그런 가운데 어떤 시민은 눈에 멍이 든 채 집회장을 빠져나왔다.

마침내 그럭저럭 책상이 설치되었고 발언권이 아무개 동지에게 주어졌다. 그가 사회주의자들에 대한 비난을 속사포처럼 쏟아내자 사회주의자들이 "멍청이! 강도! 개차반!"이라고 소리치며 연설을 방해하고 나섰다. 아무개 동지는 "사회주의자는 백치 아니면 사기꾼"이라며 대응했다.

어제저녁, 알마니스트당[사회주의자 장 알르만(Jean Allemane, 1843-1935)을 추종하는 사람들]이 포부르뒤탕프가의 상공회의소 강당에서 5월 1일 노동절을 준비하기 위한 예비 집회를 열었다. 집회의 구호는 '평안과 평온'이었다. 어떤 동지는 사회주의자를 "멍청이, 협잡꾼"으로 취급했다. 그 말에 연사들과 청중은 격분해 서로 치고받으며 싸웠고 의자와 책상과 탁자가 연단 위로 날아들었다.

이런 다툼이 특정 계층의 유권자에게 국한된 현상이고 그들의 사회적 상황에 따른 반응이라고 생각해서는 안 된다. 익명성을 띤 모든 집회에서, 심지어 식자층만 모인 집회에서도 토론은 예외 없이 똑같은 모습을 보인다. 앞에서 살펴보았듯이 군중을 이룬 개인들은 정신적으로 동화되는 경향이 있고, 이런 현상을 우리는 언제든 찾아낼 수 있다. 내가 한 신문에서 본 학생 집회에 대한 기사를 예로 들어보자.

밤이 깊어지면서 분위기는 점점 혼란스러워졌다. 어떤 연사도 두 마디 이상 연설을 하지 못하고 제지당했다. 매 순간 여기저기서 고함이 튀어나왔고, 때로는 사방에서 동시에 항의가 쏟아졌다. 한쪽에서는 손뼉을 치며 환호했고, 다른 쪽에서는 휘파람을 불며 야유했다. 연사들 사이에도 격렬한 입씨름이 벌어졌다. 막대기를 휘두르며 위협하는 학생이 있는가 하면, 어떤 학생은 박자에 맞추어 발을 굴렀다. 그렇게 토론회를 방해하는 학생들을 응원하는 함성도 들렸다. "저놈을 쫓아내라!"
"저 친구에게 발언권을 줘라!"

C라는 학생은 "극악하고 비겁하다, 형편없다, 비열하다, 부패하고 악의적이다" 등의 온갖 저급한 수식어로 연합회를 비난하며 아예 해체해버리고 싶다는 말까지 했다.

이런 상황에서 유권자의 의견이 어떻게 형성될 수 있는지 궁금할 것이다. 그러나 이런 의문을 제기하는 자체가 집단이 누릴 수 있는 자유의 수준에 관해 턱없는 환상을 품었다는 뜻일 수 있다. 군중은 강요된 의견을 가질 뿐 이성적 추론에서 나온 의견을 갖지 못한다. 이런 경우에 유권자의 의견과 표심을 결정짓는 것은 선거위원회이며, 선거위원회의 지도자는 노동자에게 외상을 주면서 막강한 영향력을 행사하는 포도주 상인들이 주로 맡는다.

현재의 민주주의를 가장 꿋꿋하게 옹호하는 학자 셰러[에드몽 셰러(Edmond Schérer, 1815-1889)]는 이렇게 말했다. "선거위원회가 무엇인지 아는가? 간단히 말해, 그것은 우리 제도의 열쇠요 정치기구의 중심이다. 오늘날 프랑스는 선거위원회의 지배를 받고 있다고 말해도 과언이 아니다."[24] 후보자가 어지간히 받아들일 만

---

24 위원회의 이름이 동호회이든 조합이든 다른 무엇이든 간에 그것은 군중의 힘이 초래할 수 있는 가장 큰 위험을 내포하고 있다. 사실 위원회는 비인격체이므로 가장 폭압적인 절대 권력을 행사할 수도 있다. 위원회를 이끄는 지도자들은 집단의 이름으로 말하고 행동하기 때문에 일체의 책임도 지지 않고 무슨 일이든 할 수 있다. 프랑스 대혁명 당시 위원회가 내린 금지 명령들은 잔혹한 폭군이라도 차마 생각하기 힘든 것이었

하고 충분한 재력을 지녔다면 선거위원회에 영향력을 발휘하는 건 별로 어렵지 않다. 조르주 불랑제 장군을 후원한 사람들에 따르면, 그가 여러 차례 선거에서 승리하는 데 든 비용은 300만 프랑으로 충분했다. 이것이 유권자 군중의 심리다. 그 심리는 다른 군중의 심리와 차이가 없다. 더 좋지도 더 나쁘지도 않다.

따라서 앞에서 살펴본 내용을 근거로 하면, 보통선거를 반대하는 결론을 내려야 할 이유가 없다. 보통선거의 운명을 결정하는 권한이 내게 있다면, 나는 군중심리에 대한 지금까지의 연구에서 자연스레 도출된 실질적 이유를 들어 그리고 지금부터 살펴보려는 이유로 보통선거를 유지할 것이다.

물론 보통선거의 부정적인 면은 너무도 명백해서 모른 체하고 넘어갈 수 없을 정도다. 인구 피라미드가 한 국가의 모든 계층을 표현한다고 본다면 피라미드에서 맨 꼭대기를 차지하는 우월한 극소수가 문명을 만들어낸 주역이고, 정신 능력이 떨어지는 계층일수록 점점 더 넓은 피라미드 층에 위치한다는 사실에 반론을

다. 폴 바라스[Paul Barras, 1755-1829]는 위원회가 자기 입맛에 따라 국민공회 위원들을 제거하며 국민공회의 힘을 약화시켰다고 주장했다. 혁명위원회의 이름으로 말하던 시절에 로베스피에르는 절대 군주와 다름없었다. 그러나 자존심 때문에 혁명위원회와 결별하는 순간, 이 무시무시한 독재자도 힘을 잃었다. 군중의 지배는 곧 위원회의 지배, 구체적으로 말해 위원회를 이끄는 지도자들의 지배다. 이보다 더 가혹한 폭정은 상상하기 어렵다.

제기하기가 어렵다. 그러니 문명의 위대함은 수적인 힘만 자랑하는 열등한 인간들의 투표로 좌우되지 않는 것은 분명하다. 군중의 투표가 대체로 위험하다는 점도 부인하기 어렵다. 군중의 투표 때문에 프랑스는 이미 적잖은 피해를 입었다. 이제 사회주의가 승리를 거두었으니 그 결과로 얻은 국민주권이라는 환상 덕분에 프랑스는 앞으로 비싼 대가를 치르게 될 것이다.

그러나 이런 반론은 이론적으로 흠잡을 데가 없지만 현실 세계에서는 전혀 힘을 쓰지 못한다. 신념으로 바뀐 사상의 강력한 힘을 기억한다면 힘의 상실이 충분히 이해된다. 철학적 관점에서 군중 주권이란 신념은 중세의 종교 교리만큼이나 옹호할 만한 것이 아닌데도 오늘날 그만큼의 절대적 힘을 갖는다. 따라서 과거에 교리를 공격할 수 없었듯이 이제는 군중 주권이란 사상을 공격할 수 없게 되었다. 가령 오늘날 어떤 자유사상가가 마법을 힘입어 중세로 이동했다고 가정해보자. 당시 사회를 지배하던 교리의 강력한 힘을 두 눈으로 확인한 후에도 그가 그 교리를 공격하려고 할까? 악마와 계약했다거나 마녀 집회에 참석했다는 혐의를 받으면 종교재판을 받아 화형당할 수 있는데도 과연 악마와 마녀 집회가 진짜로 존재하는지 확인하려 할까? 눈앞에 태풍이 불어닥치는 현상을 보면서 왈가왈부하지 않듯이 적어도 지금은 군중의 신념에 대해 의문을 제기하는 사람은 없다. 오늘날 보통선거의 원칙은 과거에 기독교 교리가 지녔던 정도의 힘을 갖고 있다. 현시대의 연설가와 작가는 루이 14세도 누리지 못한 존중과 격찬을 보통선

군중심리

거에 보내고 있다. 따라서 모든 교리를 대하듯이 보통선거를 대해야 한다. 시간만이 보통선거와 종교 교리에 영향을 줄 수 있다.

게다가 보통선거는 옹호할 만한 분명한 이유가 있기 때문에 보통선거의 원칙을 흔들려는 시도는 쓸데없는 짓일 수 있다. 토크빌은 다음과 같이 정확하게 지적했다. "평등의 시대에는 모두가 엇비슷하기에 서로를 신뢰하지 않는다. 그러나 그 같은 동질성 때문에 사람들은 대중의 판단을 거의 완전히 신뢰하게 된다. 모두가 똑같이 계몽되어 가장 많은 수를 확보한 생각은 진실로 여겨질 가능성이 크다."

그렇다면 능력에 따라 선거권을 제한하면 군중의 투표가 개선될 거라고 가정할 수 있을까? 나는 그럴 가능성이 절대 없다고 생각한다. 이미 앞에서 설명했듯이 집단은 어떤 식으로 구성되든 모두 다 정신적으로 열등하기 때문이다. 군중 속의 개인들은 언제나 서로 비슷해질 것이며, 일반적인 문제에 대해 투표할 경우 40명의 학자나 40명의 물장수나 투표 결과는 동일하게 나올 것이다. 예컨대 제2제국의 수립[나폴레옹 3세 통치 시기의 프랑스 정부 체제. 1852년 국민투표 결과 공화국에서 제국으로 바뀌었다]처럼 보통선거를 비난하는 근거로 제시되는 선거들을 보자. 설령 투표자를 학자와 교육받은 사람으로 한정했더라도 결과는 크게 달라지지 않았을 것이다. 어떤 개인이 그리스어나 수학을 잘 안다고 해서, 혹은 건축가나 수의사, 의사, 변호사라고 해서 사회문제에 특별한 통찰력을 가진 것은 아니기 때문이다. 경제학자들은 모두 고등교육을 받았고 대부분 교수나 학자다. 그들이 일반적인 문제, 예컨대 보호무역이라든가 금은양본위제도에 대해 의견 일치를 본 적이 한 번이라도 있었는가? 그들의 학문은 보편적인 무지를 대폭 완화한 형태에 불과하다. 사회문제에는 미지의 요소가 워낙 많아 모두가 너나없이 무지하다.

따라서 학자들로만 선거인단을 구성하더라도 투표 결과가 지금보다 나아지지는 않을 것이다. 그들도 각자의 감정과 당파심에 따라 투표할 것이기 때문이다. 아마도 현재 겪는 어려움이 여전히 계속될 것이고, 오히려 폐쇄집단의 답답한 전횡을 덤으로 겪게 될 것이다.

제한적으로든 보편적으로든, 공화국과 군주국 어느 체제에서 실시되든, 프랑스와 벨기에, 그리스, 포르투갈, 스페인 등 어느 국가에서 실시되든 군중의 투표는 엇비슷하다. 군중 투표에서는 해당 민족의 무의식적인 열망과 욕구가 드러난다. 나라마다 당선자들의 평균은 그 민족의 평균적인 정신 구조를 나타낸다. 세대가 바뀌어도 이 같은 사실은 거의 변함없다.

따라서 우리는 다시 민족이란 근본 개념을 맞닥뜨리게 된다. 또한 민족의 중요성에서 파생되는 개념, 즉 제도와 통치 방식이 국민의 삶에 별다른 역할을 하지 못한다는 개념도 다시 확인한다. 한 국가의 국민은 자기가 속한 민족의 고유한 정신에 큰 영향을 받는다. 다시 말해, 조상 대대로 내려오며 쌓인 잔재들의 합이 곧 민족정신이므로 그 잔재들이 국민을 이끌고 간다. 민족 그리고 일

〈르드뤼 롤랭에게 헌정하는 보통선거〉(프레데리크 소리외, 1850년)

보통선거권이 수립되도록 기여한 프랑스 정치인 르드뤼 롤랭(1807-1874)을 기념하는 그림이다. 1848년 2월 혁명의 성과로 프랑스에서는 성인 남성에게 투표권을 부여했고 그해 12월에 프랑스 최초로 대통령 선거가 실시되었다.

상에서 매일 해야 하는 일, 이런 것들이 우리의 운명을 지배하는 불가사의한 지배자들이다.

5장

의회 군중

의회 군중은 비익명의 이질적 군중이 공유하는 특성을 대부
분 갖고 있다 ― 다양한 의견의 단순화 ― 피암시성과 그 한
계 ― 타협을 모르는 불변의 의견과 유동적 의견 ― 결정을
망설이는 이유 ― 지도자의 역할 ― 지도자에게 위신이 필요
한 이유 ― 지도층은 표수가 적지만 의회를 이끄는 주역이다
― 지도자의 절대적 영향력 ― 지도자가 연설에서 갖추어야
할 요소 ― 단어와 이미지 ― 지도자가 일반적으로 고집스러
운 확신과 편협함에 빠지는 심리적 필연성 ― 위신이 없는 연
설가는 논증을 인정받기 어렵다 ― 의회에서는 좋은 감정이
든 나쁜 감정이든 과장이 필요하다 ― 어느 순간 자동인형처
럼 행동하는 의회 ― 국민공회의 회기 ― 의회가 군중의 특성

을 상실하는 경우 — 전문가들이 기술 문제에 미치는 영향 —
모든 국가에서 나타나는 의회 제도의 이점과 위험성 — 현대
사회의 요구로 채택된 의회 제도 — 그러나 의회 제도는 재정
낭비와 자유의 점진적 제약으로 이어진다 — 결론

의회는 익명성을 띠지 않는 이질적 군중의 표본이다. 시대와
국가에 따라 의원을 선출하는 방법이 다르지만 의회 자체의 특성
은 매우 유사하다. 민족의 영향으로 그 특성이 옅어지거나 과장되
지만 드러나지 않는 것은 아니다. 그리스와 이탈리아, 포르투갈,
스페인, 프랑스, 미국 등 전혀 다른 국가의 의회는 토론과 표결 방
식이 상당히 비슷하며 자국 정부에 똑같은 어려움을 안겨준다.

게다가 의회 제도는 문명화된 모든 민족이 꿈꾸는 이상이다.
의회 제도에는 심리학적으로는 틀렸지만 일반적으로 받아들여지
는 생각, 즉 어떤 문제에 대해 다수가 소수보다 더 현명하고 독립
적인 결정을 내릴 수 있을 것이라는 생각이 담겨 있다.

하지만 의회에서도 군중의 일반적인 특성들, 예컨대 자극에
쉽게 흥분하고 지나치게 단순화하는 성향, 피암시성, 과장된 감
정, 지도자의 지배적 역할 등을 고스란히 찾아볼 수 있다. 그러나
의회 군중은 구성 자체가 다르기 때문에 고유한 차이점이 있는데,
이에 대해서는 뒤에서 다시 살펴보겠다.

의견의 단순화는 의회의 가장 중요한 특성 중 하나다. 모든
정당, 특히 라틴계 국가의 정당은 복잡한 사회문제를 지극히 단순

하고 추상적인 원칙으로, 또 모든 경우에 적용되는 일반 법칙으로 해결하려는 경향을 일관되게 보여준다. 물론 그 원칙은 정당마다 다르다. 그러나 의원들도 군중에 속한 개인이라서 각자가 소속된 정당의 원칙을 과장하며 결론이 나기 전까지는 자기 의견을 막무가내로 밀어붙이는 경향이 있다. 따라서 의회는 극단적인 의견이 대립하는 장소가 된다.

의회에서 의견이 단순화되는 사례를 가장 완벽하게 보여준 정당은 프랑스 대혁명 당시의 자코뱅당이었다. 당원 모두가 독단적이고 논리적이었으며 머릿속은 모호한 일반론으로 가득했던 까닭에 사건의 개별성을 고려하지 않고 고정된 원칙을 적용하는 데만 급급했다. 따라서 자코뱅당이 정황이나 추이를 보지 않고 혁명을 밀어붙이기만 했다는 평가는 정당하다고 본다. 그들은 혁명 지침으로 삼은 단순한 강령으로 사회를 완전히 개조하고, 사회가 진화되기 훨씬 이전 단계로 세련된 문명을 되돌리고 싶어 했다. 이런 꿈을 실현하기 위해 그들이 사용한 수단은 지극히 단순했다. 방해가 되는 것들은 폭력을 써서 파괴할 뿐이었다. 자코뱅당뿐만 아니라 지롱드당, 산악당, 테르미도르당 등도 같은 생각에 사로잡혀 있었다.

다른 군중과 마찬가지로 의회 군중도 암시에 쉽게 걸린다. 암시는 위신을 지닌 지도자에게서 나와야 한다. 의회의 피암시성은 분명한 한계가 있으며, 이 점은 명확하게 지적해둘 필요가 있다.

지역의 이해관계가 걸린 문제에서 각 의원의 의견은 확고해

변하지 않으며 어떤 논증에도 흔들리지 않는다. 고대 그리스의 저명한 웅변가 데모스테네스가 온다고 해도 보호무역이나 주류 제조 허가권처럼 영향력이 막강한 유권자의 요구가 반영된 안건에 관해서는 의원들의 의견을 바꾸지 못할 것이다. 이런 유권자의 사전 암시는 다른 모든 암시를 지워버리고 본래 의견을 확고히 유지하게 할 정도로 강력하다.[25]

내각 교체나 세금 부과 등과 같이 일반적인 문제에 대해서는 고정된 의견이 있을 수 없기 때문에 지도자의 암시가 영향을 미칠 수 있다. 그렇다고 해도 일반 군중에게 하듯이 완벽하게 영향을 미치지는 못한다. 각 정당에는 지도자들이 있고 때때로 그들은 동등한 영향력을 갖는다. 그럴 경우 의원들은 상반된 암시 사이에서 갈등하고 망설일 수밖에 없다. 이런 이유 때문에 의원들이 15분 간격으로 정반대 의견에 표를 던지고 법의 취지를 무색하게 만드는 조항을 삽입하기도 한다. 예컨대 노동자를 마음대로 고용하고 해고하는 권리를 기업주에게서 박탈했다가 다시 수정 법안을 올려 그 조치를 무력하게 만든다.

---

25 의견은 사전에 확정되어 있으며 선거의 필요성에 따라 더욱 확고해진다는 주장은 어떤 나이 많은 의원의 말에서도 확인할 수 있다. "지난 50년 동안 나는 웨스트민스터 의회에서 활동하며 수많은 연설을 들었다. 그러나 연설을 듣고 내 의견을 바꾼 적은 거의 없었다. 더구나 표심이 달라진 적은 한 번도 없었다."

의회가 열릴 때마다 의원들이 어떤 문제에 대해서는 확고한 의견을 유지하는 반면, 어떤 문제에 대해서는 선뜻 결정하지 못하고 모호한 입장을 취하는 이유가 여기에 있다. 결국 다루어야 할 사안 중에서 일반적인 문제의 수가 더 많으므로 의원들이 망설이는 경우도 많아지고, 그러한 모호함은 유권자에 대한 두려움 때문에 그대로 유지된다. 유권자들이 주는 잠재적 암시가 지도자들의 영향력을 억누르는 경향이 있기 때문이다.

하지만 의원들이 사전에 입장을 확실히 결정하지 못한 많은 문제에서 토론을 이끄는 주역은 결국 지도자들이다.

지도자는 집단의 수장이라는 이름으로 모든 국가의 의회에 존재한다. 그 때문에 지도자는 분명 필요한 존재다. 그들이야말로 의회를 이끄는 진정한 주역이다. 군중 속의 개인들은 지도자가 없으면 아무것도 하지 못한다. 결국 일반적으로 의회의 투표는 지도자 격인 소수 의원의 의견만 대변하는 셈이다.

지도자가 이성적 추론으로 영향을 미치는 경우는 거의 없다. 대부분 위신을 앞세워 영향력을 행사한다. 어떤 상황에서든 지도자가 위신을 잃으면 영향력도 상실한다는 사실이 이 점을 가장 잘 설명해준다.

지도자의 위신은 개인이 타고난 것이어서 명성이나 신망과는 무관하다. 쥘 시몽은 자신이 활동한 1848년 의회의 유명한 위원들에 대해 이야기하며 흥미로운 일화를 전해준다.

절대 권력자가 되기 두 달 전만 해도 루이 나폴레옹[Louis Napoléon(1808-1873), 나폴레옹 3세]은 그야말로 별 볼 일 없는 사람이었다.

빅토르 위고[Victor Hugo(1802-1885), 19세기 프랑스 낭만주의를 대표하는 시인이자 소설가이면서 극작가]가 연단에 섰지만, 그의 연설은 성공을 거두지 못했다. 동료 의원들은 펠릭스 피야[Félix Pyat(1810-1889), 프랑스 대혁명 기간 중 산악당 소속의 하원의원]의 연설에 귀 기울이듯이 위고의 연설에도 귀를 기울였다. 그러나 위고에게는 피야에게 보낸 만큼 박수를 보내지 않았다. 볼라벨[아실 드 볼라벨(Achille de Vaulabelle, 1799-1879), 프랑스의 저널리스트이자 정치인] 의원은 피야에 대해 이렇게 말했다. "나는 그의 사상을 별로 좋아하지 않지만, 그가 프랑스에게 가장 뛰어난 작가이자 웅변가인 것은 분명해." 키네[에드가르 키네(Edgar Quinet, 1803-1875), 프랑스의 정치인이자 역사학자]는 드물게 탁월한 지성인이었지만 동료 의원들에게 별달리 존경을 받지는 못했다. 그는 의회가 열리기 전에 엄청난 인기를 누렸지만 의회에서는 아무런 주목도 받지 못했다.

정치인들이 모인 의회는 천재의 광채가 좀처럼 빛을 발하지 못하는 곳이다. 이런 곳에서 주목을 받으려면 시간과 장소에 걸맞은 웅변술을 갖추어야 하고, 더불어 조국이 아니라 정당을 위해서 헌신해야 한다. 의원들이 1848년에 라마르틴[프랑스 낭만파 시인이자 정치인으로, 1848년 프랑스 임시정부의 외무대

신을 지냈던 알퐁스 드 라마르틴(Alphonse de Lamartine, 1790-1869)]
에게, 1871년에는 티에르[프랑스 정치인이자 역사학자로 1871년
8월 31일부터 1873년 5월 24일까지 프랑스 공화국 대통령을 지낸 아
돌프 티에르(Adolphe Thiers, 1797-1877)]에게 경의를 표한 이유
는 화급하고 피할 수 없는 이해관계 때문이었다. 그러나 위험
이 지나가자 의원들은 감사하는 마음과 두려움에서 동시에
벗어났다.

　내가 이 글을 인용한 이유는 거기에 묘사된 사실 때문이지
글이 설명하고자 하는 내용 때문이 아니다. 설명조차도 심리학적
으로는 보잘것없다. 군중은 지도자가 조국이든 정당이든 무엇에
헌신하느냐를 따지는 순간 군중으로서의 특성을 잃게 마련이다.
군중이 지도자에게 복종하는 이유는 지도자의 위신 때문이지 개
인의 이익이나 감사하는 마음 같은 감정 때문이 아니다.
　따라서 위신을 충분히 갖춘 지도자는 거의 절대적인 권력을
얻는다. 한 유명 의원은 금융 사건에 연루되어 지난번 선거에서
낙선했지만 개인의 위신 덕분에 그전까지 아주 오랫동안 꽤나 큰
영향력을 행사했다. 그가 가볍게 손짓했을 뿐인데 내각이 개편되
기도 했다. 한 작가는 그가 미친 영향력의 범위가 얼마나 넓은지
를 다음과 같이 명쾌하게 기록했다.

　우리가 세 배나 더 값을 치르고 통킹[베트남 북부 지역]을 산

것도, 마다가스카르섬에서 확고한 기반을 마련하지 못한 것도, 니제르 남부 지역의 식민 영토를 빼앗긴 것도, 이집트에서 누리던 우월한 상황을 상실한 것도 다 아무개 씨 때문이다. 그의 이론을 따랐던 까닭에 우리는 나폴레옹 1세가 잃은 것보다 더 많은 영토를 잃었다.

그렇다고 문제의 지도자를 지나치게 원망해서는 안 된다. 그로 인해 우리가 값비싼 대가를 치른 것은 분명하지만, 그는 여론을 충실히 따랐기 때문에 상당한 영향력을 유지할 수 있었다. 안타깝게도 식민지 문제가 당시의 여론과 전혀 다른 방향으로 흘렀을 뿐이다. 지도자가 여론을 앞서가는 경우는 극히 드물다. 지도자는 거의 언제나 여론을 따르고 잘못까지 떠안아야 한다.

지도자의 설득 수단에는 위신 외에도 이미 여러 차례 열거한 요인들이 있다. 지도자가 그 요인들을 능숙하게 다루려면 적어도 무의식적으로는 군중의 심리를 깊이 이해하는 수준에 이르러야 하고, 군중에게 어떻게 말해야 하는지 깨우쳐야 한다. 특히 단어와 경구, 이미지의 매력에 대해서도 알아야 한다. 증거에 구애받지 않는 힘찬 단언, 간결한 추론이 더해진 인상적인 이미지 등을 동원하는 특별한 웅변술도 갖추어야 한다. 영국 의회를 비롯해 모든 국가의 의회에서 이런 연설을 들을 수 있다. 하지만 영국 의회는 어느 곳보다 절제된 모습을 보여준다.

영국의 철학자 메인[법제역사학자이자 비교역사학자로 이름난

헨리 제임스 메인(Henry James Maine, 1822-1888)]은 이렇게 말했다. "하원에서 진행된 토론의 기록문을 읽어보면, 논거가 미약한 일반론과 상당히 과격한 인신공격을 끝없이 주고받는 듯하다. 이런 일반적인 표현은 순수한 민주주의의 상상력에 엄청난 영향을 미친다. 그동안 검증된 적 없고 앞으로도 검증될 가능성이 전혀 없는 주장이라 해도 그것을 강력하고 인상적으로 표현하면 군중이 그 표현을 쉽게 받아들일 것이다."

'강렬하고 인상적인 표현'의 중요성은 아무리 강조해도 지나치지 않다. 단어와 경구의 특별한 힘에 대해서는 이미 몇 번이고 강조했다. 무엇보다 생생한 이미지를 떠올려줄 수 있는 단어와 경구를 선택해야 한다. 프랑스 의회 지도자 중 한 명의 연설에서 인용한 다음 글은 그런 예를 훌륭하게 보여준다.

> 부패한 정치인과 살인을 일삼은 무정부주의자가 같은 배를 타고 뜨거운 유형지로 가는 모습을 상상해봅시다. 두 사람은 대화를 할 것이고, 자신들이 상호보완적인 역할을 하며 하나의 사회질서를 만들어갈 수 있다는 걸 깨달을 테지요.

정적들은 이 연설을 들었을 때 생생한 이미지를 떠올리며 위협감을 느꼈을 것이다. 그들은 뜨거운 유형지와 그들을 싣고 갈 수도 있는 배를 동시에 떠올렸을 것이다. 그들이 명확히 규정할 수는 없지만 여하튼 위협감을 느끼는 정치인의 범주에 속했기 때문 아닐까? 그때 그들은 국민공회 의원들과 동일한 두려움을 자신도 모르게 느꼈을 것이다. 국민공회 의원들은 로베스피에르의 모호한 연설을 들을 때 단두대 칼날이 언제 자신에게 떨어질지 모른다는 두려움을 느꼈고, 그래서 항상 그에게 복종했다.

지도자가 터무니없는 과장도 서슴지 않는 이유는 그 자체로 유리하기 때문이다. 방금 앞에서 인용한 연설가는 은행가와 성직자가 폭탄 테러범들을 고용했다거나 대형 금융기업의 중역들도 무정부주의자와 똑같은 형벌을 받아야 한다고 단언했지만 별다른 항의를 받지 않았다. 이런 확언은 언제나 군중에게 영향을 미친다. 지나치게 격앙된 확언이란 없고, 지나치게 위협적인 연설이란 것도 존재하지 않는다. 이런 연설만큼 청중을 섬뜩하게 만드는 것도 없다. 청중은 여기에 항의하다가 배신자나 공모자로 몰릴까봐 두려워한다.

방금 말했듯이 이런 연설은 모든 의회에서 항상 효과를 발휘했고 위기 때 더욱 빈번하게 행해진다. 이런 관점으로 프랑스 대혁명 당시 의회에서 활동했던 위대한 웅변가들의 연설문을 읽는 것도 무척 흥미로운 일이다. 웅변가들은 연설을 끝낼 때마다 자신들에게 주어진 의무라고 생각하며 범죄를 비난하고 미덕을 찬양했다. 그러고는 독재자에게 저주를 퍼부으면서 자유롭게 살지 못하느니 차라리 죽겠다고 선언했다. 그러면 청중은 열렬히 기립박수를 보낸 후 마음을 가라앉히고 자리에 앉았다.

때때로 지도자가 지적인 데다 고등교육까지 받았을 수 있다.

그러나 일반적으로 그런 조건은 지도자에게 유익하기보다는 해롭다. 지성을 갖추면 복잡한 현실을 고려해서 설명하고 이해하고자 애쓰느라 지도자에게 필요한 확신의 강도와 과격함이 완화되고 무뎌진다. 어느 시대에나 위대한 지도자들, 특히 프랑스 대혁명을 끌어가던 지도자들은 안타까울 정도로 지적 능력이 편협했다. 그리고 편협한 지도자가 더 큰 영향력을 발휘했다.

프랑스 대혁명의 지도자 중 가장 유명한 로베스피에르의 연설은 아연실색할 정도로 앞뒤가 맞지 않았다. 연설문만 읽어봐서는 그가 어떻게 강력한 독재자가 되어 엄청난 역할을 해낼 수 있었는지 아무도 설명할 수 없을 것이다.

> 보통 사람들보다 수준이 낮은 어린아이 같은 영혼에게나 통하는 라틴계 특유의 웅변처럼 상투적인 문장이 반복되고, 초등학생들의 드잡이질에서 흔히 보듯이 "그래, 어디 할 테면 해봐!"라는 협박으로만 그치는 듯하다. 사상도, 고유한 표현도, 재치 있는 독설도 없다. 그저 폭풍처럼 휘몰아치는 과장이 지겨울 따름이다. 이런 따분한 연설이 끝나면, 사람들은 저 카미유 데물랭[Camille Desmoulins(1760-1794), 프랑스 혁명 당시 혁명파로서 반혁명파에 대한 관용을 주장하다가 처형당했다]처럼 "휴!"라는 한숨이 저절로 나올 것이다.

편협함과 강력한 확신이 위신을 갖춘 사람에게 부여하는 힘을 생각하면 때로는 모골이 송연해진다. 하지만 이런 조건을 갖춘 지도자만이 장애를 무시하고 의지를 최고로 발휘할 수 있다. 군중은 자신들에게 필요한 지도자를 이렇게 확신과 활기에 찬 사람들 중에서 본능적으로 알아낸다.

의회에서 행하는 연설의 성공 여부는 전적으로 연설자의 위신에 좌우되며 그가 제시하는 내용과는 별 상관이 없다. 어떤 이유로 연설자가 위신을 잃으면 영향력, 즉 자신의 뜻대로 투표 방향을 끌어가는 힘도 잃는다는 게 가장 확실한 증거다.

무명의 연설자가 아무리 훌륭한 연설을 하더라도 논리적 주장만으로는 청중의 주목을 끌 가능성이 거의 없다. 과거에 의원을 지낸 데큐브[아메데 데큐브(Amédée Descubes, 1853-1936)]는 위신 없는 의원의 모습을 다음과 같이 요약했다.

> 연단에 올라간 그는 가방에서 서류 하나를 꺼내고 앞에 가지런히 펼친 후 자신 있게 연설을 시작했다. 자신의 확신을 동료 의원들의 영혼에 심을 수 있을 것이라고 은근히 기대했다. 연단에 오르기 전에 논거를 다듬고 또 다듬지 않았던가! 자신의 주장을 뒷받침할 통계 자료와 증거도 충분히 확보했다. 어떤 반론도 자기가 제시하는 증거 앞에서는 무용지물이 될 것이라 생각했다. 또한 자기가 연설을 시작하면 동료 의원들이 당연히 주목할 것이고 자신이 말하는 진실 앞에 경의를 표할 것이라고 믿었다.

그러나 연설을 시작하자마자 의원들의 반응에 놀라지 않을 수 없었다. 게다가 웅성대는 소리가 점점 커져 짜증이 났다. '왜 이렇게 웅성대는 거지? 어째서 내 연설에 귀 기울이지 않는 거야? 잡담하는 의원들은 대체 무슨 생각을 하는 걸까? 자리를 뜨는 의원들은 급한 볼일이라도 있는 걸까?'

불안한 빛이 그의 이마를 스쳐 지나갔다. 그는 눈살을 찌푸리며 연설을 멈추었다. 연설을 계속하라는 의장의 독려에 목소리를 높여 다시 연설을 시작했다. 그러나 연설을 경청하는 의원의 수는 오히려 줄어들었다. 그는 목소리에 힘을 주었고 손짓과 몸짓까지 더했다. 주변에서 웅성대는 소리가 더 커졌다. 이제는 목소리조차 묻힐 정도였다. 결국 다시 연설을 멈추었다. 하지만 그런 침묵이 "연설 종료!"라는 유감스러운 선언으로 이어질까 봐 두려워 더욱 열띤 어조로 연설을 다시 시작했다. 동료 의원들의 소란은 견디기 힘든 지경에 이르렀다.

의회 군중이 상당한 정도의 흥분 상태에 올라서면 일반적인 이질적 군중과 똑같아진다. 따라서 그들의 감정도 항상 극단적이라는 특성을 띤다. 영웅적인 위대한 행동을 할 때도 있지만 반대로 더없이 패악스러운 행동도 한다. 의원 개개인은 더 이상 그 자신이 아니다. 그래서 개인의 이해관계와 완전히 상반된 정책에 찬성표를 던지기도 한다.

프랑스 대혁명의 역사는 의회 군중이 어느 정도까지 무의식적으로 변해서 자신의 이해관계와 완전히 상반된 암시에도 복종하게 되는가를 보여준다. 귀족이 특권을 포기한다는 건 엄청난 희생이었다. 하지만 그 유명한 입법회의의 밤에 귀족들은 조금도 망설이지 않고 특권을 포기했다. 국민공회 의원이 면책특권을 포기한다는 건 죽음의 위협을 떠안겠다는 뜻이지만, 그들은 기꺼이 그 권리를 포기했고, 오늘 동료를 단두대에 보내면 내일 자신이 단두대에 오를 수 있다는 걸 알면서도 상대를 형장에 보내기를 두려워하지 않았다.

그러나 그들은 완전히 기계적으로 반응하는 상태에 빠져들었고, 그들을 최면에 빠뜨리는 암시를 그 무엇으로도 이겨낼 수 없었다. 당시 의원이던 비요바렌[자크니콜라 비요바렌(Jacques-Nicolas Billaud-Varenne, 1756-1819)]은 회고록에서 이런 전형적인 모습을 기록했다. "우리는 이틀 전, 아니 하루 전만 해도 그토록 비난받는 결의안을 원하지 않았다. 오직 위기 상황을 만난 뒤에야 그런 결정을 내렸다." 이보다 더 적절한 표현은 없을 듯하다.

이 같은 무의식적 현상은 항상 소란스러운 국민공회 회의에서도 뚜렷이 드러났다. 역사학자 이폴리트 텐은 당시 상황을 이렇게 기록했다.

> 그들은 자신이 두려워했던 일, 즉 어리석고 광기 어린 행위뿐만 아니라 무고한 사람과 그들의 친구까지 살해하는 범죄행위를 승인하고 결정했다. 좌파는 만장일치와 열렬한 박수

로 자신들의 타고난 지도자이자 혁명을 선두에서 이끌던 위대한 인물 당통을 단두대로 보냈고, 이에 우파도 합세했다. 또 우파는 혁명 정부 최악의 법안을 만장일치와 열렬한 박수로 통과시켰고, 이에 좌파도 합세했다. 국민공회 의원들은 데르부아[장 마리 콜로 데르부아(Jean-Marie Collot d'Herbois, 1749-1796)], 쿠통[조르주 오귀스트 쿠통(Georges Auguste Couthon, 1755-1794)], 로베스피에르에게 열광적인 갈채와 만장일치로 지지를 표하면서 자발적으로 실시한 여러 차례의 재신임 투표를 통해 살인 정부를 유임시켰다.

평원당은 혁명 정부가 살인을 저질렀다는 이유로, 산악당은 혁명 정부가 자신들을 학살한다는 이유로 그들을 증오했지만, 이 다수파와 소수파도 결국은 그들 자신의 자살을 방조하는 조치에 동의하고 말았다. 예컨대 목월[牧月, 프랑스 혁명력에서 아홉 번째 달이며 현재 달력으로는 5월 20일부터 6월 18일] 22일, 국민공회 의원들은 자신들조차 언제든 단두대에 끌려갈 수 있는 이른바 공포정치법을 만장일치로 통과시켰다. 열월[熱月, 프랑스 혁명력에서 열한 번째 달이며 현재 달력으로는 7월 20일부터 8월 17일] 8일에는 로베스피에르의 연설이 끝난 지 15분 만에 국민공회 의원들은 다시 자신의 목을 내놓는 법을 통과시켰다.

음울하지만 정확한 묘사다. 몹시 흥분하거나 최면에 걸린 의회는 똑같은 특성을 보인다. 모든 충동에 휘둘리는 불안정한 무리가 된다. 아래에 인용한 글은 민주주의 신념에 투철했던 스풀레르[프랑스 정치인이자 작가인 외젠 스풀레르(Eugène Spuller, 1835-1896)]가 1848년 『르뷔 리테레르』지에 기고한 것으로 최면에 걸린 의회의 전형을 잘 보여준다. 내가 군중의 특성으로 제시했던 과장된 감정들, 완전히 상반된 감정을 순간적으로 오가는 심한 변덕을 이 글에서도 그대로 확인할 수 있다.

> 분열과 질투와 의심 그리고 번갈아 가면서 이어지는 맹신과 무절제한 희망 때문에 공화당은 몰락하고 말았다. 그들은 한편으로는 순진하고 고지식했지만, 다른 한편으로는 모든 것을 의심하고 경계했다. 그들은 법의식도, 규율에 대한 이해도 없었다. 끝없는 환상과 공포에 사로잡혀 있을 뿐이었다. 그런 점에서는 농민이나 어린아이와 비슷하다. 그들은 침착한 듯하면서도 조급하고, 야만적이면서도 온순하지 않은가. 이것은 다듬어지지 않은 기질과 교육의 부재에서 나타나는 특성이다. 그들은 웬만한 일에는 놀라지 않는가 하면, 매사에 당황하기도 한다. 때로는 두려움에 사로잡혀 바들바들 떨지만, 때로는 영웅처럼 용감무쌍하게 행동한다. 또 어떤 때는 불길 속에 과감히 뛰어들지만, 어떤 때는 그림자만 보고도 뒷걸음질을 친다.
>
> 그들은 사건의 원인과 결과, 즉 사건의 인과관계를 따지지 않

는다. 흥분하는 것만큼이나 빠르게 낙담하고, 온갖 두려움에 사로잡히며 감정이 극단을 오간다. 감정을 상황에 맞추어 적절하게 조절하지 못한다. 물보다 더 유동적이어서 모든 색깔을 보여주고 모든 형태를 띨 수 있다. 그들이 과연 올바른 정치 체제의 기반을 다질 것이라고 기대할 수 있었겠는가?

다행스럽게도 지금까지 살펴본 의회의 특성들이 항상 나타나는 것은 아니다. 의회는 일정한 순간에만 군중이 된다. 의회를 구성하는 개인들은 많은 경우 본래의 독자성을 유지한다. 그래서 의회는 고도로 전문적인 법을 만들어낼 수 있다. 그런 법을 만드는 실제 주역은 조용한 사무실에 앉아 법안을 준비한 전문가들이다. 따라서 엄격히 말해, 표결된 법은 개인의 작품이지 의회의 작품이 아니다. 당연히 이런 법이 가장 훌륭하다. 그런데 바람직하지 않은 일련의 수정이 거듭되면서 법안이 집단의 작품으로 변질되면 형편없는 수준으로 전락한다. 군중의 작품은 언제 어디서나 독립된 개인의 작품보다 열등하다. 혼란스럽거나 미숙한 대책들로부터 의회를 구해내는 것은 전문가들이다. 따라서 전문가는 일시적인 지도자다. 의회는 전문가에게 영향을 미칠 수 없지만, 전문가는 의회에 영향을 미친다.

운용하는 데 많은 어려움이 있긴 해도 의회는 여러 국가가 지금까지 찾아낸 최적의 정치 체제이며, 특히 개인의 폭정이란 예속에서 벗어날 수 있는 최적의 제도다. 의회 제도는 적어도 철학자와 사상가, 작가, 예술가, 학자 등 문명사회의 최정점에 있는 이들에게 이상적인 정치 체제임은 분명하다.

게다가 의회 제도는 두 가지 경우에만 위험할 뿐이다. 하나는 불가피한 재정 낭비이고, 다른 하나는 개인의 자유를 점진적으로 제한하는 것이다.

첫 번째 위험은 유권자 군중의 요구와 즉흥성에서 비롯되는 어쩔 수 없는 결과다. 예컨대 어떤 의원이 민주주의 사상을 명백히 충족시키는 듯한 대책, 즉 노동자에게 은퇴 연금을 보장한다든지, 도로 보수 인부나 초등학교 교사의 월급을 인상하는 대책을 제안했다고 해보자. 그러면 다른 의원들은 그 대책이 예산에 큰 부담이 되고, 그로 인해 과세 항목을 신설해야 한다는 것을 알면서도 유권자를 두려워해야 한다는 암시를 받기 때문에, 감히 그 법안을 거부하면서 유권자들의 이익을 무시하는 듯한 입장을 취하지는 못할 것이다.

그러므로 투표할 때 망설이는 것 자체가 불가능하다. 지출이 증가한 결과는 먼 훗날에 나타나므로 그들이 귀찮게 감당하지 않아도 되지만, 반대표를 던진 결과는 유권자 앞에 다시 서야 하는 다음 선거에서 명확히 나타나기 때문이다.

이런 것 외에도 지출 증가를 유발하는 또 다른 원인이 있다. 그것은 의원들이 지역의 이익을 위한 지출에 동의할 수밖에 없는 경우가 다반사라는 것이다. 그런 지출은 유권자의 요구를 반영하고 있으며, 동료 의원의 비슷한 요구를 들어주어야 자기 지역구에

필요한 지원을 얻을 수 있으니 어떤 의원이든 그런 지출 법안에 반대하기가 쉽지 않다.[26]

앞에서 언급한 위험 중 두 번째 것, 즉 의회에 의한 개인의 자유 제한은 첫 번째 이유보다 확연히 눈에 띄지는 않지만 상당히 현실적인 위협이다. 의회는 근시안적 시각으로 결과를 바르게 예측하지 못한 채 의무감에 사로잡혀 개인의 자유를 제약하는 법들

---

26 1895년 4월 6일자 『이코노미스트』에 순전히 선거와 관련된 재정 지출, 특히 철도와 관련된 재정 지출이 1년에 얼마나 되는지 계산한 흥미로운 기사가 실렸다. 이 기사에 따르면 높은 산 위에 있는 도시 랑가예(인구 3,000명)를 르뤼까지 철로로 연결하는 법안이 통과되었고, 예상 비용은 1,500만 프랑이었다. 또 보몽(인구 3,500명)과 카스텔 사라쟁을 잇는 철로 건설에는 700만 프랑, 우스트라는 작은 마을(523명)을 세(1,200명)와 연결하는 철로 건설에는 700만 프랑, 프라드를 올레트라는 촌락(717명)과 이어주는 철로 건설에는 600만 프랑의 지출이 예상된다. 1895년에만 9,000만 프랑의 예산이 순전히 지역 철도에 배정되었다. 선거와 관련해 다른 분야에 불가피하게 책정된 지출도 이보다 적지는 않다. 노동자에게 은퇴 연금을 보장하는 법을 시행하는 데는 재무장관의 계산에 따르면 조만간 해마다 최소 16,500만 프랑이 필요하지만, 르루아 보리외 교수에 따르면 실제로는 예상을 훌쩍 뛰어넘어 8억 프랑이 소요될 것으로 추정된다. 그런 지출이 계속 증가하면 결국 파산으로 끝날 게 분명하다. 유럽의 많은 국가, 예컨대 포르투갈과 스페인, 그리스와 터키가 이미 그 지경에 이르렀고, 다른 국가들도 곧 파산의 궁지에 내몰릴 듯하다. 그러나 이런 상황을 지나치게 걱정할 필요는 없다. 여러 국가에서 국민들이 국채 배당금을 5분의 4만큼 삭감하는 법안을 커다란 저항 없이 연속적으로 받아들였기 때문이다. 따라서 이런 기발한 파산 덕분에, 적자이던 예산이 순식간에 균형을 되찾게 된다. 게다가 우리는 전쟁과 사회주의 및 경제적 충돌로 빚어질 다른 재앙에도 대비해야 한다. 또한 모든 것이 해체되기 시작한 시대를 맞아 우리가 어찌할 수 없는 미래를 지나치게 걱정하지 말고 하루하루를 묵묵히 살아가는 자세가 필요하다.

군중심리

을 통과시킨다. 결국 두 번째 위험은 그런 무수한 법들이 낳은 결과인 셈이다.

이런 위험은 분명 불가피한 면이 있다. 의원이 유권자로부터 독립되어 있어 가장 완벽한 형태의 의회 제도를 운용한다는 영국조차 그런 위험에서 벗어나지 못했기 때문이다. 영국 철학자 허버트 스펜서는 과거에 발표한 저작에서 표면상 자유가 늘어나면 실제 자유가 위축된다는 사실을 보여주었다. 최근에 발표한 『개인 대 국가』(*The Man Versus The State*)에서는 똑같은 주제를 다시 다루며 영국 의회에 대해 다음과 같이 말했다.

> 그 시대 이후 입법은 내가 지적한 방향으로 진행되었다. 독재에 가까운 조치들이 빠른 속도로 증가하며 개인의 자유를 지속해서 제한하는 경향을 보였고, 이는 대부분 두 가지 방식으로 이루어졌다. 첫째로 예전에는 완전히 자유롭게 행동하던 분야에서 시민을 규제하는 법규가 생겨났다. 그래서 개인의 의지에 따라 해도 그만 안 해도 그만이던 행동을 반드시 하도록 강제하는 일이 많아지고 있다. 둘째로 납세자의 세 부담이 증가하고, 가처분 소득은 감소하는 반면에 국가 기관이 국민에게 거두어들여 마음대로 지출할 수 있는 금액은 증가하면서 개인의 자유가 한층 더 제한받게 되었다.

개인의 자유에 대한 점진적 제한은 모든 국가에서 하나의 특별한 형태를 띤다. 일반적으로 자유를 제한하는 법이 많이 제정되면 그 법을 집행하는 공무원의 수와 권력과 영향력이 증가한다는 것이다. 이 현상은 허버트 스펜서가 언급한 형태와 다르다. 그래서 문명국가에서는 공무원이 국가의 진정한 주인이 되어간다. 권력자는 끊임없이 교체되지만 행정 관료집단은 그런 일에 영향을 받지 않는 유일한 집단, 책임지지 않는 비인격체로 연속성을 갖는 유일한 집단이기 때문에 공무원의 힘은 더욱더 커진다. 많은 독재체제가 있지만 지금까지 언급한 세 가지 형태로 나타나는 독재 체제만큼 억압적인 체제는 없다.

삶의 사소한 영역까지 복잡한 문구로 간섭하는 법과 규제를 끊임없이 제정하면 시민들은 운신의 폭이 점점 줄어드는 치명적인 결과를 맞이하기 마련이다. 법 조항이 늘어날수록 평등과 자유가 확실히 보장된다는 환상이 있다. 이런 환상에 사로잡히면 국민은 점점 더 심한 속박을 당하게 된다.

그런 속박을 받아들일 때 국민에게 피해가 없는 것은 아니다. 속박을 견뎌내는 데 길들면 결국 속박을 갈구하고 자발성과 활력을 상실하게 된다. 그 결과로 국민은 의지도 없고 저항도 하지 않으며 활력도 없는, 수동적인 꼭두각시로 전락한다.

그러나 우리는 내부에서 더 이상 활력을 찾을 수 없으면 어쩔 수 없이 외부로 눈을 돌리게 된다. 달리 말해, 시민의 무관심과 무기력이 점점 커지면 정부의 역할이 확대될 수밖에 없다. 게다가 개인이 더는 갖지 못하는 진취성과 도전 정신, 방향을 제시하는 능력까지 정부가 불가피하게 보여주어야 한다. 정부가 모든 것을 주도하고, 모든 것을 운영하며, 모든 것을 보호해야 한다. 그리하여 국가는 전능한 신이 된다. 그러나 지금까지의 경험에 따르면, 그런 신의 힘은 오래 지속된 적이 없고 유능했던 적도 없다.

어떤 국가에서 표면상으로는 국민에게 모든 자유가 보장된 것처럼 보이지만 실제로는 자유가 점진적으로 제한되고 있다면, 현재 정치 체제뿐만 아니라 국가의 노쇠가 원인일 수 있다. 자유의 제한은 지금까지 어떤 문명도 피할 수 없었던 쇠퇴기에 국가가 접어들었다는 걸 미리 알려주는 전조 중 하나다.

과거의 교훈과 사방에서 드러나는 징조로 판단해보면, 적잖은 현대 문명이 이런 극단적인 노쇠기에 접어들어 쇠락을 시작한 것으로 보인다. 흔히 말하듯 역사는 반복되므로 이 같은 단계는 모든 민족에게 치명적인 영향을 줄지도 모른다.

문명의 일반적 진화 단계를 간략하게 설명하기란 그다지 어렵지 않으므로 그 단계들을 요약하며 이 책을 마무리하겠다.

우리 시대에 앞서 존재한 문명들의 흥망성쇠를 간략히 조사하면 어떤 결과가 나올까? 이런 문명의 여명기에는 다양한 출신의 무수히 많은 사람이 이주와 침략, 정복을 통해 우연히 한곳에 모인다. 반쯤 공인된 지배자의 법이 혈통이 다르고 언어와 믿음도 다른 그들을 하나로 이어준 끈이었다. 이처럼 이질적이고 어수선한 집합체에서 군중심리의 특성이 가장 뚜렷하게 드러난다. 그들은 일시적인 결집력, 영웅적 행동, 유약함, 충동성과 폭력성 등을 보여주지만 어떤 것도 지속되지 않는다. 그들은 야만인과 다를 바 없다.

그러고 나면 시간이 제 역할을 한다. 동일한 환경, 반복되는 종족 간의 교배, 공동생활의 필요성이 서서히 영향을 미친다. 상이한 개체들이 모여 융합되며 하나의 민족을 형성하기 시작한다. 다시 말해서 유전을 통해 더욱 고착되는 공통된 특성과 감정을 보유한 결집체가 형성된다. 요컨대 군중이 민족이 되면 그 민족은 야만 상태를 벗어날 수 있게 된다.

하지만 민족은 줄기차게 투쟁을 되풀이하고 다시 시작하는 과정을 수도 없이 겪으면서 어떤 이상을 획득한 뒤에야 야만 상태에서 완전히 벗어날 것이다. 로마 숭배든, 아테네의 힘이든, 알라의 승리든 무엇이 되었든 간에 형성 과정에 있는 민족의 모든 구성원에게 감정과 생각이 완전히 하나로 결합한 것을 이상으로 제시하면 그것으로 충분하다.

그 단계에서 고유한 제도와 신념, 예술을 지닌 새로운 문명이 탄생한다. 민족은 꿈과 이상을 추구하며, 문명에 찬란함과 활력과 위대함을 부여하는 데 필요한 모든 것을 차근차근 갖추어갈 것이다. 물론 민족은 어떤 시기에 이르면 다시 군중이 되겠지만, 그때 군중이 가진 변덕스러운 특성의 이면에는 견고한 기반, 즉 민족의 영혼이 있기에 동요하는 폭을 좁히고 우연을 억제할 것이다.

그러나 시간은 창조를 끝낸 뒤 파괴를 시작한다. 인간은 물론 신도 이 파괴 활동에서 벗어날 수 없다. 일정한 수준의 힘과 복잡성에 이르면 문명은 성장을 멈춘다. 성장을 멈춘 문명은 즉시 쇠락하는 운명을 맞이한다. 노쇠기에 들어섰다는 뜻이다.

피할 수 없는 이 시간이 닥치면 민족의 영혼을 지탱해온 이상이 약해진다. 이상이 쇠락하면 그 이상에서 영감을 받아 설립된 종교, 정치, 사회 구조도 흔들리기 시작한다.

이상이 차차 소멸되면 민족을 하나로 결집하며 민족에 활력을 주던 것들도 점점 잃어버리기 마련이다. 이때에도 개인의 인격과 지성은 여전히 성장할 수 있지만, 민족의 집단 이기주의는 개인의 과도한 이기주의로 대체된다. 그와 동시에 민족의 특성이 힘을 잃고 활동 능력도 감퇴한다. 그 결과 하나의 민족, 하나의 통합체, 즉 하나의 집단을 형성하던 것이 응집력 없는 개인들의 집합체가 되고, 그 집합체는 전통과 제도에 의해 잠시 동안만 인위적으로 유지된다.

이 단계에서 개인들은 각자의 이해관계와 욕망에 따라 분열되고 더는 스스로 결정할 수 없는 지경에 이른다. 따라서 지극히 사소한 행동까지 국가가 나서서 지도해주기를 바라고, 그 결과 국가는 국민에게 절대적인 영향력을 행사한다.

과거부터 지녀온 이상이 완전히 사라지고 나면 민족은 결국 고유한 정신 구조마저 완전히 잃는다. 이때 민족은 무수히 많은 독립된 개인이 되고, 원래 상태였던 군중으로 돌아간다. 그렇게 되면 그 민족은 일관성도 없고 내일도 없는, 그야말로 덧없는 특성을 띤다. 문명은 이제 더는 안정되지 않고 모든 것이 우연에 맡겨진다. 평민이 지배하고 야만의 시대가 시작된다. 문명은 오랜 과거가 만들어낸 외형이 그대로 유지되기 때문에 여전히 눈부시게 보일 수 있지만, 더는 떠받쳐주는 게 없어서 폭우가 몰아치면 곧바로 무너져버릴 낡은 건물에 불과하다.

어떤 꿈을 추구하며 야만의 상태에서 문명의 단계에 올라섰다가 그 꿈이 힘을 잃자마자 쇠락하고 무너져 내리는 현상, 이런 것이야말로 민족의 흥망성쇠다.

해제
군중에 관한 모든 연구의 출발점

강주헌

1. 저자의 생애

귀스타브 르 봉은 1841년 5월 7일 프랑스 상트르발드루아르 주의 노장르로트루에서 태어났다. 본명은 샤를 마리 귀스타브 르 봉(Charles-Marie Gustave Le Bon)이다. 그의 집안은 브르타뉴(프랑스 서부 브르타뉴반도를 중심으로 하는 지방이다. 5세기에 켈트족이 이주해서 국가를 세웠으나 1532년 프랑스에 통합되었다) 혈통이었고, 그의 아버지 장 마리 샤를 르 봉(Jean-Marie Charles Le Bon)은 프랑스 정부의 지방 공무원이었다.

르 봉은 여덟 살이 되던 해 임지를 옮긴 아버지를 따라 투르로 이사했다. 프랭크 매길이 편집한 『세계 인명사전』에 따르면,

그는 어렸을 때부터 가업에 관심이 없었으며 답답한 시골 생활에서 벗어나고 싶어 했다. 그래서 고등학교(리세)를 졸업하고 파리로 떠난 뒤에는 다시 돌아가지 않았다. 대신 그의 동생 조르주가 아버지의 뒤를 이었다. 이 외에 그의 성장 과정이나 개인적인 삶에 대해서는 알려진 바가 거의 없다.

르 봉은 1860년에 파리 대학에서 의학을 공부하기 시작했다. 파리의 오텔 디외 병원에서 인턴 과정을 마친 뒤 1866년에 피오리(Pierre Adolphe Piorry)의 지도로 박사 학위를 받았다. 단기간에 학위를 취득한 터라 그가 정상적인 과정을 밟았는지에 대해 의혹을 제기하는 목소리가 남아 있다. 동료 의사들은 그가 정식 교육을 수료하지 않았다며 부정적인 평가를 내리기도 했다.

당시 프랑스에서는 박사 학위가 없으면 의학 서적을 펴낼 수 없었다. 대학 시절부터 늪지대에서 발생하는 질병을 연구한 논문을 비롯해 의학과 관련된 글을 써왔던 르 봉은 학위 취득 후 본격적인 집필 활동에 들어갔다. 그는 자신을 정식 과학과 구분된 '독립 과학'(science indépendant)을 추구하는 '독립 지식인'이자 의학박사라고 소개했다. 1866년에는 「가사(假死)와 이른 매장(埋葬)」을 발표했는데, 이 논문은 20세기의 법적 논쟁 이전에 죽음의 정의를 다룬 작품으로 높은 평가를 받고 있다.

학교 졸업 후 파리에 남은 르 봉은 셰익스피어의 작품을 여러 언어로 읽으며 영어와 독일어를 독학했다. 그러면서 생리학 연구 논문과 유성생식에 관한 교과서를 쓰는 등 활발한 집필 활동을 이어나갔다. 그러던 중 1870년 7월에 보불전쟁(1870년부터 1871년까지 프로이센과 프랑스가 에스파냐 국왕의 선출 문제를 둘러싸고 벌인 전쟁이다. 프로이센이 크게 이겼고 이 일을 계기로 독일이 통일되었다)이 일어나자 군의관으로 참전했다. 당시 그는 극한의 상황에 처한 군대의 모습을 관찰하고, 스트레스와 고통 속에서 인간이 어떻게 행동하는지를 성찰한 글을 썼다. 그의 연구는 장군들에게 호평을 받았으며 훗날 프랑스의 사관학교에서 수업 내용으로 다루기도 했다. 공로를 인정받은 그는 전쟁이 끝난 뒤 슈발리에급 레지옹 도뇌르 훈장을 받았다.

이후 르 봉의 세계관에 큰 영향을 준 사건이 일어났다. 1871년의 파리 코뮌이었다. 보불전쟁에서 참패한 프랑스는 승전국인 프로이센과 평화 조약을 맺기 위해 국민의회를 소집했는데, 당시 왕당파 의원들이 기득권을 지키기 위해 공화정을 무너뜨리고 군주제로 돌아갈 움직임을 보였다. 이에 분노한 파리 시민은 정부를 무력화하고 자신들을 중심으로 선거를 치른 뒤 자치 정부인 '파리 코뮌'을 세웠다. 1871년 3월 28일 파리 시청 앞에서 정부 수립을 선언한 파리 코뮌은 10개의 위원회를 구성하고 활동을 시작했다. 혁명 정부는 노동 시간을 줄이고, 최저임금제를 도입하고, 여성과 외국인에게 참정권을 보장하는 등 혁신적인 정책을 수립했다. 그러나 과거의 권위주의 유산을 무너뜨린다는 구실로 예술적 가치가 뛰어난 건물과 기념물 등의 문화재를 부수기도 했다.

파리 코뮌은 오래가지 못하고 정부군에 진압되었다. 그 과정에서 수만 명의 시민이 목숨을 잃었고 파리를 탈출한 사람도 부지기수였다. 보불전쟁의 참패를 직접 겪은 르 봉은 파리 코뮌의 성립과 내전, 시민들이 역사적인 건축물을 불태우는 모습 그리고 정부군의 잔혹한 학살을 바로 옆에서 지켜보았다. 이때의 경험은 그가 군중심리를 연구하는 데 큰 영향을 끼쳤다.

르 봉은 파리 코뮌을 겪은 뒤 인류학 분야로 관심의 영역을 넓혔다. 특히 찰스 다윈, 에른스트 헤켈 등의 영향을 받아 생물학적 결정론(인간을 생물학적 특징에 따라 정의하는 관점)과 인종 및 성에 대한 계층적 관점을 지지했다. 파리 인류학학회와 지리학학회의 회원으로 활동했고, 1879년 「뇌용량과 지능의 관계에 대한 해부학적·수학적인 연구」를 발표해 프랑스 과학아카데미로부터 고다르상을 받았다. 이 연구는 육체와 영혼의 관계를 과학적으로 규명한 이론이라고 평가받았다. 한편 두개골을 측정하는 도구인 두부계를 발명하기도 했다.

르 봉은 탐험가로도 유명하다. 1870년대부터 유럽과 아시아, 북아프리카 곳곳을 여행하면서 다양한 민족의 특성과 문화를 연구했다. 1881년에는 폴란드와 슬로바키아 국경 지역을 탐험하고 『타트라산맥 여행기』를 남겼다. 1884년에는 프랑스 정부의 요청에 따라 아시아 지역을 여행하고 보고서를 작성했다. 이때의 경험은 훗날 그가 군중이 인종적 특징과 유전적 요인에 큰 영향을 받는다는 이론을 형성하는 데 밑거름이 되었다. 그는 1884년에 발표한 『아랍 문명』에서 아랍인들이 문명의 발달에 기여한 점을 높이

1880년경 알제리를 여행할 때의 모습

사면서도, 현재 그들이 침체한 원인은 이슬람교에 있다고 비판했다. 또한 그들의 문화가 오스만튀르크보다 뛰어나다고 평가하기도 했다. 이 책에는 "침묵할 줄 아는 입에는 파리가 들어갈 수 없다"나 "장미꽃을 피우는 관목은 가시도 낸다" 같은 격언이 담겨 있다.

1886년에는 『네팔 여행기』를 발표했는데, 그는 프랑스인 중에서 최초로 네팔을 방문한 사람이기도 하다. 이어서 1887년에는 『인도 문명』을 펴냈다. 이 책에서 그는 인도의 건축과 예술, 종교를 높이 평가했다. 하지만 과학 수준은 유럽에 한참 못 미치며, 이는 영국의 지배를 받는 계기가 되었다고 주장했다. 1889년에는 인도, 중국, 이집트, 메소포타미아 문명을 소개한 『동양의 최초 문명

1888년의 귀스타브 르 봉

들』을 발표했다. 같은 해 그는 파리에서 열린 국제 식민지 회의의 연설을 통해 문화적 동화를 비롯한 식민 정책을 비판했다. 1893년에는 여행을 주제로 한 마지막 책인 『인도의 기념물』을 발표하고 건축 분야에서 인도 사람들이 이룩한 업적을 칭송했다.

지적 호기심이 왕성했던 르 봉은 말에 대한 연구서도 남겼다. 철도와 여객선도 있었으나 당시 주요 교통수단은 말이었다. 르 봉은 말을 타고 여행하면서 말의 사육법과 훈련법이 지역마다 다르다는 점을 발견했다. 또한 1892년 낙마 사고를 당했는데, 말에서 떨어진 이유를 납득할 수 없자 자신의 승마 기술에 어떤 문제점이 있는지 연구하기 시작했다. 이를 토대로 그는 1892년에 『현재의 승마술과 원리에 대한 실험적 연구』를 발표했다. 말의 행동을 분

군중심리

말을 훈련하는 모습(1895년)

석하고 많은 사진을 수록한 이 책은 기병대의 교본으로 쓰였다.

1890년대에 들어서면서 르 봉은 심리학과 사회학으로 눈을 돌렸고, 그동안 다양한 분야를 연구하면서 축적한 지식과 통찰을 바탕으로 기념비적인 저술을 남겼다. 1894년에는 『민족 진화의 심리학적 법칙』을 발표했는데, 그는 이 책에서 집단의 특성을 바탕으로 민족의 발달 과정을 분석했다. 각 민족의 문명을 이루는 언어, 종교, 문화 등을 파헤치면서 한 민족이 존립하는 데 가장 중요한 요소는 지성이 아니라 기질이라는 점을 강조한 이 책은 그에게 커다란 명성을 안겨주었다.

이듬해인 1895년에는 대표작인 『군중심리』를 출간했다. 이 책은 출간된 지 1년 만에 19개 언어로 번역될 만큼 큰 주목을 받앗으며 오늘날에도 사회심리학의 선구자 역할을 한 저술로 평가받고 있다. 그는 이 책에서 군중은 단순히 개인들이 모여 형성한 무리가 아니라는 견해를 발전시켰고, 군중 속의 개인은 개성을 잃고 생각과 감정이 집단화되어 동일한 특성을 띠며, 이러한 '심리적 군중'은 '군중의 정신을 단일화하는 심리 법칙'을 따른다고 역설했다. 그의 이론에 따르면 군중은 충동적으로 행동하기 때문에 흉악한 범죄자가 될 수도, 위대한 영웅이 될 수도 있다. 사회상과 군중에 대한 그의 분석은 21세기인 지금과 견주어도 이질감이 전혀 없다. 프랑스의 주요 언론사인 『르몽드』와 『플라마리옹』은 2009년에 『군중심리』를 "세상을 바꾼 20권의 책"으로 선정했다.

이후 그는 1896년에 『사회주의 심리학』을, 1902년에는 『교육의 심리학』을 발표해서 학계에 큰 획을 그었다. 프랑스의 미래를 걱정하면서 쓴 『사회주의 심리학』에서는 국민이 성공하기 위해 갖춰야 할 자질을 소개했는데, 특히 앵글로색슨계의 개인주의를 주목했다. 그는 혁명으로 민족성을 바꿀 수 없으며 유일하게 효과를 발휘하는 것은 교육 개혁이라고 역설했다. 『교육의 심리학』에서는 모든 학생이 동일한 교육을 받는 현실을 비판하면서 대상에 맞는 차별적 교육을 대안으로 제시했다.

르 봉은 뛰어난 과학자로도 알려져 있다. 그는 1890년대 초 개인 실험실을 마련하고 자연과학 연구에 몰두했는데, 1896년에는 새로운 종류의 비가시광선을 관찰했다고 보고했다. 당시 많은 과학자가 그의 주장에 관심을 보였으며, 그는 1903년에 노벨 물리학상 후보로 지명되기도 했다. 1902년부터는 과학 주제를 토론하는 오찬 모임에 참여하면서 푸앵카레 형제, 폴 발레리, 앙리 베르그송 등 당대의 저명한 지식인들과 교류했다. 이런 관계를 바탕으로 과학철학 전집 편집자가 되어 과학의 대중화에 기여했다. 1905년에는 질량과 에너지의 등가성을 예측한 『물질의 진화』를 발표했고, 1907년에는 『힘의 진화』를 저술하면서 원자시대를 예언했다. 무엇보다 1922년에 아인슈타인과 주고받은 편지를 보면 그의 과학 연구가 상당한 경지에 올랐다는 것을 확인할 수 있다.

르 봉은 1908년 이후부터 다시 심리학 연구로 눈을 돌렸다. 그는 『정치와 사회 방어의 심리학』(1910), 『의견과 신념』(1911), 『프랑스 혁명과 혁명의 심리학』(1912), 『현시대의 격언』(1913), 『진리의 삶』(1914)을 연이어 발표하면서 감성과 이성적 사고, 인종의 심리학, 문명의 역사에 대한 통찰을 전했다.

노년에 르 봉은 다시 한번 거대한 역사의 파고와 마주하게 되었다. 바로 1914년에 발발해서 1918년에 막을 내린 제1차 세계 대전이었다. 그는 이 전쟁이 직업 군인들만의 싸움이 아니라 '징집 전쟁'이 될 것이기 때문에 인류에게 더욱 치명적이라고 전망했다. 잔혹한 전쟁을 목격하면서 사회현상을 바라보는 시각과 비평의 논조는 전보다 관용적으로 바뀌었다. 그는 전쟁 중에도 집필을 쉬지 않았고, 세계대전의 원인을 심리학적으로 분석한 『전쟁의 심리학』(1916)을 비롯해 『유럽 전쟁에 대한 심리학적 교훈』(1915), 『전쟁의 일차적인 영향: 민족들의 정신 구조가 달라지다』(1916),

1929년의 귀스타브 르 봉

『어제와 내일. 짧은 생각』(1918)을 남겼다.

　1920년에 『새 시대의 심리학』을 발표한 뒤 파리 대학 심리학 및 연합 과학 교수직을 사임했다. 이후 집필한 『세계의 불균형』(1923), 『현시대의 불확실성』(1924), 『환상과 현실의 현대적 진화』(1927)를 통해서 그가 어떤 시각으로 불안정한 전간기(제1차 세계대전 종전 후 제2차 세계대전이 발발하기 전까지의 기간)를 바라보았는지 확인할 수 있다. 1929년에는 최고 등급인 그랑 도피시에급 레지옹 도뇌르 훈장을 받았고, 1931년에는 마지막 저서 『역사철학의 과학적 토대』를 발표했다.

　의학, 인류학, 심리학, 자연과학, 사회학 등 여러 분야에서 탁월한 발자취를 남기고 상업적으로 큰 성공을 거둔 귀스타브 르 봉은 1931년 12월 13일 향년 90세를 일기로 마른라코케트의 자택에서 숨을 거두었다. 프랑스 언론지 『주르날 데 데바』는 그의 부고를 알리며 이렇게 추모했다. "귀스타브 르 봉은 다양한 분야에 걸친 유익한 활동을 오랫동안 해왔다. 죽음은 우리 문화에서 진정으로 뛰어난 사람을 빼앗아갔다. 그는 가장 탁월한 인재였다. … 그의 죽음으로 과학과 철학은 막대한 손실을 입었다."

르 봉은 자신의 연구가 사회에 내재된 위험성을 드러내는 일임을 인식하고 있었다. 그는 군중의 행동이 지성보다 감정에 근거한다고 주장하면서 대중이 통제권을 장악하면 인간 사회가 야만으로 돌아갈 것이라고 경고했다. 하지만 강한 지도자가 대중을 조종해서 폭력적이고 비인간적으로 통치하는 방식을 추구하지는 않았다. 그런 의미에서 그의 작업은 군중의 역동성에 대한 분석임과 동시에 인간의 행동을 이해하는 새 길을 열어주었다고 평가받는다.

정신분석학의 창시자 지그문트 프로이트는 르 봉의 연구에 대한 비판적 해석을 기반으로 『집단심리학과 자아 분석』을 집필했다. 프로이트의 조카이자 홍보 영역을 산업으로 정립한 에드워드 베네이스, 하버드 대학 교수이자 성격심리학의 대가인 고든 올포트 역시 르 봉의 영향을 받았다. 프린스턴 대학 역사학과 교수 앤슨 라빈바흐는 "대중에 관한 모든 연구는 이 책으로 시작해야 한다"라고 역설했다. 프랑스의 사회심리학자 세르주 모스코비치는 르 봉이 역사에서 파괴성이 잠재된 대중이 가진 역할의 중요성을 최초로 파악하여 그들의 유형을 분류했다고 평가하며 그를 "대중 사회의 마키아벨리"로 지칭했다.

드골, 루스벨트, 처칠 등 세계를 이끈 정치인들도『군중심리』에서 르 봉이 제시한 원리를 통치에 적극 활용했다. 한편 히틀러나 무솔리니 등 파시스트들이 대중을 선동하는 일에 그의 이론을 악용하기도 했다. 레닌과 스탈린, 마오쩌둥까지 그의 책에서 영감을 얻었다고 분석하는 평론가들도 있다. 심지어 "유럽의 버핏"이라 불리는 전설적 투자자 앙드레 코스톨라니는 "주식 시장의 대중 심리를 알려면『군중심리』를 읽으라"라고 추천하기도 했다.

이처럼 수많은 리더가 군중심리에 대한 르 봉의 연구를 자신의 분야에 적용해 큰 성과를 거두었다. 오늘날 메타버스 시대가 도래하면서 이 책의 가치가 재조명되고 있다. 그가 말한 '심리적 군중'의 영향력이 점점 커지고 있기 때문이다.

2. 작품 해설

(1) 개론

『군중심리』(*Psychologie des foules*)는 사회심리학자 귀스타브 르 봉이 1895년에 발표한 책이다. 군중의 심리와 무질서한 행동을 본격적으로 다룬 최초의 저작이며 사회심리학 분야의 고전으로 인정받고 있다. 이 책에서 르 봉이 주장하는 바를 요약하면, "개인이 모여 군중이 되면 개인으로 존재하는 때처럼 이성적으로 추론하지 못한다"라는 것이다. 군중이 비이성적이고 불합리하게 행동하는 이유를 여기서 알 수 있다. 요컨대 르 봉은 군중심리의 특성으로 "충동성과 과민성, 이성적 추론 능력의 부족, 판단력과 비판 정신의 부재, 과장된 감정 등"을 언급하며 "군중의 일원으로 한동안 깊이 관여한 개인은 군중이 발산하는 열기나 우리가 알지 못하는 다른 원인으로 말미암아 특별한 상태에 놓인다. ⋯ 그것은 최면에 걸린 황홀한 상태와 매우 유사하다"라고 주장한다.

이 책은 프랑스의 정신과 질서를 유지하고 싶은 심정으로 쓴 듯한 냄새를 물씬 풍기지만, 책에 담긴 주장은 방법론은 물론이고 이론적인 면에서도 적잖은 학자들에게 비판을 받았다. 특히 영국 세인트앤드루스 대학의 사회심리학 교수로 군중심리학을 연구한 스티븐 레이처는 다음과 같이 신랄하게 공격했다. "명백한 인종차별, 19세기의 인종차별에서 벗어나지 못한 책이며 성차별도 노골적이다. 간단히 말해, 그가 말하는 군중은 '미친' 폭도다. 폭동이라는 집단행동에서 흔히 눈에 띄는 현상만 풀어낸 것이다. 그들은 무엇인가에 저항하는 것도 아니고 어떤 불만을 가진 것도 아니다. 그럴듯한 이유가 있는 것도 아니다. 그냥 '미친' 군중이다. 따라서 우리 자신이나 사회의 불평등에 대입할 만한 것이 없다." 이런 평가의 적절성에 대해서는 뒤에서 다시 다루기로 하고, 책의 역사적 배경과 전반적인 구성, 핵심 논점을 살펴보자.

(2) 배경

민중이 역사의 주역으로 부상하려 할 때마다 엘리트들은 그들을 몰아내려고 했다. 군중심리학은 전통적으로 민중이 주류의 위치에 오르지 못하도록 막는 문지기 역할을 해왔다. 이는 학문이 생겨난 맥락을 따져보면 분명하게 알 수 있는 사실이다. 여느 사회과학과 마찬가지로 사회심리학, 특히 군중심리학은 산업화와 대중 사회의 탄생 그리고 이런 현상이 제기한 사회적 질문의 산물이다. 대중이 결집하고 지배층과 물리적으로 분리될 때 사회질서가 어떻게 유지될 수 있을까? 대중 사회 이론은 서로 다른 계급이 사회질서를 바라보는 시각 사이의 경쟁을 사회와 혼돈 사이의 대조로 바꿈으로써 이 질문을 이념화하려 했다. 대중 사회 이론에서 대중은 본질적으로 무관심하며, 대안적인 미래를 약속하기보다는 인류 역사가 시작되기 전의 원시적 상태로 회귀하기를 바라는 존재라고 치부되었다.

대중이 사회질서를 위협하는 존재라면 군중은 '활동하는 대중'이다. 이는 대중의 잠재력이 현실로 드러나 기존의 질서를 산산조각 내는 순간을 가리킨다. 군중은 19세기(그리고 20세기와 21세기에) 엘리트 계층에게 공포를 주는 대상이었다. 이러한 두려움은 서유럽 전역에 퍼져 있었지만 프랑스에서 특히 심했다. 1789년 프랑스 대혁명의 영향 때문이었다. 혁명은 보수적인 역사학계가 군중을 달리 인식하는 계기가 되었다. 한 세기 후인 1871년 파리 코뮌 이후 세워진 정부는 들불처럼 일어나는 무정부주의, 생디칼리슴(19세기 말에서 20세기 초에 프랑스와 이탈리아를 중심으로 일어난 무정부주의적인 노동조합 지상주의), 사회주의의 공격을 받았다. 이렇듯 점점 갈등이 고조되다가 마침내 1890년 5월 노동자 시위가 일어났다. 사회학자들은 "그동안 예견했던 것처럼 마침내 군중이 문명을 휩쓸어버리는 건 아닐까?"라는 의문을 품게 되었고, 이를 계기로 '군중심리학'이 탄생했다. 많은 학자가 이영역에 뛰어들었지만, 그중에서 가장 돋보이는 사람이 바로 르 봉이었다. 특히 그가 1895년에 발표한 『군중심리』는 역사상 가장 널리 알려진 심리학 서적으로 손꼽히고 있으며, 현대의 대중 정치 형성에 크게 기여한 작품으로 인정받고 있다.

『군중심리』는 군중의 심리에 대한 탁월한 통찰을 명료하게 서술한 책이다. 저자는 대중 사회 이론의 관심사를 현대 과학의 흐름과 연계하여 일관되고 설득력 있게 논지를 전개한다. 이 책은 군중에 속한 개인이 익명성의 영향을 받아 본래의 정체성을 잃고, 이성과 판단력을 상실한다고 주장한다. 군중이 충동적인 생각이나 감정의 전염에 저항할 수 없으며, 개인 정체성의 상실은 집단 무의식이나 집단정신으로 복귀하는 것이기 때문에 군중은 본능에 따라 폭력적인 행위를 한다는 의미다. 따라서 르 봉에게 군중이란 문명의 계단에서 몇 단계 아래로 내려간 '야만인'이며 오직 파괴하는 힘밖에 없는 존재다.

그러나 르 봉이 동시대 학자들과 다른 부분은 위기에서 기회를 찾아내는 눈이 있었다는 점이다. 만약 군중이 이성적 사고가 결여된 악당이라면 영리한 지도자는 이런 점을 이용해서 이득을 취할 수 있을 것이다. 감정을 사로잡고 단순한 확언을 반복하면 그들을 자기 뜻대로 움직일 수 있기 때문이다. 르 봉의 의도는 군중을 급진주의자에서 민족주의자로 바꾸고 그들의 힘을 국가 방위에 활용하는 것이었다.

(3) 구성

1) 머리말과 서론

책의 시작 부분에서는 역사적 맥락을 살펴본다. 르 봉은 19세기 후반부터 20세기 초까지 유럽의 사회적·정치적 구조를 지탱했던 종교와 도덕의 기둥이 무너지는 혼란스럽고 불확실한 시대, 곧 전환기를 목격했다. 과거에는 권력을 왕이나 군주, 종교인 등이 독점했지만 갈수록 군중의 위세가 커졌던 것이다. 그래서 그는 앞으로 '군중의 시대'가 올 것이라고 예견했다.

르 봉에 따르면 폐허가 된 옛 시대와 잉태된 새 시대 사이의 잔인한 단절의 선은 사람들의 믿음과 생각에 근본적인 변화가 일어났음을 보여준다. 이 역사적인 격변을 일으킨 주체는 충동에 따라 범죄자가 될 수도 있고 영웅이 될 수도 있는 군중이었다. 하지만 많은 사람이 군중을 언급하기 시작했음에도 군중에 대해 알려진 내용은 거의 없었다. 이런 이유로 그는 군중심리를 과학적으로 분석하고 밝혀내는 데 커다란 의의를 두었다. 이 연구는 그때까지 완전하게 이해할 수 없었던 수많은 역사적·경제적 현상을 밝혀줄 새로운 도전이었다.

2) 1부

1장은 군중의 일반적인 특성을 다룬다. 르 봉은 군중을 때때로 개인과 비교하지만, 그의 관점에서 군중은 개인의 집합체가 아니고, 모든 면에서 개인을 능가하는 초월적 존재도 아니다. 군중은 개인으로 환원될 수 없는, 고유한 심리적 개체다. 따라서 그 자체로 분석해야 할 대상이다. 그렇다고 군중과 개인의 차이가 단지 수가 달라 생겨나는 문제는 아니다. 수백 명이 한 공간에 있더라도 각자가 다른 목적을 띤다면 그들은 집합체에 불과하지만, 소수라도 '특정한 상황에서' 군중을 형성할 수 있다. 이때 소수의 감정과 생각이 똑같은 방향을 향한다는 점에서 그들은 '군중의 정신을 단일화하는' 심리 법칙의 지배를 받는다. 결국 군중은 그 군중을 구성하는 개인들의 신념보다 외부 상황이나 주변 분위기에 더 큰 영향을 받는 셈이다. 군중의 특성을 형성하는 요인은 지성이 아니라 평범함과 무지, 천박함이므로, 군중 속에 있는 대학 교수는 산골 무지렁이보다 어리석은 법이다.

르 봉에 따르면 군중은 보편적으로 무책임, 전염, 암시라는 세 가지 특성을 띤다. 군중에 속한 개인은 익명성을 보장받기 때문에 무책임하게 굴기 쉽다. 자제력을 잃고 마치 자신이 무적이라도 된 것처럼 행동한다. 전염은 군중 속 개인이 공통의 사고방식을 따르고 동일한 감정에 자극을 받는 성향을 나타낸다. 개인은 집단의 이익을 위해 자신의 이익을 기꺼이 희생한다. 암시는 최면에 걸린 사람처럼 누군가가 의도하는 대로 즉시 행동하려는 성향이다. 이런 무의식은 원시적인 본성에서 파생하며, 두뇌가 마비되어 지적 능력이 소멸한 상태에서 발견된다.

2장은 군중의 감정과 도덕성을 다룬다. 충동적인 본능에 지배당하는 원시인들처럼 심리적 군중은 다양한 자극과 흥분에 휘둘린다. 이에 따라 군중은 너그러워지거나 잔혹해질 수 있고, 때로는 영웅적인 행동을 하기도 한다. 군중은 상반된 감정을 연속적으로 느끼지만, 항상 그 순간의 일시적인 자극에 영향을 받는다. 감정이나 의지를 오랫동안 유지할 수 없으므로, 무언가를 간절히 원하다가도 금세 마음을 바꾼다. 군중 속의 개인은 불가능이라는 개념을 상실하기 때문에 광란의 상태에서 살인과 약탈이라는 암시를 걸면 지체 없이 유혹에 굴복한다.

르 봉은 군중이 거의 언제나 무언가를 기대하고 있기 때문에 전염의 효과가 크며, 두뇌에 이식된 생각을 행동으로 옮기려는 경향이 크다고 주장한다. 비판적 정신이 결여된 군중은 극도의 맹신만 보일 뿐이다. 사건에 대한 인식이 편향되어 있어서 때로는 진실을 왜곡하기도 한다. 이런 마음 상태는 군중이 겪는 집단적 환각의 원인이 된다. 대부분의 전설과 신화는 군중이 평범한 사건을 왜곡하는 과정에서 생겨난 결과물이다. 군중은 주관적인 것과 객관적인 것을 구분하지 못한다. 단지 자신의 마음에 떠오르는 이미지를 실제처럼 인식한다. 역사적으로 군중의 영혼에 감동을 준 존

군중심리

재는 실존 인물이 아니라 전설적인 영웅이었다.

단순함과 과장은 모든 군중에게 공통적으로 나타나는 특징이다. 군중 속의 개인은 미묘한 차이에 신경 쓰지 않고 상황을 전체적으로 바라보기 때문에 중간 단계를 인식하지 못한다. 그래서 감정을 단순하고 과장되게 표현하며 그 결과 의심이나 불확실성을 인정하지 않게 된다. 감정이 격해지면 과도한 감정에만 자극을 받기 때문에, 군중의 마음을 사로잡으려면 격정적인 단언(端言)을 주저하지 말아야 한다.

군중은 신념이나 사상에 대해 이분법적인 태도를 보인다. 그래서 한꺼번에 받아들이거나 거부하고, 절대적 진리로 여기거나 완전한 오류로 치부한다. 이들에게는 독선과 편협성이 뚜렷하게 드러난다. 이런 이유로 군중은 권위적인 모습을 보이며 자신과 반대되는 의견을 용납하지 못한다. 또한 오랫동안 축적된 정신적 유산의 영향을 받기 때문에 지극히 보수적이다. 군중의 보수성은 선뜻 이해되지 않는 면이 있다. 나폴레옹 보나파르트가 모든 자유를 박탈하고 철권통치를 시작했을 때, 가장 오만하고 다루기 힘든 과격한 급진주의자들이 그를 열렬히 환호하며 맞아들였다. 요컨대 군중은 어떤 간섭도 받지 않으면 금세 싫증을 느끼며 본능적으로 다시 노예가 되려 한다는 게 르 봉의 주장이다.

군중의 도덕 수준은 대체로 낮다. 그런데 때로는 높은 도덕성을 보인다. "1848년 2월 혁명이 일어났을 때도 튀일리 궁전에 침입해 난동을 부리던 가난한 군중은 하나만 훔쳐서 팔아도 오랫동안 배불리 먹고살 법한 값비싼 물건들에 전혀 손을 대지 않았다"
라는 사례에서 그런 점을 엿볼 수 있다. 군중의 즉흥성과 극단성
에 비추어보면 쉽게 이해할 수 없는 현상이다. 하지만 자제와 헌
신, 자기희생, 공평성 같은 특성을 일시적으로 과시하는 과정에서
군중은 도덕성을 띨 수 있다. 군중의 도덕성은 명예, 종교, 애국심
과 같은 감정의 자극을 받아 표출된다.

3장은 군중의 사상, 추론, 상상력을 다룬다. 군중은 본질적으
로 보수적이라 하나의 사상이 그들의 정신에 뿌리내리기까지는
오랜 시간이 걸린다. 또한 사상을 바꾸는 데 걸리는 시간도 그에
못지않게 길다. 새로 유행하는 사상에 열광할 수는 있지만, 그 영
향력은 잠시뿐이다. 어떤 사상이 군중에게 받아들여지려면 단순
한 형태를 갖추고 명확한 이미지로 제시되어야 한다. 그래야 군중
이 이해할 수 있기 때문이다. 그렇다고 해도 다양한 과정을 거쳐
무의식에 스며들고 감정으로 형성되어야만 군중에게 영향을 미
칠 수 있다.

군중은 유사한 것들을 연결하고 특수한 사례를 일반화하는
방식으로 추론한다. 성찰의 노력이 필요한 추론은 도리어 역효과
를 낼 수 있다. 심리적 군중을 설득하려면 강렬한 감정을 불러일
으킬 만한 이미지를 제시해야 한다.

추론 능력이 약한 사람들과 마찬가지로 군중은 상상력이 뛰
어나고 격정적이다. 특정 인물이나 사건 등이 군중의 머릿속에 환
기시킨 이미지는 이들에게 깊은 영향을 준다. 군중은 이미지로만

감동을 받기 때문에, 군중에게 겁을 주거나 상상력을 자극해서 특정한 행동을 끌어내려면 강렬한 이미지를 만들어내야 한다.

4장은 군중의 모든 확신이 갖는 종교 형태를 다룬다. 군중의 확신은 언제나 종교적 감정이라는 형태를 띠고 있다. 이는 광신주의, 절대주의, 편협성, 맹목적인 복종, 독단주의, 보수주의, 극단주의 등을 포함한다. 군중은 자신이 열광하는 지도자에게 무의식적으로 신비로운 힘을 부여한다. 그들에게는 신이 필요하기 때문이다. 모든 신념은 종교적 형태를 띨 때 군중의 마음에 뿌리를 내린다. 이성이 미신을 몰아낸 지금도 마찬가지다. 르 봉은 이성과 벌이는 싸움에서 감정이 완패한 적은 한 번도 없었다고 단언한다.

3) 2부

군중의 의견과 신념을 결정하는 요인으로 간접 요인과 직접 요인이 있다. 1장은 민족과 전통, 시간, 정치제도, 사회제도, 교육이라는 간접 요인이 군중이란 심리적 개체의 의견과 신념에 미치는 영향을 차례로 다룬다. 현재의 관점으로 보면 르 봉의 주장에 상당한 차별 의식이 담겨 있다고 여겨질 것이다.

인종은 유전법칙과 더불어 군중의 고유한 특징에 강력한 영향을 끼친 요인이다. 전통은 민족의 고유한 정신이 결합해서 이룬 조직체로 과거의 사상과 욕구와 감정을 대변한다. 군중을 특정한 방향으로 이끌어 나아가는 주체가 바로 전통이다. 시간은 사상과 신념, 문명의 창조와 변형 및 파괴를 담당하는 진정한 지배자다.

시간이 신념과 사고의 잔재를 축적해놓으면 그 위에서 한 시대의 사상이 잉태된다.

정치제도와 사회제도는 민족과 관습의 산물이다. 군중은 민족성이 요구하는 방향으로 제도를 선택한다. 한 민족의 운명을 결정하는 것은 민족성이지 제도가 아니다. 르 봉은 군중의 영혼에 영향을 주는 것은 환상과 언어이며, 특히 비현실적이고 강렬한 언어에는 군중의 마음을 사로잡는 힘이 있다고 말한다.

아무리 효과적인 교육도 인간의 본능 혹은 도덕성을 변화시키거나 향상시킬 수 없다. 르 봉은 암기 위주의 프랑스 교육제도가 실업자를 양산하며 사회 불안을 조장한다고 신랄하게 비판했다. 그러면서 실용적인 직업교육의 중요성을 강조했다.

2장은 군중의 의견에 즉시 영향을 주는 직접 요인을 다루면서 그것을 효과적으로 활용하는 법도 제시한다.

첫 번째는 이미지와 단어와 경구다. 이미지는 군중에게 강력한 영향을 끼치는 요소다. 단어와 경구를 적절하게 사용하면 군중의 상상력을 자극하는 이미지를 만들어낼 수 있다. 단어의 힘은 연상되는 이미지와 관계가 있을 뿐 단어가 내포한 실제 의미와는 관련이 없다. 군중은 때로 민주주의, 사회주의, 평등, 자유처럼 의미를 규정하기 어려운 단어에 매혹된다. 또한 단어의 의미는 시대와 장소에 따라 달라지기 때문에, 정치인들은 군중에게 부정적인 이미지를 줄 수 있는 단어를 다른 것으로 교체해야 한다.

두 번째는 환상이다. 역사에서 군중을 움직이고, 위대한 문명을 세우거나 무너뜨린 힘은 환상이었다. 인류가 이루어낸 예술과 정치와 사회 중에서 환상의 영향을 받지 않은 것이 없으며, 환상이 없다면 인간은 원시적 야만 상태를 벗어나지 못했을 것이다. 군중은 본능적으로 환상을 보여주는 지도자들에게 끌린다. 민족이 진화하는 주된 요인은 진실이 아니라 오류였다. 오늘날 사회주의가 강력한 영향력을 발휘하는 이유는, 그것이 여전히 살아 있는 유일한 환상이기 때문이다.

세 번째는 경험이다. 경험은 군중의 정신에 진실을 심어주고 해로운 환상을 걷어낼 수 있는 유일한 방법이다. 하지만 한 세대의 경험이 후대에 영향을 미치려면 많은 사람이 같은 일을 겪어야 하고, 그런 일이 자주 반복되어야 한다.

네 번째는 이성이다. 군중은 이성적 추론에 영향을 받지 않고 생각을 대략 짝 지은 결과만 이해한다. 조잡한 생각의 연상(원시적 형태의 추론)에 따라 유도된 암시적 이미지의 영향을 받을 뿐이다. 논리는 군중에게 통하지 않는다. 따라서 군중을 설득하려면 그들을 자극할 만한 감정을 파악하고, 그 감정을 그들과 공유하는 척한 다음, 그들에게 암시된 이미지를 환기시키며 그들의 감정을 자신이 원하는 방향으로 이끌어야 한다. 하지만 군중의 비이성적 성향은 문명을 일으킨 원동력으로 작용하기도 했다. 종교와 대제국은 신앙심, 명예, 조국애 등 이성에 반하는 군중의 감정을 바탕으로 건설되었기 때문이다.

3장은 많은 분량을 할애해서 군중의 지도자와 그들의 설득

수단을 다룬다. 르 봉은 군중을 스스로 조직화하지 못하는 개체라고 전제하면서 그들에게는 항상 지도자가 필요하다고 말한다. 이때의 지도자는 우리가 일반적으로 생각하는 것과 다르다. "군중의 지도자도 처음에는 지도를 받는 군중의 일원으로 시작하는 경우가 대부분이다. 그는 어떤 사상에 정신을 빼앗긴 후 사상의 신봉자가 된다. 그 사상에 사로잡혀 거기에만 몰두하고 상반되는 의견은 모두 오류나 미신으로 여긴다. 예컨대 로베스피에르는 루소의 철학에 흠뻑 빠진 나머지 그의 사상을 널리 알리려고 종교재판에서 사용한 폭력적인 방법을 동원했다." 따라서 "군중의 지도자는 대부분 사상가가 아니라 행동가다. 미래를 내다보는 혜안이 없고, 앞으로 갖출 가능성도 무척 낮다"라고 평가한다.

군중의 지도자는 두 부류로 구분된다. 하나는 역동적이고 강하지만 일시적인 의지를 가진 사람들로, 군사 지도자들이 여기에 속한다. 다른 하나는 강하면서도 지속적인 의지를 가진 사람들로, 종교를 창시하거나 역사에서 위대한 업적을 남긴 이들이다.

지도자는 항상 군중에 의해 신격화되고, 그의 말은 논쟁의 여지가 없는 명령이 된다. 군중에게 큰 영향을 미치는 요인은 지도자의 본성이 아니라 그가 사람들의 마음에 불어넣는 이미지다.

지도자가 군중에게 믿음을 주어 자신의 추종자로 만드는 수단은 확언, 반복, 전염이다. 단호하고, 긍정적이고, 단순하면서도 이성적 추론과 증거가 배제된 확언은 큰 어려움 없이 군중의 마음속으로 들어가 심긴다. 반복은 확언이 군중의 무의식에 스며들어 절대적 진리로 자리를 잡게 해주는 과정이다. 이런 수단은 오늘날 마케팅, 광고, 정치, 대중 선동 및 여론 형성에 활용된다. 누군가의 신용을 떨어뜨리기 위해서는 언론을 통해 악의적인 확언을 반복하는 것이 가장 효과적이다. 확언이 충분히 반복되고 그 과정에서 의견이 일치되어 여론이 형성되면 전염이란 메커니즘이 개입한다. 전염은 무척 자연스럽게 이루어지며 공간의 제약을 받지 않는다. 또한 그 힘이 무척 강력해서 개인에게 특정 신념뿐 아니라 감정까지 받아들이도록 강요한다.

확언, 반복, 전염을 통해 확산된 사상은 '위신'이라는 신비한 힘을 얻어서 강력해진다. 위신은 어떤 개인이나 작품 혹은 사상이 사람의 정신에 작용하는 일종의 지배력이다. 위신은 인정을 요구할 뿐 반론을 허용하지 않는다. 모든 판단력을 마비시켜 진리와 오류를 분별하지 못하게 만든다. 이것이 위대한 종교가 세워지고, 강력한 황제나 잔혹한 독재자가 탄생할 수 있었던 이유다. 충분한 위신을 갖추고 그것을 뒷받침할 만한 재능을 타고난 지도자는 수많은 사람을 학살하고 다른 나라를 침략하더라도 그의 행위가 사회적으로 허용된다고 르 봉은 분석한다.

4장은 군중의 신념과 의견의 가변 한계를 다룬다. 모든 문명은 지속되어온 신념과 민족의 특성이 결합해서 단단하게 형성된 불변의 구조 위에 세워졌다. 한번 군중의 마음에 뿌리를 내린 신념은 폭력 혁명 같은 격변이 아니고서는 바뀌지 않는다. 비록 부조리한 신념이라고 해도 군중은 그것을 맹렬히 옹호한다. 민족이 생존하려면 반드시 갖춰야 하는 미덕이기 때문이다. 신념을 잃은 민족은 몰락의 길에 들어선다는 사실을 역사에서 확인할 수 있다.

이렇듯 견고한 신념의 토대 위에는 의견과 사상과 생각으로 이루어진 층이 있다. 이런 것들은 나타났다 사라지기를 반복하는데, 아무리 중요한 것도 한 세대 이상 생명력을 유지하는 일이 드물다. 오늘날 군중의 의견은 어느 때보다 유동적인데, 여기에는 세 가지 이유가 있다. 첫째, 과거의 신념이 영향력을 상실하고 방향을 제시하지 못한다. 둘째, 군중의 힘은 커지는데 그들의 세력을 억제하는 수단은 갈수록 줄어든다. 셋째, 급속히 성장한 여론 매체가 군중에게 상반된 의견을 내놓고 있다.

따라서 오늘날에는 단일한 영향력이나 권력을 중심으로 군중을 휘어잡기가 어렵다. 이와 동시에 오랫동안 신봉해온 신념의 붕괴로 현대인들은 점점 무관심의 늪에 빠져들고 있다.

4) 3부

3부는 군중을 여러 기준에 따라 분류한다. 1장에서는 먼저 동질적 군중과 이질적 군중으로 나눈다. 동질적 군중은 파벌, 폐쇄 집단, 사회계급을 뜻하며 이 책의 분석 대상이 아니다. 이 책에서 다루는 군중은 지능과 직업 등이 동일하지 않은 개개인이 모여 구성한 집단이다.

이질적 군중은 민족이라는 기본 요인을 기준으로 다양하게 구분할 수 있다. 민족 간의 차이 때문에 민족의 수만큼이나 다양한 사회주의와 민주주의가 존재한다. 이질적 군중을 분류하는 또 하나의 기준은 익명성이다. 익명성을 띠느냐에 따라 군중의 책임 감과 행동 방향이 크게 달라진다. 르 봉은 민족정신이 강력할수록 군중의 열등한 특성이 덜 두드러진다고 강조한다.

2장은 범죄자 군중을 다룬다. 군중이 범죄를 저지르는 일반 적인 이유는 강력한 암시를 받았기 때문이다. 흥분한 군중은 정상 적인 상황이라면 범죄로 간주되는 잔혹한 일도 서슴지 않는다. 그 러면서도 그 일이 신성하고 정당한 의무이며 자신은 지금 애국적 이고 정의로운 행동을 한다고 확신한다. 르 봉은 주장의 근거로 바스티유 감옥에서 군중심리에 휩쓸린 한 요리사가 감옥의 지휘 관을 살해한 사례를 제시한다.

범죄를 저지르는 군중의 일반적 특성은 다른 유형의 군중에 게서 드러나는 것과 동일하다. 암시에 잘 걸리고, 맹신하며, 변덕 스럽고, 좋거나 나쁜 감정을 과장하고, 특정한 방식으로 도덕성을 드러낸다. 이런 특성은 프랑스 역사에서 가장 참혹한 기억인 9월 학살(1792년)에서도 찾아볼 수 있다. 자신들이 애국을 한다고 확 신한 군중은 적군에 속했다는 이유로 무고한 사람들의 목숨을 무 참히 빼앗았다.

3장은 법정의 배심원단을 다룬다. 배심원단은 익명이 보장되 지 않는 이질적 군중의 대표적인 예다. 배심원단에서도 군중의 일 반적인 특징인 피암시성, 무의식적 감정의 지배, 미약한 이성적 추론 능력, 지도자의 영향 등을 확인할 수 있다. 배심원단은 최종 결정을 내릴 때 군중을 구성하는 개인들의 지적 수준이 별로 중요하지 않다는 증거를 보여준다. 통계에 따르면 식자층에서 선발된 배심원단과 상인 혹은 노동자가 중심이 된 배심원단의 판결이 동일했기 때문이다. 다른 군중과 마찬가지로 배심원단은 이성보다 감정에 흔들리고 위신에 큰 영향을 받는다. 그러므로 재판에서 이기려면 배심원들의 감정에 영향을 미치려고 애쓰되 논증은 자제하는 것이 좋다. 또한 배심원단 전원을 자기편으로 끌어들이려면 전체 의견을 주도할 사람들을 설득하면 된다.

4장은 유권자 군중을 다룬다. 이들은 이질적 군중으로 분류되지만 여러 후보 중에서 선택하는 일만 하기 때문에 군중의 일반적인 특성 중에서 일부만 관찰할 수 있다. 특히 미약한 이성적 추론 능력, 비판 정신 결여, 과민하고 지나치게 단순화하는 성향이 두드러진다. 이들의 선택을 받기 위해 후보자가 갖추어야 할 조건은 위신, 즉 반론의 여지를 주지 않고 자신의 의견을 받아들이게 할 수 있는 힘이다. 또한 후보자는 유권자에게 아첨하고 실현 가능성이 없는 약속도 서슴지 말아야 한다.

유권자 군중은 강요된 의견을 가질 뿐 이성적 추론으로 결정하지 않는다. 선거 관련 집회에서도 확언과 비방, 주먹다짐이 오가지만 이성적 대화는 전혀 없다. 유권자들의 표심을 결정짓는 선거위원회 역시 특정 이익을 대변하는 사람들이 좌지우지한다. 하지만 이러한 부작용이 있음에도 르 봉은 보통선거를 유지해야 한다고 말한다. 군중 주권이 절대적인 힘을 가진 상황에서 보통선거의 원칙은 과거 기독교 교리가 차지했던 것과 동일한 권위를 가졌기 때문이다. 또한 군중은 어떤 식으로 구성되든지 정신적으로 열등해서 능력에 따라 선거권을 제한하는 것도 의미가 없다고 말한다. 군중의 투표 결과를 보면 민족의 무의식적인 열망과 욕구가 드러나며 당선자들은 그 민족의 평균적인 정신 구조를 나타낸다. 세대가 바뀌어도 이 같은 사실은 거의 변함없다.

5장은 의회 군중을 다룬다. 의회 제도는 문명화된 모든 민족이 꿈꾸는 이상이다. 많은 사람이 모여 주어진 문제를 논의하면 좀 더 현명하고 독립적인 결정을 내릴 수 있다는 생각이 담겨 있다. 하지만 의회에서도 군중의 일반적인 특징이 드러난다. 특히 의견의 단순화가 두드러진다. 그들은 복잡한 사회문제를 단순하고 추상이며 모든 경우에 적용할 수 있는 일반 법칙으로 해결하려는 성향을 일관되게 보여준다. 그 법칙은 정당마다 다르기에 의회는 의견이 극단적으로 대립하는 장소가 된다.

의원들은 지역의 이해관계가 걸린 문제에 대해서는 확고한 입장을 보인다. 하지만 내각 교체나 세금 부과처럼 일반적인 문제에 대해서는 고정된 의견이 없으므로 지도자의 암시에 큰 영향을 받는다. 정당의 지도자는 의원들이 입장을 결정하지 못한 문제에서 토론을 이끄는 주역이다. 의회의 지도자 역시 이성적 추론이 아니라 위신을 앞세워 영향력을 행사한다. 군중 속의 개인은 지도자 없이 아무것도 못 하기 때문에 일반적으로 의회의 투표는 지도자 격인 소수 의원의 의견을 대변하게 된다.

이러저러한 문제가 있지만 의회는 여러 국가가 지금까지 찾아낸 것 중에 가장 뛰어난 정치 체제이며, 독재를 막을 수 있는 최적의 제도라고 르 봉은 역설한다.

(4) 핵심 논점

르 봉은 "어떤 시기의 환경과 상황, 사건은 그 시기의 사회적 암시를 대변하기 때문에 상당한 영향력을 가질 수 있지만, 그런 암시들이 민족적 암시, 즉 조상에게 물려받은 암시와 상반된다면 언제나 일시적인 영향력으로 그친다. … 생명체의 진화에 과거가 크나큰 영향을 준다는 게 발생학에서 입증된 이후로 생물학에도 변화가 있었다. 이런 기본 개념이 널리 퍼지면 역사학도 적잖이 달라질 것이다. 그러나 이 개념은 아직 충분히 확산되지 않아 많은 정치인이 여전히 지난 세기 이론가들의 사상, 즉 사회는 과거와 단절하고 이성의 빛만을 기준으로 완전히 탈바꿈할 수 있다는 생각에 머물러 있다"라고 말하며, 유전과 인간의 본성에 대한 주장의 근거로 생물학자인 찰스 다윈과 에른스트 헤켈의 이론을 끌어들인다.

사회제도에 대해서는 "제도 자체는 좋은 것도 나쁜 것도 아니다. 특정한 시기에 특정한 국민에게 좋은 제도가 다른 시기와 다른 민족에게는 가증스러운 것이 될 수 있다"라고 말한다. 제도와 정부는 한 시대를 만들어내는 주역이 아니라 시대의 피조물이라는 생각이다.

개인과 군중에 대해서는 "혼자였다면 교양인이었을지 모르나 군중이 되면 야만인, 즉 본능대로 행동하는 사람이 된다"라고 하면서 군중 속의 개인은 충동적이고 난폭하며 잔혹하다고 규정한다. 또 군중 속의 개인은 원시인처럼 열광하고 때로는 용맹하게 나서며 독립된 개인에게는 아무런 영향을 주지 못하는 말과 이미지에 쉽게 휘둘린다. 따라서 "군중 속의 개인은 바람결에 이리저리 흩날리는 무수한 모래알과 같다"라고 평가한다. 이런 이유 때문에 개인은 조직된 군중의 일원이 되는 순간 문명의 계단에서 몇 단계 아래로 내려간다.

교육에 대해서는 "오늘날 그런 사상[한 시대를 지배하는 사상] 중 첫손에 꼽히는 주장은 교육이 인간을 크게 변화시킬 수 있다는 것이다. 구체적으로 말하면, 교육을 통해 인간이 향상되고 심지어 평등해질 수 있다는 사상이다. 이런 주장은 끊임없이 제기되었고, 마침내 민주주의의 확고한 정설 중 하나가 되었다. 과거에 교회 교리를 공격하는 게 어려웠던 만큼 이제는 민주주의의 정설을 건드리기가 쉽지 않다"라고 말하며, 그런 사상이 순전히 착각에 불과할 수 있다는 위험을 제기한다. 그 증거로 인간이 교육을 받는다고 해서 도덕 수준이 높아지거나 삶이 더 행복해지는 것은 아니며, 교육이 인간의 본능과 유전적으로 물려받은 열정을 바꿀 수 있는 것도 아니라는 걸 어렵지 않게 증명해 보였다는 허버트 스펜서를 인용한다. 교육 자체가 아니라 무엇을 어떻게 가르치느냐가 중요하다는 주장이다.

종교와 이념에 관련해서는 "우리가 어떤 신을 숭배할 때만 종교성을 갖는 건 아니다. 생각하고 행동하는 목적 그리고 기준이 된 대의나 인물을 위해 정신적 자원을 모두 투입하면서 개인의 의지를 접고 열정적으로 맹신하는 경우에도 종교성을 갖게 된다"라는 논지를 전개하며 편협성과 맹신이 종교적 감정과 이념에 필연적으로 수반된다고 경고한다. 또 공포정치를 자행하던 자코뱅당과 종교재판을 시행하던 가톨릭교를 증거로 제시하며, 둘 모두의 잔혹성이 똑같은 근원에서 유래한다고 주장한다.

군중 주권에 대해서는 "철학적 관점에서 군중 주권이란 신념은 중세의 종교 교리만큼이나 옹호할 만한 것이 아닌데도 오늘날 그만큼의 절대적 힘을 갖는다"라고 말하며 오늘의 관점에서 볼 때 선민의식이라 할 만한 생각을 드러낸다. 결국 시간만이 그 답을 결정할 것이라는 주장이다.

의회를 이끄는 정치인에게서도 군중의 일반적인 특성, 즉 "자극에 쉽게 흥분하고 지나치게 단순화하는 성향, 피암시성, 과장된 감정, 지도자의 지배적 역할"을 찾아볼 수 있다고 안타까워한다. 군중에게는 이렇게 확신에 차고 힘 있는 사람들을 지도자로 삼는 성향이 있다는 점도 지적한다.

르 봉은 전문가로만 구성되는 의회에 대해서도 회의적이다. 예컨대 경제학자들이 "보호무역이라든가 금은양본위제도에 대해 의견 일치를 본 적이 한 번이라도 있었는가?"라고 물으며, 그들의 학문이 보편적 무지를 대폭 완화한 형태에 불과하다고 폄하한다.

게다가 "사회문제에는 미지의 요소가 워낙 많아 모두가 너나없이 무지"하다면서 "학자들로만 선거인단을 구성하더라도 투표 결과가 지금보다 나아지지는 않을 것"이라 단정한 뒤 그들도 각자의 감정과 당파심에 따라 투표할 것이라 꼬집는다.

결론적으로 르 봉은 "소수의 지적인 엘리트"와 "야만적인 군중"을 문명에 영향을 미치는 두 축으로 규정하면서 전자는 건설자로, 후자는 파괴자로 일반화한다. "지금까지 문명을 세우고 끌어간 주역은 항상 소수의 지적인 귀족"이었고 "어떤 문명이라는 건물이 노후하면 항상 군중이 등장해 그것"을 허물어뜨렸다는 게 주장을 뒷받침하는 근거다.

(5) 평가

글 전체에서 엘리트주의에 물든 학자의 냄새가 물씬 풍긴다. 그보다 100년 이상의 경험을 축적한 지식인의 눈으로 보면 르 봉은 전형적인 차별주의자다. 그러나 그때의 관점으로 돌아간다면, 또 차별성을 띤 구절을 제외하고 일반론의 관점으로 읽는다면 현재에도 여전히 유효한 지적이 많다.

예컨대 왜 현명한 개인은 군중의 일원이 되는 순간 지성과 이성을 상실하는 것일까? 먼저 '군중'이란 단어를 정확하게 이해해야 한다. 광장에 모인 사람들만 군중이 아니다. 노동조합뿐만 아니라 경영자 총협회도 군중이다. 이른바 전문가 집단도 군중이고, 그들은 추종하는 이념에 따라 다시 여러 갈래로 나뉜다.

군중은 거짓말도 서슴지 않는다. 군중 바깥에 있는 사람은 안중에 없다. 오직 군중에 속한 사람들을 결집하는 게 최우선 과제다. 여기에 이성적 추론과 설명은 통하지 않는다. 확언과 반복이 중요하다. 그처럼 확언되고 반복되는 주장이 구성원들에게 전염되면 군중은 진위에 상관없이 그 주장을 받아들인다. 외부인의 시각에는 그런 군중이 외계인처럼 느껴지고 두렵기도 하다.

이 책이 쓰인 시대에 군중은 물리적 폭력을 행사했지만, 요즘의 군중은 이른바 소셜 미디어를 이용한 언어폭력을 동원한다. 120년도 더 된, 정확히 말하면 1895년에 출간된 책이지만 지금 읽어도 놀랍기만 하다. 어떤 실험도 없이 순전히 관찰로 군중심리를 정확히 파악한 저자의 분석력에 감탄하지 않을 수 없다.

군중은 개인들의 단순한 집합체가 아니다. 저자는 "군중은 이질적 요소들이 잠깐만 결합해서 형성되는 일시적 존재다. 비유하자면 어떤 생명체를 구성하는 세포들이 결합해 각자가 지닌 특성과는 확연히 다른 새 생명체가 되는 것과 비슷하다"라고 말한다. 요컨대 군중은 그 자체로 새로운 개체다. 그런 군중에 가장 큰 영향을 미치는 요인 중 하나가 '민족'이다. 민족에 따라 군중의 특성이 달라진다. 저자는 라틴계와 앵글로색슨계를 분석해 보인다. 그 결과를 거꾸로 추적해서 내가 속한 군중의 특성을 냉정하게 분석하는 기회를 '각자' 가져보는 것도 흥미로울 듯하다.

요즘 거의 모두가 사용하는 소셜 미디어는 21세기형 군중을 형성하는 최적의 수단이다. 군중의 일원이 되는 것도 중요하지만 각자가 개성을 유지하는 것도 그에 못지않게 중요하다. 이는 "자유와 평등이 균형을 이룰 수 있을까?"라는 질문과도 유사하다.

거듭 말하지만 이 책이 19세기 말에 쓰였다는 점을 고려해야 한다. 오늘의 관점으로는 여성과 계급에 대한 저자의 시각을 용납하기 어렵다. 그러나 여성과 노동자가 열등한 존재라고 노골적으로 말한다고 해서 이 책의 가치가 떨어지는 것은 아니다. 책을 번역하는 동안 벨기에 안트베르펜에서는 레오폴드 2세의 동상이 철거되었고, 미국 버지니아주 리치먼드에서는 콜럼버스의 동상이 붉은색 페인트로 칠해진 뒤 결국 호수에 던져졌다. 인종차별주의자의 전형이란 이유였다. 오늘의 눈으로 볼 때, 과거의 권력자 중 모든 비판에서 자유로울 만한 사람이 있을까? 조선 시대의 성군이라는 세종은 어떨까? 한 방송에서는 세종이 "백성은 천민(天民)"이라고 말했다며 그를 애민 군주로 추앙했다. 그러나 훗날의 조선을 노비가 넘치는 국가로 만든 '노비종모법'을 시행한 왕이 세종이다. 그렇다고 세종을 비난해야 할까? 당시 상황에서는 노비종모법이 세종에게 최선의 결단이지 않았을까?

관점을 뒤섞으면 모든 것이 혼란스러워진다. 하지만 군중을 수족처럼 부리려는 사악한 지도자에게는 도리어 최선의 정책일 수 있다. 군중의 일원이 된 개인에게 독립적 개인이 되도록 촉구한다고 문제가 해결되는 것은 아니다. 군중 속의 개인은 일벌에 불과해 여왕벌을 바라볼 뿐이다. 결국 독립된 개인이 되는 것이 중요하다. 사회로부터 소외된 개인이 아니라 사회 안에서 책임의식을 가지고 살아가는 개인 말이다.

(6) 당대의 서평

귀스타브 르 봉의 저술에 대한 동시대 지식인들의 평가를 살펴보면 그의 사상을 이해하는 데 도움이 될 것이다. 그중에서 옥스퍼드학파를 대표하는 영국의 정치철학자 버나드 보즌켓(Bernard Bosanquet, 1848-1923)이 『군중심리』와 『민족 진화의 심리학적 법칙』을 읽고 1899년 『국제 윤리 저널』(시카고 대학 출판사)에 기고한 서평을 소개한다.

* * *

이 두 권의 책은 첫째로 군중 속에서 나타나고 둘째로 민족에게 나타나는 '집단정신'에 대한 연구다. 둘 다 명쾌하고 예리하며 흥미롭다. 그리고 우리가 예상하는 바와 같이 둘 다 뒤에 나온 『사회주의의 심리학』의 입문서라고 할 수 있다. 이러한 연구는 도덕을 분명하게 지적하고, 도덕은 저자가 이미 임박했다고 간주하는 사회주의에 대한 경고이며, 이런 현상은 문명을 붕괴시켜 야만 상태로 만드는 행위를 의미하기 때문이다.

저자가 어떻게 교훈을 도출했는지, 그와는 별개로 자신이 말하는 주제에 얼마나 관심이 있는지를 보여주려면 그의 주장을 간략하게 설명해야 한다.

저자가 말하는 '군중'은 우연한 계기로 모인 사람들의 무리가 아니라 '집단정신'이 형성된 집합체다. 저자는 군중에게 '조직된' 또는 '심리적'이라는 수식어를 붙인다. 하지만 전자는 단어를 잘못 선택한 것처럼 보인다. 왜냐하면 지금과 같은 군중이 형성되도록 한 요인은 조직력의 부족이기 때문이다.

그러한 심리적 군중은 단일체를 형성하고 공통의 정신에 종속된다. 가장 두드러진 특징은 군중을 이루는 개개인이 본래의 개성과 상당히 다르게 생각하고, 느끼고, 행동한다는 점이다. 그 이유는 다음과 같다.

첫째, 군중 속의 개인은 다수에 속하지 않았을 때라면 억제했을 법한 본능을 과감하게 발산하는 힘을 얻는다. 반면 군중의 일원으로 익명성을 띠면서 자제력을 잃어버린다. 둘째, 그는 군중 속에서 느끼기는 쉽지만 설명하기는 어려운 전염의 영향을 받는다. 마지막으로 흥분 및 특정 관심에 지배당한 성향이 앞의 두 이유와 결합해서 심리학자들이 규정한 정신 상태가 되게 한다.

저자는 군중의 추가 특성을 고려하는데, 충동, 기동성, 불안정성, 신빙성, 암시, 과장, 편협, 독재 및 보수성 같은 몇 가지를 인용함으로써 그의 견해를 간단히 설명할 수 있다. 이러한 특성을 가진 '군중심리'에 탁월한 지능이 존재할 수 없다는 사실은 이상한 일이 아니다. 저자는 이것을 여성의 마음에 비유하면서(무척 신중하고 조심스럽게 논지를 전개한다) 군중심리는 이성적 추론을 하지 않고, 어떤 사고를 통째로 수용하거나 거부하며, 토론과 모순을 용인하지 않을 뿐만 아니라 행동으로 옮기는 성향이 있다고 주장한다. 이 책의 나머지 부분은 군중심리의 이와 같은 특성이 낳은 결과를 설명하며 군중의 신념과 의견을 결정하는 요인에 대해 논의하는 내용으로 채워졌다.

"수 세기 동안 지속되고 문명 전체가 근거로 삼고 있는 불변의 신념"과 "한 세대를 넘기기 어려운 일시적이고 유동적인 의견"의 차이는 크다. 전자는 민족적 사고의 특징이며, 군중이 한 국가의 국민을 이루게 하는 골격이 된다. 불변의 신념이 사라지면 민족은 단지 고립된 개개인의 무리가 되고 본래의 상태, 곧 군중으로 돌아간다.

오늘날 민중은 주권자가 되었고 그 결과로 야만의 물결이 거세게 일고 있다. 저자가 암울하게 예견하듯이 이제 '군중의 시대'로 접어들었다. 오랜 전통을 떨쳐내고 자신이 납득할 만한 방식으로 통치하려는 세력은 르 봉이 말한 '심리적 군중'과 일치한다. 만약 르 봉이 영국의 무기력한 사례를 더 많이 접했다면 그는 충동적으로 누군가의 영향을 받기 쉬운 군중이 최면에 걸린 개인처럼 비정상적이라는 사실을 인식했을 것이며, 민주주의의 희망은 문제를 해결하고 합리적인 결론에 도달하는 '집단정신'의 진정한 힘에 달려 있음을 깨달았을 것이다.

르 봉은 『민족 진화의 심리학적 법칙』에서 민족의 특성에 대한 질문을 제시하고 그것이 민족의 진화에 미치는 영향을 논의한다. 저자는 민족을 산 자와 죽은 자의 오랜 계승으로 이루어진 영원한 존재로 간주한다. "죽은 자는 산 자보다 훨씬 많으며 훨씬 더 강력하다. 그들은 무의식의 광대한 영역, 즉 지성과 인격의 모든 표현을 지배하는 보이지 않는 영역을 다스린다."

한 민족의 동일하고 영구적인 정신 구조를 이루는 감정, 신념 및 이해가 공동체에 축적되고 유전되려면 수 세기가 필요하다. 그러나 일단 부패하기 시작하면 몇 년이 지나지 않아 완전히 분해된다. "해부학적 생물종과 마찬가지로 심리적 종은 시간의 영향을 받는다. 형성되는 속도는 느리지만 무척 빠르게 소멸할 수 있다." 그리고 이러한 퇴보의 증상은 자주성, 역동성, 의지를 잃고 물질적 욕구의 충족을 유일한 이상으로 여기는 라틴계 국가에서 더 많이 나타난다. 르 봉은 민족의 장래에 대한 에드몽 드몰랭의 우려에 공감하면서도 그보다 더 비관적인 시선으로 미래를 바라본다.

(7) 저자의 격언

르 봉의 저서 곳곳에서 깊은 통찰이 담긴 문장을 찾아볼 수 있다. 그중 일부를 소개한다.

♦ 『현시대의 격언』(1913) 중에서

"우리는 지성이 아니라 인격으로 행동한다."

"지능은 생각하게 하고 믿음은 행동하게 한다."

"편협한 의견은 관용보다 강하다. 전자는 감정에서 생겨났고 후자는 이성에서 비롯되었기 때문이다."

"믿음은 이성이 만들 수 없는 희망을 주기에 위대하다."

"과학은 지식보다 더 많은 믿음을 담고 있다."

"감정적이거나 출처가 비현실적인 의견에 이의를 제기하는 행위는 도리어 그 의견을 강화하는 것이나 마찬가지다."

"도덕은 행함으로써만 배울 수 있다."

"노력하지 않고 행하는 미덕은 덕이 아니라 자질이다."

"행동 없는 생각은 신기루요 생각 없는 행동은 헛되다."

"인간이 가진 것은 딱 두 가지, 쾌락과 고통이다."

"우리는 힘을 얻는 그 순간부터 정의를 외치지 않는다."

"토론 없는 제안이 행동의 동기가 되는 경우는 없다."

"가설은 종종 지식으로 간주되는 믿음이다."

"좋은 방법에 익숙해지면 모자란 지능도 향상될 수 있다."

"환경은 의견을 만들고 열정과 관심은 그것을 변화시킨다."

"이성은 진리를 추구하고 믿음은 욕망을 구현한다. 그래서 인간은 언제나 지식보다 믿음을 선호한다."

◆ 『현시대의 불확실성』(1924) 중에서

"의지 없는 판단은 판단 없는 의지만큼이나 무익하다."

"도토리 속에 떡갈나무가 들어 있듯이 미래는 현재에 담겨 있다. 시간은 떡갈나무를 도토리에서 꺼낼 뿐 만들지는 않는다."

"지성과 감정은 떼려야 뗄 수 없는 관계지만, 태초부터 사이가 별로 좋지 않았다."

"무지한 사람만이 자신의 의견을 바꾸지 않는다."

"서면 없는 합의는 합의 없는 서면보다 낫다."

♦ 『인도의 기념물』(1893) 중에서

"여자는 힘이나 계율로 정복할 수 없는 불굴의 존재다."

"지성이 지식보다 낫다. 지성은 과학보다 월등하다."

"교양 있는 사람은 모든 자질을 가졌지만 무지한 사람은 허물만 있을 뿐이다."

"과학은 재화 중에서 으뜸이다. 남에게 빼앗을 수도 없고 살 수도 없으며 썩지도 않기 때문이다."

♦ 『의견과 신념』(1911) 중에서

"생각하는 능력에는 주의를 기울이는 능력도 들어 있다."

♦ 『사회주의의 심리학』(1896) 중에서

"인간을 신뢰하는 자는 평화의 범죄자다."

♦ 『어제와 내일. 짧은 생각』(1918)

"많은 사람이 이성을 타고났지만 상식은 거의 없다."

"배우는 것보다 이해하는 것이 낫다."

"나이가 많거나 적거나 모든 사람은 가설을 무시하면서도 가설에 따라 살아간다."

♦『세계의 불균형』(1923)

"자신을 위해 서로 도우라."

♦『교육의 심리학』(1902)

"자신을 통제하는 법을 배우고 사회가 그것을 강요할 때 우리는 의무감을 갖게 된다."

♦『민족 진화의 심리학적 법칙』(1894)

"믿음의 적은 믿음 자체다. 그 외에는 두려워할 게 없다."

♦「인간 생리학」(논문, 1874)

"사회에는 게으른 사람이 설 자리가 없다."

♦『아랍 문명』(1884)

"침묵할 줄 아는 입에는 파리가 들어갈 수 없다."

"장미꽃을 피우는 관목은 가시도 낸다."

"만족을 모르는 두 부류가 있는데, 바로 과학자와 부자다."

♦『인간과 사회』(1881)

"몇 잔의 술이면 가장 똑똑한 지능도 없앨 수 있다."

귀스타브 르 봉 연보

1841년   5월 7일, 프랑스 북부의 노장르로트루에서 지방 관료였던 장 마리 샤를 르 봉의 아들로 출생. 본명은 샤를 마리 귀스타브 르 봉.

1860년   파리 의과대학 입학.

1866년   의학 박사 학위를 받음.

1870년   7월 보불전쟁이 발발하자 군의관으로 참전. 전쟁이 끝난 뒤 슈발리에급 레지옹 도뇌르 훈장을 받음.

1871년   파리 코뮌 목격. 세계관에 큰 영향을 받음.

1879년   1870년대에 찰스 다윈, 에른스트 헤켈의 영향을 받아 생물학적 결정론에 심취. 「뇌용량과 지능의 관계에 대한 해부학적·수학적인 연구」를 발표해 프랑스 과학아카데미로부터 고다르상을 받음.

1881년   『인간과 사회』 발표.

1884년	프랑스 정부의 지원을 받아 아시아를 여행하고, 그곳의 문명에 대한 보고서를 제출함.
	『아랍 문명』 발표. 아랍인이 문명의 발전에 기여했다고 칭찬한 반면 이슬람교가 정체의 원인이라고 비판함.
1886년	네팔을 여행한 최초의 프랑스인이 되었고 자기 경험을 정리해서 『네팔 여행기』를 발표함.
1887년	『인도 문명』 발표. 인도의 건축과 예술과 종교를 칭찬함.
1889년	『동양의 최초 문명들』 발표.
1894년	『민족 진화의 심리학적 법칙』 발표.
1895년	『군중심리』 발표. 발간된 해에 19개 언어로 번역됨.
1896년	『사회주의의 심리학』 발표.
1902년	『교육의 심리학』 발표. 프랑스의 저명한 지식인들(푸앵카레 형제, 폴 발레리, 앙리 베르그송 등)과 오찬 모임을 통해 교류함.
1903년	1890년대 초 이후로 집에 실험실을 마련해 비가시광선을 연구함. 이때 노벨 물리학상 후보로 지명됨.
1905년	『물질의 진화』 발표. 질량과 에너지의 등가성을 예측함.
1907년	『힘의 진화』 발표. 원자시대를 예언함.
1915년	제1차 세계대전으로 물리학 연구를 중단하고 심리학 연구로 돌아옴. 『유럽 전쟁에 대한 심리학적 연구』 발표.
1916년	『전쟁의 일차적인 영향: 민족들의 정신 구조가 달라지다』 발표.
1918년	『어제와 내일. 짧은 생각』 발표.
1923년	『세계의 불균형』 발표.

파리 페르 라세즈 묘지에 있는 귀스타브 르 봉의 무덤

1924년　『현시대의 불확실성』발표.

1929년　최고 등급인 그랑 도피시에급 레지옹 도뇌르 훈장을 받음.

1931년　마지막 저서 『역사철학의 과학적 토대』발표.

　　　　　12월 13일 향년 90세로 마른라코케트 자택에서 별세.

옮긴이 **강주헌**

한국외국어대학교 프랑스어과를 졸업한 뒤 같은 대학원에서 석사 및 박사학위를 받았고 프랑스 브장송 대학에서 수학했다. 번역의 탁월성을 인정받아 2003년 '올해의 출판인 특별상'을 수상했으며, 현재 영어와 프랑스어 전문번역가로 활발하게 활동 중이다. 옮긴 책으로 『습관의 힘』, 『문명의 붕괴』, 『12가지 인생의 법칙』, 『슬럼독 밀리어네어』, 『빌 브라이슨의 발칙한 미국 산책』, 『촘스키처럼 생각하는 법』 등 100여 권이 있으며, 지은 책으로 『기획에는 국경도 없다』, 『강주헌의 영어번역 테크닉』 등이 있다.

현대지성 클래식 39

군중심리

1판 1쇄 발행 2021년 10월 8일
1판 8쇄 발행 2025년 1월 3일

지은이 귀스타브 르 봉
옮긴이 강주헌
발행인 박명곤 **CEO** 박지성 **CFO** 김영은
기획편집1팀 채대광, 이승미, 김윤아, 백환희, 이상지
기획편집2팀 박일귀, 이은빈, 강민형, 이지은, 박고은
디자인팀 구경표, 유채민, 윤신혜, 임지선
마케팅팀 임우열, 김은지, 전상미, 이호, 최고은

펴낸곳 (주)현대지성
출판등록 제406-2014-000124호
전화 070-7791-2136 **팩스** 0303-3444-2136
주소 서울시 강서구 마곡중앙6로 40, 장흥빌딩 10층
홈페이지 www.hdjisung.com **이메일** support@hdjisung.com
제작처 영신사

ⓒ 현대지성 2021

"Curious and Creative people make Inspiring Contents"
현대지성은 여러분의 의견 하나하나를 소중히 받고 있습니다.
원고 투고, 오탈자 제보, 제휴 제안은 support@hdjisung.com으로 보내 주세요.

현대지성 홈페이지

이 책을 만든 사람들
편집 김준원 **교정교열** 김애정 **디자인** 구경표

"인류의 지혜에서 내일의 길을 찾다"
현대지성 클래식

현대지성 클래식 살펴보기